机电类技师鉴定培训教材

技师论文写作·点评·答辩指导

机电类技师鉴定培训教材编审委员会组织编写

贾恒旦　编著

机 械 工 业 出 版 社

本书是“机电类技师鉴定培训教材”的公共基础教材，是依据《国家职业标准》对技师论文写作的要求，借鉴、研究全国众多行业技师论文的写作方法和格式，结合本人多年讲授技师论文写作的经验和参加技师论文答辩、评审的经历，融入创新思维和技术创新的基本方法编著而成的。

书中主要介绍了技师论文的选题、结构、类型、写作方法、修改技巧与答辩指导，还收集了已通过评审的各工种论文30余篇，并对每篇论文进行了分析点评。内容全面，针对性强，旨在满足广大报考技师的人员学习写作论文的需要，以便在写作时参考和借鉴。

图书在版编目（CIP）数据

技师论文写作·点评·答辩指导/贾恒旦编著. —北京：机械工业出版社，2011.6（2026.2重印）
机电类技师鉴定培训教材
ISBN 978-7-111-34044-7

Ⅰ.①技…　Ⅱ.①贾…　Ⅲ.①工程技术-论文-写作-职业技能-鉴定-教材　Ⅳ.①H152.3

中国版本图书馆CIP数据核字（2011）第059742号

机械工业出版社（北京市百万庄大街22号　邮政编码100037）
策划编辑：荆宏智　责任编辑：宋亚东
版式设计：霍永明　责任校对：赵　蕊
封面设计：王伟光　责任印制：单爱军
北京盛通数码印刷有限公司印刷
2026年2月第1版·第12次印刷
184mm×260mm·12.25印张·298千字
标准书号：ISBN 978-7-111-34044-7
定价：42.00元

凡购本书，如有缺页、倒页、脱页，由本社发行部调换
电话服务
社服务中心：（010）88361066
销 售 一 部：（010）68326294
销 售 二 部：（010）88379649
读者购书热线：（010）88379203
网络服务
门户网：http://www.cmpbook.com
教材网：http://www.cmpedu.com
封面无防伪标均为盗版

机电类技师鉴定培训教材
编审委员会

序

技师是技术工人队伍中的高技能人才，是我国人才队伍的重要组成部分，是各行各业产业大军的核心骨干，在加快产业优化升级、提高企业竞争力、推动技术创新和科技成果转化等方面具有不可替代的重要作用。而随着我国逐渐成为“世界制造业中心”进程的加快，高技能人才的总量、结构和素质还不能适应经济社会发展的需要，特别是在制造、加工等传统产业领域，高技能人才严重短缺，已成为制约经济社会持续发展和阻碍产业升级的“瓶颈”，企业迫切需要掌握真才实学的高技能人才。

为此，中共中央办公厅、国务院办公厅发布了《关于进一步加强高技能人才工作的意见》，提出高技能人才工作的目标任务是，加快培养一大批数量充足、结构合理、素质优良的技术技能型、复合技能型和知识技能型高技能人才，逐步形成与经济社会发展相适应的高、中、初级技能劳动者比例结构基本合理的格局。到“十一五”期末，高级技工水平以上的高技能人才占技能劳动者的比例达到25%以上，其中技师、高级技师占技能劳动者的比例达到5%以上，并带动中、初级技能劳动者队伍梯次发展。劳动和社会保障部也相应提出了《新技师培养带动计划》，计划在完成“三年五十万”新技师培养计划的基础上，力争“十一五”期间在全国培养新技师和高级技师190万名。

大力加强高技能人才的培养工作，除需要加强高技能人才培养模式的研究和师资队伍建设外，还需要开发出有技师培养特色的实用教材。但由于技师培养模式多样，教材编写难度大，因此市面上这样的教材实在难寻，我们原来组织出版的“机械工业技师考评培训教材”也已显龙钟之态。

为更好地为行业服务，满足行业技师鉴定培训的需要，我们经过充分调研，决定对我们2001年组织出版的国内机械行业首套技师培训教材“机械工业技师考评培训教材”的进行重新编写，并定名为“机电类技师鉴定培训教材”。

原来的“机械工业技师考评培训教材”是为配合技师评聘工作的开展，满足机械行业对工人技师培训和考评的需要，在没有《国家职业标准》的情况下，根据到各地调研了解的需求情况，为填补市场空白而编写的。教材出版后，以其独树一帜、适应需求、内容实用、针对性强等特点，受到全国各级技师培训、鉴定部门的欢迎，在市面上没有别的版本技师培训教材的情况下，成为各级技师培训、鉴定部门的不二选择，许多地方均是采用那套教材作为技师培训和鉴定用教材，那套教材也因此成为技师培训和鉴定的品牌教材。

新版“机电类技师鉴定培训教材”按劳动和社会保障部颁布的《国家职业标准》中对技师的要求，根据各地技能鉴定部门、企业、学校对技师能力的要求和培训培养模式，采用模块化的形式进行编写，并在汲取首套技师培训教材精华的基础上，在以下几方面做了改进：

在模块设置上，除专业模块外，设置公共基础模块和专业基础模块。

公共基础模块包括《公共基础知识》、《技师论文写作·点评·答辩指导》，是本次新增模块，它是《国家职业标准》中对各工种技师的共同要求，适用于所有工种。内容包括：职业道德，职业培训指导，生产管理、质量管理、安全生产和通用的四新知识，以及技师论文写作、点评与答辩内容。

专业基础模块包括《机械制图与零件测绘》、《机械基础与现代制造技术》、《金属材料与加工工艺》和《电工与电子基础》四种。《机械制图与零件测绘》中删减了基础的内容，重点加入了测绘方面的内容。《机械基础与现代制造技术》中增加了液气压故障诊断与排除、数控技术方面的内容。《金属材料与加工工艺》、《电工与电子基础》的内容也进行了相应的更新。

在工种选择上，增加了近几年需求量较大的数控车工、数控铣工、模具工，并按新的《国家职业标准》规范了部分工种的名称，需求量较小的工种本次暂不重编。新版教材共包括车工、铣工、钳工、机修钳工、模具工、汽车修理工、制冷设备维修工、铸造工、焊工、冷作钣金工、热处理工、涂装工、维修电工、电工、数控车工、数控铣工共16个机电行业主要工种。

在编写依据上，基础课教材以劳动和社会保障部最新颁布的《国家职业标准》相关工种技师知识要求中的通用部分为依据，专业工种教材则以该工种技师知识要求中的专用部分为依据，紧扣职业技能鉴定培训需要的原则编写。对没有国家职业标准，但社会需求量大且已单独培训和考核的职业，则以相关国家职业标准和有关地方鉴定标准和要求为依据编写。

在内容安排上，每本教材仍包括两大部分内容：第一部分为培训教材，第二部分为试题库和答案，试题库后还附有考核试卷样例。

教材部分按复习指导的性质编写，根据技师的定位，按相关工作内容和知识安排章、节，提炼应重点培训和复习的内容，同时对技能方面提出要求。每章的章首有培训目标、章末附有针对本章内容的复习思考题。全书重点加强了高难度生产加工，复杂设备的安装、调试和维修，技术质量难题的分析和解决，复杂工艺的编制，故障诊断与排除等几方面内容。

书末附有本工种技师考核鉴定的试题库和答案，以及便于自检自测的模拟试卷。我们对原试题库中的经典内容进行了精选和保留，补充增加了最新的职业技能鉴定试题、全国及部分省市和行业的大赛试题，使得试题更具典型性、代表性、通用性和实用性。

综上所述，新版技师鉴定培训教材的特色如下：

- 汲取首套技师培训教材精华——保留了首套技师培训教材的经典内容，考虑了现阶段企业和市场的需要，更新了教材和题库内容，加强了论文写作和答辩内容。
- 依据国家职业标准要求编写——以《国家职业标准》中对技师的要求为依据，以便于培训为前提，提炼应重点培训和复习的内容，同时提出对技能方面的要求。
- 紧扣职业技能鉴定考核要求——按复习指导的性质编写，教材中的知识点紧扣《国家职业标准》和职业技能鉴定考核的要求，适合考前2~3个月短期培训使用。
- 包含教材题库答案模拟试卷——分公共基础、专业基础和专业模块。每部分培训目标、复习思考题、培训内容、试题库、答案、技能鉴定模拟试卷样例齐全。
- 注重分析解决问题能力提升——加强了高难度生产加工，复杂设备的安装、调试和维修，技术质量难题的分析和解决，复杂工艺的编制，故障诊断与排除等方面的内容。

新版教材在编写过程中力求突出“新”字，做到“知识新、工艺新、技术新、设备新、标准新”；使教材更具先进性，内容更加实用。全套教材既适合各级职业技能鉴定培训机构、企业培训部门作为技师鉴定的考前培训教材，又可作为读者考前复习和自测使用的复习用书，也可供职业技能鉴定部门在技师鉴定命题时参考。

在本套教材的调研、策划、编写过程中，曾经得到许多企业、鉴定培训机构有关领导、专家、工程技术人员、技师和高级技师的大力支持和帮助，在此表示衷心的感谢！

虽然我们在编写这套技师培训教材中尽了很大努力，但教材中难免存在不足之处，诚恳地希望专家和广大读者批评指正。

机电类技师鉴定培训教材编审委员会

前　言

技师论文写作是技师的基本功，是高级技术工人迈向技师的一个必要台阶。在《国家职业标准》中，技师综合能力的考核重点就是技师论文写作和答辩，而这两项又是我国目前高技能人才的短板，这也是制约我国高技能人才快速成长、发展的一个瓶颈。

通过我们的共同努力，能让全社会的高技能人才不再为技师论文写作、答辩感到头痛，而让他们能沉醉在技师论文写作中，能得到全社会的认可，文章得以发表、获奖、成为技能大师，使他们多年积累的精湛技艺、技术、技能、绝活能得以很好的传承、发扬和光大，对我们来说是一件意义非凡的事。

近几年，我曾多次受邀，去大中型企业、学校、研究所给高技能人才开设技师论文写作入门讲座。只需讲授半天，参加学习的高技能人才中，95%以上能自己动笔写技师论文。再通过一两次有针对性的辅导，不少人的技师论文就已经在专业杂志、期刊上发表了，并在专业学术年会上获奖。还有部分高技能人才已经获得了国家、部、省、市技术能手、技能大师、中华技能大奖和国家科技进步奖。

技师论文写作其实并不神秘，是每一位技师力所能及的事，它并不像你想象得那么难，等你阅读完了这本书，你可能就会获得一种全新的感觉。这种感觉就与你当年学会骑自行车、学会开汽车和学会游泳的感觉是一样的。不过技师论文写作可比学习那些技能要安全多了，只不过是需要你花费一定的时间去熟悉它。

这本书的内容出自我多年的教学实践，书中主要介绍了技师论文的选题、结构、类型、写作方法、修改技巧与答辩。其中技术创新的基本方法是我在技师论文讲授中新增的部分，其实际效果比我想象得要好很多，它对高技能人才在生产实践中进行技术革新、技术攻关、技术创新方面，起到了很好的启迪作用。书中还收集了已通过评审的各职业（工种）技师论文30余篇，并对每篇论文进行了分析点评，旨在满足广大报考技师的人员学习写作论文的需要，以帮助他们在写作时参考和借鉴。

需要指出的是，本书所选用的30余篇技师论文范文均出自全国机械制造业中最常见的18个职业以及不同文化水平的高技能人才之手。为了保持原作的特色和风格，我只对范文做了一定程度上的规范和修正，改正了一般性错误，并根据每篇范文的特点写了点评，供大家学习参考。

感谢机械工业出版社技能教育分社提供面向广大高技能人才的交流平台，感谢中国航空工业技能鉴定中心主任郑玉堂的多年指导、关心和帮助，感谢在写作中给我提供过帮助的唐岳、孟玉霞、尹子文及所有的朋友，感谢所有无偿为这本书提供技师论文范文的朋友，感谢所有阅读这本书的朋友，感谢大家多年的关心、支持、鼓励和建议。

在本书的编写过程中，曾参阅了多种书籍，除了在参考文献中将它们一一列出外，在此还要向其作者和编者表示衷心的感谢。

希望大家能喜欢这本书，并且付诸实践，写出好文章，也希望此书能成为高技能人才的良师益友。

由于我的水平有限，书中难免会有不足甚至错误的地方，欢迎大家批评指正，请将相关意见和建议发送至 jjl582522@163.com。

谨以此书献给正在为祖国富强而奋斗不息的高技能工作者，同时也献给有志于从事和献身我国装备制造业的在校大学生及技工院校学生。

贾恒旦

目
contents
录

序
前言
第一章　撰写技师论文的意义和目的 …… 1
一、撰写技师论文的意义 …… 1
（一）鉴定部门检查、考核申请者的综合课目 …… 1
（二）由工、匠转变为师的一个必要台阶 …… 1
二、撰写技师论文的目的 …… 1
（一）考核综合能力 …… 1
（二）提高创新能力 …… 1
（三）培养科研能力 …… 2
（四）用好综合知识 …… 2
第二章　技师论文写作难不难 …… 3
一、技师论文写作并不难 …… 3
（一）技师论文难写吗 …… 3
（二）难与不难，是相对的 …… 3
（三）树立目标，自我加压 …… 4
（四）抓住今天，体现价值 …… 4
（五）多写多练，妙笔生花 …… 4
二、写技师论文就是在“说话” …… 4
三、自由发挥，不受约束 …… 5
（一）初学技师论文写作，要自由一点 …… 5
（二）初学技师论文写作，不要受条条框框约束 …… 5
四、把技师论文写作看成一种乐趣 …… 5
第三章　论文材料与创新 …… 7
一、论文材料与创新的关系 …… 7
（一）技师论文材料的重要性 …… 7
（二）技师论文的价值在于创新 …… 7
（三）创新时的注意事项 …… 8
二、创新的基本方法 …… 12
（一）组合 …… 12
（二）逆向 …… 14
（三）简单替代复杂 …… 17
（四）放大或缩小 …… 18
（五）在模仿中创新 …… 18
（六）革新 …… 19
第四章　技师论文的基本体例格式和写作要求 …… 21
一、技师论文的基本体例格式 …… 21
（一）技师论文的封面格式 …… 21
（二）技师论文的体例格式 …… 21
二、技师论文的层次编排格式 …… 22
（一）传统编排法 …… 22
（二）国际标准编排法 …… 22
（三）混合编排法 …… 23
三、技师论文基本要素的写作要求 …… 23
（一）摘要 …… 23
（二）关键词 …… 25
（三）引言 …… 27
（四）正文 …… 27
（五）结论 …… 29
（六）致谢 …… 29
（七）参考文献 …… 29

四、技师总结与技师论文的区别 …………… 30
(一) 两者的相同点 …………………… 30
(二) 两者的不同点 …………………… 30
第五章 技师论文写作的简易方法 …… 31
一、选题……………………………… 31
(一) 选题的基本原则 ……………… 31
(二) 选题的基本要点 ……………… 31
二、提纲……………………………… 32
(一) 提纲的作用 …………………… 32
(二) 提纲的要点 …………………… 33
(三) 提纲的优点 …………………… 33
三、标题……………………………… 34
(一) 标题的意义 …………………… 34
(二) 标题的作用 …………………… 35
(三) 标题的种类 …………………… 35
(四) 标题的要求 …………………… 35
(五) 标题的修改示例 ……………… 36
四、技师论文写作的“三步曲” ………… 36
(一) 提出问题 ……………………… 36
(二) 分析问题 ……………………… 37
(三) 解决问题 ……………………… 40
第六章 技师论文的修改技巧 ………… 42
一、“一读” ………………………… 42
二、“二听” ………………………… 42
(一) 请内行听 ……………………… 42
(二) 请外行听 ……………………… 43
三、“三改” ………………………… 43
(一) 热改 …………………………… 43
(二) 冷改 …………………………… 44
(三) 求助他人修改 ………………… 44
四、修改的内容 ……………………… 44
(一) 框架的修改 …………………… 44
(二) 标题的修改 …………………… 44
(三) 内文的修改 …………………… 45
(四) 论据的修改 …………………… 45
(五) 论证的修改 …………………… 46
(六) 引文和参考文献的修改 ……… 46
第七章 技师论文答辩 ………………… 47
一、技师论文答辩委员会 …………… 47
(一) 答辩委员会的组成 …………… 47
(二) 答辩委员会的作用 …………… 47
(三) 答辩委员工作的注意事项 …… 48
二、技师论文答辩的一般程序 ……… 48
(一) 提交技师论文 ………………… 48
(二) 自述技师论文 ………………… 48
(三) 答辩委员提问 ………………… 49
(四) 申请者回答问题 ……………… 49
(五) 答辩结束 ……………………… 49
三、技师/高级技师论文评审标准……… 49
四、答辩前的准备 …………………… 50
(一) 在思想上作好充分准备 ……… 50
(二) 事先写好技师论文的简介 …… 50
(三) 全面熟悉自己的技师论文 …… 50
(四) 掌握与技师论文相关的知识 … 51
(五) 准备好必要的辅助用品 ……… 51
(六) 进行试答辩 …………………… 51
五、答辩时容易出现的失误 ………… 51
(一) 宣讲不够清楚 ………………… 51
(二) 记录提问不够准确 …………… 51
(三) 回答问题有困难 ……………… 51
六、答辩注意事项 …………………… 52
(一) 携带参考资料和辅助用品 …… 52
(二) 树立信心，避免紧张 ………… 52
(三) 听清问题再作回答 …………… 52
(四) 回答应简单扼要，层次分明 … 52
(五) 对回答不出的问题不可强辩 … 53
(六) 合理地运用目光和手势 ……… 53
(七) 有争议时要适当辩论 ………… 53
七、答辩后及时总结 ………………… 54
(一) 认真分析 ……………………… 54
(二) 反思成败 ……………………… 54
八、技师论文答辩评分要求 ………… 54
第八章 技师总结和技师论文范文及点评 …………………………… 56
一、技师总结范文 …………………… 56
活塞销孔加工方法的改进 ………… 56
二、车工技师论文 …………………… 59
(一) 巧车45°分型面的橡胶模 ……… 59

（二）车削大导程非标准螺纹的方法……………………………… 63
（三）小专利大作用 …………………… 66
（四）解决薄壁铝套加工变形的方法……………………………… 71
三、铣工技师论文 ………………………… 77
（一）车窗锁片45°倒角装夹方法的改进……………………………… 77
（二）精确、快速找正的表座 ………… 79
（三）锥形喷头螺旋槽的加工 ………… 83
四、磨工技师论文 ………………………… 87
电主轴超精密磨削加工 ………………… 87
五、工具钳工技师论文 …………………… 90
（一）能够摆脱冲床束缚的冲模 ……… 90
（二）提高钻孔位置精度的方法 ……… 93
六、机修钳工技师论文 …………………… 98
（一）浅析“假轴”在检修中的运用……………………………… 98
（二）钢压团机的故障分析与改进 … 103
七、装配钳工技师论文 ………………… 107
（一）小工具能解决大问题 ………… 107
（二）输送泵液压渗漏原因与改进方法 ………………………… 110
八、数控车工技师论文 ………………… 114
G10指令的应用 ……………………… 114
九、数控铣工技师论文 ………………… 120
用三坐标机床代替五坐标机床加工零件 ………………………… 120
十、加工中心操作工技师论文 ………… 122
加工中心三种编程指令的对比 ……… 122
十一、变配电室值班电工技师论文 ……… 127
神奇的接地线 ……………………… 127
十二、电工仪器仪表装配工技师论文 ………………………… 130
浅析标准化驾驶室取暖设备电路的改进 ………………………… 130
十三、维修电工技师论文 ……………… 131
（一）谈齿轮淬火设备的改进 ……… 131
（二）巧用零点漂移参数 …………… 134
（三）PLC改造×××定向炉控制系统 ………………………… 136
十四、金属热处理工技师论文 ………… 142
×××轴热处理过程控制的改进 … 142
十五、冷作钣金工技师论文 …………… 145
（一）高放边零件成形新方法 ……… 145
（二）扩大国产数控压力折弯机的加工范围 ………………………… 148
（三）半球体组件钻孔加工工艺分析与研究 ………………………… 151
（四）腰形螺旋盘管成形工艺的创新 ………………………… 154
十六、焊工技师论文 …………………… 158
（一）消除铝合金车体支座塞块的焊接裂纹 ………………………… 158
（二）防止回转圈齿圈变形的方法 … 160
十七、铸造工技师论文 ………………… 162
铁基合金铸件熔炼、浇注工艺的研究 ………………………… 162
十八、刨插工技师论文 ………………… 165
尖轨跟端刨切方式及其刀具的改进 … 165
十九、机械产品检查工技师论文 ……… 169
（一）气缸座密封槽的检测 ………… 169
（二）测量工具的改进 ……………… 171
（三）测具空间交点尺寸的检测 …… 173
（四）摩托车外观件间隙问题解决方案的探析 ………………………… 177
参考文献………………………………… 181

第一章 撰写技师论文的意义和目的

一、撰写技师论文的意义

（一）鉴定部门检查、考核申请者的综合课目

撰写技师论文是国家职业资格鉴定技师（二级）综合能力必须通过的重点考核项目，是国家职业资格鉴定部门检查、考核技师申请者综合能力的重要措施之一，也是全面考查、衡量技师申请者综合能力的重要环节之一。申请者必须经过自己独立撰写技师论文，在论文答辩合格后，才能取得技师国家职业资格证书。

（二）由工、匠转变为师的一个必要台阶

从一名高级工到一名技师是一个全新的转变过程，从量上来说，是一个由量变到质变的过程，即由工、匠转变成为师。原来意义上的工、匠，主要工作就是以自己实际操作为主，现场解决技术问题为辅，一般是只管操作，不管培训；而作为师，是以传授知识技能，答疑、解惑为主。说、写、表达乃是“师”的基本功，能说、能写是作为“师”的一项基本技能，能说、会道是进“师”的基本条件，只能做不能说，或只能做不能写，就很难担当起“师”的重任。虽然技师是以解决现场技术问题、解决技术关键、传授知识技能和培训为主，自己实际操作为辅的，但是把自己的所思所想通过语言和文字表达出来却是必不可少的。“工匠”和“师”之间还是有很大区别的，要想跨上这个台阶，需要我们付出努力，更需要我们再学习，再拼搏！

随着现代科学技术的快速进步，国家对申请者参加技师以上的要求，也相应地提高了。要求申请者必需按照国家人力资源和社会保障部最新颁布的相关职业技能标准，即技师以上的考证要求，参加各种职业培训，全面培养自己的综合能力，尤其是在创新方面、现场分析和解决技术问题方面的能力。同时，还需要全面提高自己技术论文写作能力，为自己全面、真正达到国家规定的技师职业技能标准而努力。

二、撰写技师论文的目的

（一）考核综合能力

撰写技师论文的基本目的，就是对申请参加技师职业技能鉴定的人员，进行一次较为全面的、全方位的实际综合工作能力的考核及检查，着重考核和考查申请技师者能否灵活运用创新知识及所学的其他知识，解决实际生产中的技术问题和技术难题的能力。

（二）提高创新能力

撰写技师论文可以促进、提高技师申请者在实际生产中的创新意识和创新精神，掌握更多、更好的创新方法，开拓创新思路，提高创新能力。

（三）培养科研能力

撰写技师论文，还可以培养技师申请者的科学研究能力，使申请者初步掌握科研的基本程序和基本方法；学会调查研究；学会检索资料、分析资料和整理资料并提炼有价值的信息；学会提出问题、分析问题和解决问题的科学方法；并会用文字和书面的形式，将创新的成果完整、准确地表达出来。

（四）用好综合知识

撰写技师论文，还可以培养技师申请者用好、用活综合知识的能力。因为撰写技师论文的过程，既是专业知识的运用过程，也是专业知识和其他综合知识学习、再学习及深化的反复过程，又是理论和实际相结合的融合过程；同时，是申请者充分发挥自己所掌握的综合知识，全面分析、研究生产技术上的实际问题，并寻找出最佳解决办法的过程。

第二章 技师论文写作难不难

一、技师论文写作并不难

（一）技师论文难写吗

技师论文难写吗？也难也不难。说难，是因为写技师论文，除了要掌握技师论文写作的基本知识、基本格式外，还要敢于迈出技师论文写作的第一步，敢于大胆去写。有部分技术工人认为，论文尤其是技师论文很神秘，写起来很困难，其写作的技巧高不可攀，因此就有了畏难情绪。其实不然，技师论文既不神秘、不深奥、不困难，也不难掌握，关键在于我们要敢于去写，大胆放手去写。如果不敢写，不敢尝试，本身不难的事也变成了难事，本身不难的题也变成了难题。这就有点像学骑两轮自行车一样，我们不敢去尝试，不去骑它，不试着掌握骑车过程中的平衡，就无法享受到它给我们带来的快乐和便捷。常言道，万事开头难。只要我们敢于大胆尝试，勇于迈出这一步，我们的技师论文写作就有了很大希望，也就意味着我们已经开始迈上了成功之路。

（二）难与不难，是相对的

说不难，是因为技师论文本身就是在讲述自己分析和解决技术问题的一个过程，这对于已有丰富实践经验的我们来说，并不是一件难事。只是要求我们把提出问题、分析问题和解决问题的思路过程说清楚、讲明白，说得大家都能理解。只要我们自己做过的事，我们就能够说清楚，只要我们能说，有一定的文化基础，我们就一定能够写，也就一定能够把它表达清楚。任何事物都有它的内在规律，技师论文的写作也同样如此，只要我们认真、用心地去学习，多动脑筋，多动笔，我们不但可以掌握它的内在规律，而且我们还可以做到变陌生为熟悉，变不会为会，并成为行家里手，下面的小故事恰恰说明了这个道理。

其实成功并不困难

1965年，一位韩国学生到剑桥大学主修心理学，他常到学院的咖啡厅或茶座听一些成功人士聊天，他们当中有诺贝尔奖获得者、某一领域的学术权威和一些创造神话的人，这些人幽默风趣，举重若轻，把自己的成功都看得非常自然和顺理成章。时间长了，他发现，在国内时，他常被一些成功人士欺骗了。那些人为了让正在创业的人知难而退，普遍把自己的创业艰辛夸大了，他们在用自己的成功经历吓唬那些还没有取得成功的人。

于是，他就对韩国成功人士的心态加以研究。他把《成功并不像你想象的那么难》作为毕业论文，提交给现代经济心理学的创始人威尔·布雷登教授，教授大为惊喜，认为这是一个新发现，这种现象虽然普遍存在，但此前还没有一个人敢大胆地提出来，并加以研究。

后来这本书伴随着韩国的经济起飞而流传开来，这本书鼓舞了许多人，它从一个新的角度告诉我们，成功与“劳其筋骨，饿其体肤”、“三更灯火五更鸡”、“头悬梁，锥刺骨”没有必然的联系。只要我们对某一事情感兴趣，长久地坚持下去，就会成功，因为上帝赋予我们的时间和智慧够我们圆满地做完一件事情。后来，这位青年也获得了成功，他就是韩国泛亚汽车公司的总裁。

（三）树立目标，自我加压

目标是动力，树立了目标，我们就有了奋斗的方向。在我们日常生活中，常有这样一种现象：空身行走的人，总是赶不上挑担子的人。这件小事也给了我们一个重要的启示：人无压力，生懒惰；人有压力，出成果；人无目标，昏昏然；人有目标，精神爽。这也就是说，人要有点压力，不然好日子都匆匆地过去了，还总是一事无成。人要有个目标，不然的话，每时每刻都想歇歇脚，一歇下来就不想向前奔。聪明的人，会学会自我加压，做到总是心中有目标，不让美好的日子从身边白白地溜走，如图2-1所示。

图2-1　做个有目标的挑担人

（四）抓住今天，体现价值

昨天已经成为历史，明天尚未来临，而我们能抓住的，就只有今天！今天，我们最需要的也就是实践，就是去写，也就是把自己的心血、汗水、智慧、创新意识、工作成果，用手中的笔去书写，去展示，去流传；只有把自己几十年的经验用笔写出来，总结出来，你才会意识到自己的价值、创新和创造，是多么的有意义，对社会的贡献有多么的大。

如果我们不去总结、回顾、反思，就会默默无闻，枉度一生。今天无疑是最为短暂的，稍有不慎，它便会悄悄地溜掉，而成为“昨天”，使我们遗憾终生。昨天的遗憾要在今天得以弥补，昨天的优势要在今天继续发扬，未来的腾飞更要在今天打下基础！今天对我们来说是不可透支的，今天的每一分每一秒，都是我们生命的组成部分，把握自己今天的一分一秒，就等于把握了自己的人生；珍惜今天的一分一秒，就等于珍惜了自己的生命，体现了自己的价值。

（五）多写多练，妙笔生花

许多高技能人才，他们不但在生产实践方面已经有了较丰富的经验，而且他们的理论知识也很全面，只是由于过去他们整天忙于日常的工作，加上自身又不太善于表达或写作，使得他们很多好的经验、方法和技术，没有能得到很好的传承和发展，也使得他们很多在生产中积累起来的宝贵而又巧妙的方法和先进的技艺，就这样白白地流失了。有的人说：“要我干活、做事，都没有问题，但要我拿起笔，那简直就是要我的命了，那笔在我手上就像有千斤重，不听话，也不好使。”其实，笔不听话、不好使，主要还是我们不用或是用得少了。要想把我们手中的笔运用自如，就必须多写、多练。笔头也像刀一样，是需要磨的，并且越磨越尖，越磨就越好写。只有我们勤写、勤练，我们的笔就会得心应手，运用自如，在写作时就会妙笔生花 。

二、写技师论文就是在“说话”

技师论文本身就是口头语言的书面化，我们会说话，就能写技师论文；我们能把一个解决技术问题或难题的前因后果，说得清楚、明白、透彻，就能够把整篇的技师论文写出来，并有望写得很好。

为什么这么说？因为我们在日常的技术工作中，对生产上的技术问题或技术难题，经常要进行研究和探讨。那么，把这些内容用文字的形式记录下来，就是一篇很简单、实用和出色的技师论文。也就是说，只要把我们自己的所想、所言，用最能使主答辩高级考评员、高级考评员和旁听者都能听得明白、听得懂的话，通过文字和书面的形式表述出来，就是一篇技师论文。所以说，写技师论文就是在说话，只不过要比平时说话更注意条理性、逻辑性、深刻性和精练性而已。

三、自由发挥，不受约束

（一）初学技师论文写作，要自由一点

初学技师论文写作，要随便一点，自由一些，放开一点，大胆一点，想怎么写就怎么写，不要怕写得多、写得乱，更不要自己人为地设置一些条条框框来约束自己。有的还没选题，就先考虑技师论文的格式和要求，如果这样做，就会使我们无法下笔。一篇技师论文，总是先有想法，才能转化为文字，即先有文，后有体。就像战国时期的著名诗人屈原，他写了很多有名的诗，形成了一种独有的文体，大家把这种诗叫做“楚辞”。这也就是说不可能是先按规定好的技师论文格式进行文字填空，也不可能把技师论文的写作看成是我们工业上用的产品模具，只往技师论文的格式里面填充文字材料，就能写成作品。

（二）初学技师论文写作，不要受条条框框约束

初学技师论文写作时，千万不要过多、过早地考虑技师论文的格式，不然就很容易被条条框框束缚自己。对此，著名的西班牙作家塞万提斯就说得好，写文章、写论文，不要受什么条条框框的约束，你干脆只求每一句话说得响亮，道得有趣，文字要生动，形象要合适，连缀要好；尽你的才力，尽你的能力，把要讲的话，讲出来，把自己要表达的思想，表达清楚，不乱不涩；如果你有能力，可以设法叫人家读了你的论文，能茅塞顿开、解闷开心，兴奋的更兴奋，快乐的更加快乐，不明就里的不觉枯燥，愚笨的不觉厌倦，聪明的爱它新奇，正经的不认为它无聊，严谨缜密的不吝称赞它。

能做到上述几点，技师论文就很有水平了。有人会说，写技师论文又不是在写小说，怎能写得这么生动、有趣。其实不然，当你经过千辛万苦、日夜奋斗，终于攻克了一个技术难题，实现了一个技术创新，你的内心会充满着快乐，就会兴奋得溢于言表。这时，你的思路就会闪光，你的文字就会跳跃、就会生动、就会感人，你就能写出真情实感，你的技师论文就会感人。把自己经历的事情和真实情感写出来，文章自然就会有独特的韵味。

四、把技师论文写作看成一种乐趣

要把技师论文的写作当做是使我们感到快乐的事情来做，就像我们在攀登宏伟的山峰一样。在攀登中，感受到了乐趣，在攀登到顶峰时，又觉得兴奋，在向四周远望时，有一览众山小的胜利喜悦。同样，技师论文的写作过程，也正在经历由能工巧匠向技师转变的过程。想到这一点，我们在写作中，就应该充满信心，充满力量，充满动力，充满兴趣，从中感受到快乐，并会乐此不疲。

写技师论文既是自己的一项事业，又是自己的一份责任。要把平时娱乐放松的精神拿出来，努力学习、钻研技师论文的写作，把它看成是自己的一种爱好，当做一种兴趣来培养。千万不要把技师论文写作看成是一种负担，当成一种包袱。一旦你对技师论文的写作产生了

浓厚的兴趣，你就会觉得它十分有意思；如果你对它产生了浓厚的兴趣，你就会有学习、研究上的动力，你就自然会去钻研、去思考、去实践、去写作，你自然就会上路，因为兴趣是最好的导师。苹果落地是这么平常的现象，可是被牛顿看见了，却引起了他浓厚的科研兴趣，最后，他由此创立了闻名世界的万有引力定律；壶水开沸，是我们大家日常生活中司空见惯的事，却引发了瓦特对其深入钻研的兴趣，从而发明了蒸汽机……如果你能把写作的兴趣，转化为强大的动力，你自然就会从三流人才变成为一流人才。

读到此，可能许多高技能人才已经普遍意识到技师论文的写作并没有想象中的那么难，只是原来没有很好地学习和理解；同时，也没有能找到技师论文写作的“套路”和捷径而已。

第三章 论文材料与创新

一、论文材料与创新的关系

（一）技师论文材料的重要性

俗话说："巧妇难为无米之炊。"这很适用于技师论文的写作。这里所说的"米"就是我们平常做饭用的原料。米多，我们可以煮米饭；米少，我们可以熬粥；一点米都没有，我们就真得只能喝"清汤"了。没有米，什么样的"巧妇"也难以施其"巧"功，做出可口的饭。同样，没有材料，再高明的笔杆子、"大手笔"也难以施展其才华。如果技师论文原材料不足或根本就没有原材料，我们硬是要去写，那是很难成功的，也是写不出来的。

如果没有长期地接触过生产实际工作，没有解决过生产中的许多实际技术问题，或者过去没有做过任何的技术创新、技术革新，硬要去写论文，未免有些勉为其难。

（二）技师论文的价值在于创新

1. 技师论文的价值

技师是解决生产实际问题的大师，技师论文就是充分反映和展示技师申请者本人解决生产实际问题能力的书面文章，同时，也直接反映了技师申请者描述自己解决问题的思路、方法和能力。

技师论文的价值体现在独立、独特、创新三个方面。

（1）独立　所谓独立，强调的是技师论文中的一切分析、判断、解决问题的过程，都是技师申请者自己独立完成的。

（2）独特　所谓独特，就是与众不同，具有鲜明的个性色彩，摆脱千人一面的局面，在处理生产技术问题上，有自己独到的处理办法。

（3）创新　创新是技师论文的核心价值所在，也是技师论文成功与否的关键所在，如果我们的技师论文缺乏创新，就没有个性，也就没有独特性。

2. 什么是创新

创新起源于拉丁语，它的原意有三层。

1）更新。

2）创造新的东西。

3）改变。

简单地说，创新就是利用已存在的自然资源或社会要素，创造新的矛盾共同体的人类行为；或者可以认为是对旧的、已经有的一切，所进行的替代、覆盖。请看小故事。

苹果里藏着五角星

有一天，儿子走上前来，向我报告幼儿园里的新闻，说他又学会了新东西，想在我面前显示显示。他打开抽屉，拿出了一把本不该他用的小刀，又从冰箱里取出了一个苹果，说：爸爸，我要让你看看苹果里面藏着什么？我说：我知道苹果里面是什么。来，还是让我切给你看吧。他说着就把苹果一刀切成了两半，在我们的眼里，这一刀是切错了。我们知道：苹果一刀切成两半的习惯切法是：把苹果竖着放，从苹果的茎部切到底部窝凹处；而他呢，却把苹果横放着放，拦腰一刀切下去，然后，他把切好的苹果伸到我面前：爸爸，看那，里头有颗星星。真的，从横切面看，苹果核果然呈现一个清晰的五角星。我们一生中已经不知道吃过多少个苹果了，并且每次总是按照传统的切法，把苹果一刀切成两半，却从未能怀疑过苹果里面还能有什么没有被发现的图案。

就是这一刀切错了的苹果，有个性，与众不同便给我们展示了创新的特点。有时，往往我们稍作变化，就会发现一片新的天空，其实，有许多的创新、发明，就是这样产生的。

创新就是以新的思维、新的发明、新的发现、新的创造、新的改变和新的描述为特征的一种概念化过程和结果，是人类特有的认识能力和实践能力在发展中的不断升华和进步，是人类主观能动性的高级表现形式，是推动民族进步和社会发展的不竭动力。

3. 创新的基本特征

创新的基本特征包括新颖性和独创性。

（1）新颖性　新颖性就是指不墨守成规，而是推陈出新。

（2）独创性　独创性是指不落俗套，别出心裁。表现在创新中，就要求我们必须遵循独创性。在思考问题时，始终保持着高度的批判精神，并具有敢于挑战权威，善于独立思考的性格特征，能够看到别人没有看到的，想到别人没有想到的，独立地发现问题，分析问题，以独创的方式解决问题；而批判精神又是“独创性”的灵魂。

（三）创新时的注意事项

1. 创新的起点不显眼

显眼还是不显眼，这是我们许多人做事的着眼点，显眼的事争着做，不显眼的事则不闻不问。那么，对于创新来说，创新的起点到底显眼与否呢？其实，创新的起点在很多时候根本就不明显，许多人根本就不会留心到这个起点，即使有时候看到了，也不太会把它放在心上。

其实，许多人都非常想创新，但是，有时候就是怎么也找不到创新点子。不是找不到，而往往是自己对创新的起点视而不见，总认为在那么小的起点上根本就成不了多大的气候。还有的人志向特别的远大，嫌创新的起点太小，要物色一个十分显眼的创新点，结果找了一辈子也没有找到。

图 3-1 所示是我们日常用的凉拖鞋，洗澡时，凉拖鞋里积水是常事，穿着很不舒服。而在凉拖鞋这个创新起点上，进行个小小的创新，即在凉拖鞋的鞋底面上，钻出众多的排水小孔，积水的问题，或者穿着不舒服的问题，就立即迎刃而解了，如图 3-2 所示。

不仅小的创新的起点不显眼，几乎所有的创新起点都不显眼，包括重大项目也同样如此。其实这个道理十分简单，任何事情都是从小开始的，创新更是这样，请看小故事。

图 3-1　创新前的凉拖鞋

图 3-2　创新后的凉拖鞋

减少一滴带来的效益

有一位小青年，在美国一家石油公司工作，他的学历不高，也没有什么特别的技术，他的工作就是巡视，确认石油罐盖有没有焊接好。他每天如此反复地注视着这种作业，没干上几天，他就感到枯燥极了，很想改行，但又苦于找不到其他工作。他就想：与其厌烦，不如想点办法，动动脑筋。于是，他又开始仔细地观察整个焊接工作，他发现罐子每旋转一次，焊接剂就滴落 39 滴。突然，一个创新的主意涌上心头，他想如果能让焊接剂少滴上几滴，是不是就能节省成本？他开始钻研起来，经过艰苦地努力，终于研制出“38 滴型”焊接机。虽然节省的每圈只是“一滴”焊接剂，但就是那么“一滴”小小的焊接剂，却为石油公司带来了巨大效益，单单就是这一项，每年就创造了 5 亿美元的新利润。因此，石油公司非常重视这位年轻人，而这位青年，就是后来美国的石油大王——约翰·洛克菲勒。

2. 创新没有标准答案

上海有一位小学生，在试卷上造了这样一个句子“昨天下午，我在家里帮助妈妈做事。”得到的结论是“×”，为什么错了？因为试卷的标准答案是“昨天下午，我在家里帮助妈妈劳动。”

我们从上小学的第一天起，就受到了同一性的教育，接受了“一个问题只允许有一个正确答案”的标准训练，这个正确答案就是标准答案。经过长期“规范的学习”，在我们的头脑中填满了标准答案。遇到了问题，就去查找标准答案，没有查找到标准答案，则解决不了这个问题；于是就流行一种说法：“书本上没讲过的，老师没教过的，没有标准答案的题，这个题本身就是错的”。

我们承认标准答案是能够解决问题，但是，创新却不可能有标准的答案，有了标准的答案就没有了创新，请看小故事。

国王挑选接班人

国王为挑选继承人，给两个儿子出了道题：“给你们两匹马，白马给老大，黄马给老二，你们骑马到清泉边去饮水，谁的马走得慢，谁就是赢家。”

老大立即想到用“拖”的办法，争取获胜，而弟弟则不然，他突然抢过老大手中的白马飞驰而去。结果，弟弟胜了，因为他骑的是老大的马，自己的马自然就落到了后面。

3. 要突破思维定势

人一旦形成了习惯的思维定势，就会习惯地顺着定势的思维思考问题，不愿意，也不会转个方向、换个角度去思考问题，请看小故事。

残疾人买货

一位老师给一群学生出了这么一道思考题：一个聋哑人到五金商店去买钉子，先用左手做持钉状，捏着两只手指放在柜台上，右手做锤钉状。售货员递过一把锤子，聋哑人摇了摇头，指指做持钉状的左手，售货员终于拿对了。这时又来了一位盲人……

“同学们，你们能想象一下，盲人将如何用最简单的方法买到剪刀?”老师问。

“噢，太简单了，只要伸出两个指头，模仿剪刀剪布的模样就可以了。”一个学生急不可待地回答。全班同学都表示同意。老师微笑着，没有否定学生们的答案，却说：“其实，盲人只要用口说一声就行了。”应该说这两种答案都没有错。

从上面这件事可以看出，学生们的思维显然已经陷入了“比手势”的心理定势，而无法跳出；但是，这位老师却能摆脱以往经验，打破思维定势，以全新的思维方法来思考问题，老师最后对学生们说：“记住，一个人一旦进入思维死角，智力就会在正常水平之下。”

在电视广告中，常常可以看到某位身着白大褂的“权威人士”在介绍某某营养品、护肤品、新药物，酷似医生在谆谆教诲，这便是利用了大家习惯将穿着白大褂的人看成是医生的思维定势。

已知的事物往往容易迷惑我们，假象、权威的结论可能会束缚我们，习惯与思维的定势，很容易使我们在不知不觉中受到影响。创新就是要求我们反对盲从，敢于打破自己的思维定势进行思考、分析，并以批判的性格和精神看待事物和问题，进而分析问题，最终寻找与众不同的解决方案，请看小故事。

打破固有的模式，就能解决大问题

在美国，由于各种车辆特别多，著名的金门大桥上经常出现严重的堵车现象。美国政府为了解决该难题，按照常规思路，准备在大桥原有道路的基础上进行拓宽，即将双向四车道（4+4）拓宽到双向六车道（6+6）。按照改造项目所做的预算，需要资金一亿美元，施工期为六个月。有人就专门到金门大桥上进行现场观察，发现上、下班车流在不同时段两个半边不均匀是造成大桥堵车的主要原因。为此，他就打破思维定势，提出了把原来的双向四车道（4+4）固定模式改成6+2和2+6的移动模式，充分地利用了资源，很巧妙地化解了金门大桥堵车的实际难题，又为美国政府节约了大笔资金。

4. 要用好两个思维

创新思维是创新实践的前提和基础，创新思维就是要克服保守思想、惯性思维。因为保守思想往往会冻结我们的心灵，阻碍我们的进步，干扰我们进一步地发展。创新中最常用发散思维和收敛思维。

（1）发散思维　发散思维是指我们大脑在思考时呈现出的一种扩散状态的思维模式，即从一个目标出发，沿着各种不同的途径去思考，探求多种答案的思维，与收敛思维相对，又被大家称作为“辐射思维”、“放射思维”、“多向思维”、“扩散思维”或“求异思维”。用通俗的话说：就是要像八仙过海一样，各显神通。

1）所谓发散思维，就是要开拓思路，也就是要使我们的思维更加广阔，而思维广阔又是思维灵活的基础，只有在广阔的天地中，才可能灵活地选择。要做到开拓思路，就要“放”字当头。在生产中，我们遇到技术问题时，要目光四射，打开思路，围绕着生产中的技术问题去无限地畅想：凡是我们想到，与生产中的技术问题有关的材料，不论是直接的，还是间接的；无论是重要的，还是不重要的，都要及时地记录下来，越广泛越好。因为我们每想到一个生产中的技术问题，每找到一个材料，每发现一个解决问题的角度，都无异于在我们的头脑里又多打开了一扇天窗，使我们的眼前越来越亮堂。千万不要过早地就主观认定哪些材料是重要的，哪些材料是不重要的。因为，最后我们经过反复地分析、比较，很可能最初认为重要的材料，到后来变得不重要了；而最初认定不重要的材料，却变得十分重要。

2）放，就是不受任何条条框框的限制，任我们自己的思想纵横驰骋。放的目的是为了使我们能够敞开眼界、打开思路，不拘泥于眼前的具体技术问题或事物，而在更大的范围里、更广阔的背景上，发现生产与技术问题之间的联系，找到解决技术问题或事物矛盾的途径和方法。

3）放，绝不是无目的地放，一方面它要紧密地围绕着生产中的技术问题或围绕一个中心去畅想；另一方面，这种畅想也不能是杂乱无章，没有目标的胡思乱想，仍然要按一定的方法和办法去思考。

（2）收敛思维　是创新的另一种思维形式，与发散思维是相对的，是指在解决技术问题的过程中，尽可能地利用我们已有的知识和经验，把众多的信息和解决技术问题的可能性，逐步地引导到条理化的逻辑序列中去，最终能使我们找出一个最佳的解决方案，又被我们称作为是“聚合思维”、“求同思维”、“辐集思维”或“集中思维”。用更为直观的话说，就是要找出一座最佳、最便捷的独木桥，作为过河用。

（3）两者之间的关系　在创新的思维过程中，发散思维是十分重要的，也是极为必要的；但是若要深入地分析、具体地解决技术问题或事物的矛盾，光靠发散思维就显得力不从心了，也是不够的，这就好比一个人，同时伸出几只拳头打人，力量太过于分散了，力度是远远不够的，不能很快取胜。

因此，我们在发散思维的基础上，还要合理地运用收敛思维，还要对各种思路进行集中、分类、筛选。这就好像渔人撒网一样，既要放得开，又要收得拢。在使用发散思维的时候，要多个方向、多个角度思考问题；在运用收敛思维的时候，又要理清思路、减少头绪。思维集中与收敛的过程，就是抓技术问题的关键或主要矛盾的过程，也是使技术问题逐步明朗的过程。这里的关键，就是勇于大胆地删除支路，明确主攻方向，拿出最合适的方案。

5. 贵在找出更新的方法

创新并不需要天才，创新就在于能找出更新、更好、更巧的方法；任何事情的成功，就是能找到把事情办得更好的新办法，请看小故事。

靠总统的话买书

有一位美国书商手头积压了一大批书卖不出去，眼看就要亏大本了。情急之下，这位出版商想出了一个妙主意：给总统送去了一本书，并频频地联系，征求其意见，忙得不可开交的总统，随便就回了一句话，说：“这书不错”。得到了这一消息，出版商如获至宝，大做其文章：“现在有总统喜爱的书出售。”还把“这书不错”四个大字印在封面上。于是原本手头积压的一大批书，很快就被抢购一空。不久，这个出版商又有了一大批书，他便照方抓药，又给总统送去了一本书，总统有了上次的教训，便想借机奚落一番这位出版商，就在送的书上写道："这书糟透了"。这位书商抓住总统写的话，大肆做文章："现有总统讨厌的书出售"。大家出于好奇心，争相抢购，大量的书又很快被卖掉。第三次，出版商再次把书送给总统，总统有了前两次的教训，干脆紧闭金口，不理不睬。出版商又拿这本书，大做其宣传："现有总统难以下结论的书，欲购者从速。"其结果是可想而知。

我们不缺人

一位广告系毕业的大学生，刚毕业就急着想找工作。可是由于毕业生近几年实在是太多，找工作的大学生满街都是；所以，一时之间他也无法顺利地找着工作，其心里很是着急。这位大学生已经多次碰壁，实在是难以找到对口的工作，于是他就主动来到了一家国际知名的广告公司。他心想，这才是自己最最向往的公司，虽然被录用的可能性不大，但是，他还是决定要去试一试。在面试之前，他还是动了动脑筋，作了一个小小的准备。面试时，他壮起胆子，要求会见公司广告部门的主管，主管一听来意，就立刻像大学生所预料的说："对不起，我们不缺人。"这位大学生很有礼貌地笑了笑，从袋子里拿出一张海报交给主管，并且说："对不起，打扰您了，我想将这张海报贴在贵公司门口好吗？省得你麻烦。"海报上画的是："一个篮球教练员正在举起双手，打出一个'T'形的暂停手势，旁边有一行小字：暂停人员招聘。"这张海报画得实在是太出众了，主管看了以后，赞许地点点头，并对这位大学生说："请你等一等，或许广告部门还有个空缺。"

二、创新的基本方法

创新是在实践的基础上产生的，创新离不开实践，要创新，不但得有创新精神，还要有创新的方法，创新的基本方法包括以下几个方面。

(一) 组合

组合是创新最基本的方法之一，组合就像是纽带和桥梁，把许多已经知道的事宜通过组合这座桥梁相互地、有机地联系起来，组成新的事物。圆珠笔、计算机、机床、车间、火箭是组合起来的，而文章更是组合而成的。在所有创新的方法之中，组合我们是最容易做到，而且也是最简单的，请看小故事。

赛　酒

在万国赛酒会上，各国都竞相把本国最好、最闻名的酒拿出来一展风采。当中国、法国、俄罗斯和美国四国的参展商碰到一起时，中国参展商就自豪地从自己的展位上拿来驰名世界的"茅台"酒，把酒倒到酒杯里，让各位品尝，大家喝后一致说：真是好酒，名不虚传；法国参展商毫不示弱，立即从本国展位上拿来了享誉世界的白葡萄酒，也把酒倒入酒杯，让各位品尝，大家喝后，都说：好酒，好酒，真是太美了；俄罗斯客商立刻到了自己的展位，拿来了俄罗斯独有的高纯度的伏特加酒，让各位品尝，大家喝后，齐声说道：真是纯啊，真够劲；最后，轮到美国参展商了，只见他不慌不忙地，分别拿起中国的"茅台"酒、法国的白葡萄酒、俄罗斯的伏特加酒倒入酒杯，然后摇动酒杯，一会儿一杯色彩分明的酒出现，三国的参展商都问：这是什么酒？美国商人说：这就是美国的鸡尾酒。

1. 同类组合

前些年，中国香港米市传来消息：在国际市场很有声誉的中国大米、泰国大米和澳大利亚大米，却在中国香港市场上销售平平，倒是有一种“三合米”，行情看好。什么是“三合米”？说起来也十分简单，它就是将中国米、泰国米和澳大利亚米按一定的比例混合而成的混合米。将这三种米组合成一种“三合米”，既有中国米的香，又有泰国米的嫩，还有澳大利亚米软的特点，一种米兼有三种米之优，自然就会受到市场的认可和青睐。三种不同产地的米，没有组合以前是一种价值，组合之后，这些米的本身都并没有改变，但是，这种米的价值却发生了极大的变化，组合后的米是单一品种米的三倍米价，组合米的价值明显高于组合前的米的价值，这就是组合产生的“倍增效应”。

其实，组合创新就是在已知的事物中寻找新的关系，或者按照新的关系改变已知事物原有的组合，组合的创新性体现在事物的相互关系上，就是关系决定组合，组合产生创新。

2. 主体附加

车工常用的普通卡盘扳手如图3-3所示，青年工人和职业学校的学生使用卡盘扳手，常常在装夹、找正及卸下工件时，容易忘记取下卡盘扳手，导致安全事故的发生。

为了防止这类安全事故的发生，除了加强安全教育外，更重要的是要在源头上杜绝事故的苗头。为此，应对普通卡盘扳手进行创新，即在保持原有四方杆的基础上，增加一个带压缩弹簧的安全套筒，就创新出了一种安全卡盘扳手，如图3-4所示。在使用创新改进后的卡盘扳手进行装卸、找正工件时，手只要离开这种扳手，卡盘扳手就会在压缩弹簧的作用下自动顶起，离开卡盘，可以有效地避免上述安全事故的发生。这种常用工具的创新点就是在主体——普通卡盘扳手的基础上，新增加了附加体——安全套筒、压缩弹簧、定位销，形成了新型安全卡盘扳手。

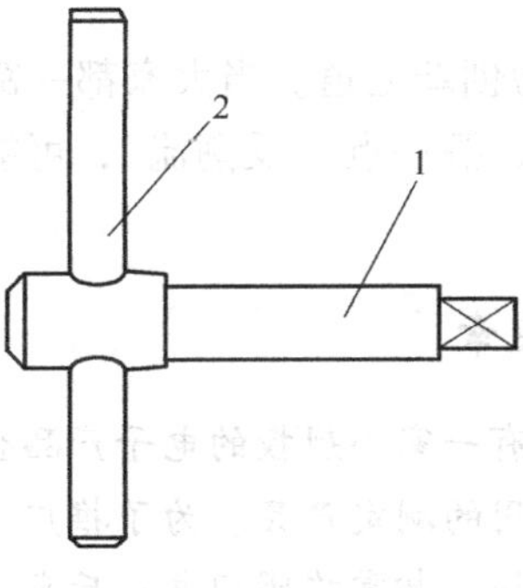

图3-3 普通卡盘扳手

1—四方杆 2—手把

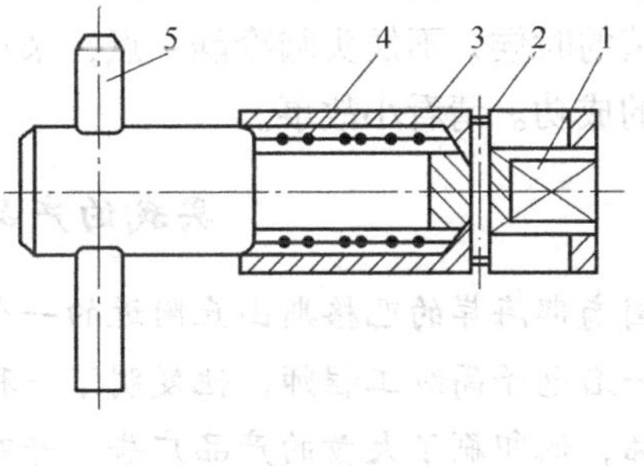

图3-4 安全卡盘扳手

1—四方杆 2—定位销 3—安全套筒

4—压缩弹簧 5—手把

3. 异类组合

传统的普通卡盘扳手与刀架扳手都是分离的，使用起来不是很方便，并且两者都要占用一定的工作位置，能否把这两者合二为一？这也是一个创新点，我们可以通过异类组合，吸取两者的长处，并且引进新型安全卡盘扳手，在原新型卡盘扳手的基础上，再加以适当地改进。即把原来外部的安全套筒进行适当的变换，按照刀架压紧螺栓四方头的尺寸进行制作，形成新的异类组合——两用新型安全卡盘、刀架扳手，如图 3-5 所示。

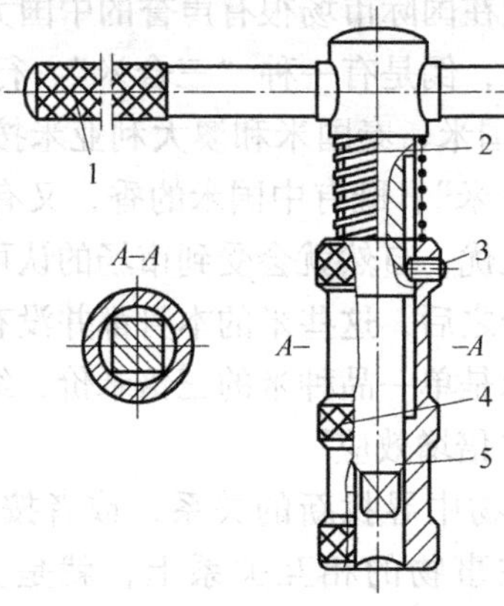

图 3-5 两用新型安全卡盘、刀架扳手

1—手把 2—压缩弹簧 3—螺钉 4—内四方滑套 5—外四方扳手体

加工中心机床同样也是一种组合产物，它是把车削、铣削、钻削的功能融为一体，使许多产品在加工中心机床上，能够一次加工成形。

闻名世界的瑞士军刀也是一个典型组合的产品，如今瑞士军刀的品种就有 100 多种，其中全能型的瑞士军刀就是由 64 个基本零件组合而成，并且具有 30 多种实用功能。

很多不同的东西司空见惯，而一旦组合起来，往往就是一种创新。这些事后看起来十分简单的组合创新，事前却不是每个人都能想得到、做到的事。往往就是这样：简单的组合容易做到，却不容易想到；复杂的组合容易想到，却很难做到。这就需要我们多去思考、多去想问题；其实，创新之路就在我们每个人的脚下。

（二）逆向

“干他人不想干的，做他人不曾想到的。”这不失为创新之道。当大家都一窝蜂地去做某一件事情的时候，不妨头脑冷静一点，来点逆向思维，搞一点“反潮流”，可能就会取得意想不到的成功。请看小故事。

买我的产品是你的荣幸

在英国南部海岸的巴格斯山丘附近的一个工业区，有一家小规模的电子产品企业，企业的老板是一名电子高级工程师，他发明了一种工业上通用的测定产品。为了推广、销售自己的发明产品，他印刷了大量的产品广告，并四处上门推销，却常吃闭门羹；后来，他又发明了另一种新产品，并亲自挨门挨户去推销，结果这次更惨，几乎无人问津，企业快到关门的程度了。他觉得原来的销售模式不对，应采用逆向销售方式进行销售。

他先后在英国的伯明翰的亚巴尼大酒店和各地举行小型的发明新产品展示会，广邀当地最有名的老板、工程技术人员到酒店来。邀请的方式隆重而又简捷，由企业派人派车专程去接他们来，准备了简单的午餐和葡萄酒，用餐结束，老板会对这些客人说，他每次举办展示会，只限将产品卖给六个客户，多者不卖，成交对象将选择那些资金雄厚、技术力量强大、设备先进、经营良好的企业，以保证产品的质量和本公司的信誉。他的话给来者以很大的冲击力，不仅各自都希望成为当场的买主，而且会后各公司、各企业的老板、采购员纷纷去人、去函，索取产品的说明书，而且要求访问、参观他企业的人数增加很快，前来谈判、交易的人也络绎不绝，久而久之，他企业的产品名气大增，其产品比其他同行的销售量大得多。

他的成功之处在于：通过小型产品发明展示会的形式，向当地权威、实力企业的老板、技术人员、客户进行公开展示，并当场激起产品竞买；这就等于是说：我卖给你产品，是看得起你，同时，也说明了你企业的实力确实雄厚；这样做，既抬高了别人，又实现你的销售，真是一举两得的好办法。

最差的食品和最差的厨师

在深圳特区，有家走投无路的酒家，挤在灯红酒绿的酒楼一条街上，要想装修，可惜没有足够的资金；要想价廉物美，做出特色的菜肴，却又没有本钱请人，眼看着生意一天比一天清淡实在难以支撑下去，酒楼老板急得团团转，有人给出了个主意：是否来个逆水行舟，就把死马当活马医；于是酒楼就打出大幅广告："本店经营本地最差的食品，由全市最差劲的厨师担任主厨！"这样的广告推出后，吓了过路人一大跳，这酒楼的老板是不是疯了，这不是自己在砸自己的牌子吗？可是，这违反常理的广告打出去以后，在当地居然产生了巨大的轰动效应，无数顾客蜂拥而至，一心想尝尝最差的食品和最差的厨师是怎么差法。结果，却是品尝到了价廉物美的好食品，从这以后，这家酒楼的生意也日新月异。

三个名字都要排第一

有三个著名的演员应邀到一个剧场同台演出，他们都向剧场经理提出了同样一个要求，即在海报上要把自己的名字排在第一，否则他们将退出演出。演员同台献艺的消息早已传出，总不可能改为个人专场演出，更何况这三位演员都是当今走红的明星，得罪了哪一个对剧场的经营都不利，这真是个令人头痛的问题。不过，剧场的经理略经思索之后，就满口答应了他们的要求。演出那天，三位演员都到剧场海报的前面去看，一看，可不是，我们三个人都被排在了第一，于是三个演员皆大欢喜地去剧场参加了演出。原来剧场的海报不是我们常见的平面形式，而是一个不断转动的大灯笼，这三个演员的名字都被写在灯笼的表面上，三个名字转圈时出现，谁都可以说自己的名字被排在了第一。

1. 材料逆向

材料逆向，就是把材料的性质、特点反过来思考，用软代替硬，用长代替短，用材料的一种状态去代替另一种状态。

在战场上，战士为了防范敌方的枪弹利箭，常需穿着防弹衣上阵，以前为了加强防弹功能，防弹衣的材料就从竹片、铜片、铁片一直演变到钢片，其取材越来越趋向坚硬的物质；后来就有人采用逆向思维，发现软性的黏丝作防弹衣，其结果更佳，软性的材料不仅可以使防弹作用增强，还可大大地减轻防弹衣的重量。

在制造洗衣机的脱水缸时，为了解决脱水缸在工作时的颤抖和由此产生的噪声问题，许多人想了很多办法，先是把转轴加粗，无效，后又将转轴加硬，仍然无效。最后干脆就采取弃硬就软的办法，即用软轴代替了硬轴，由于轴的软、硬属性的改变，不但成功地解决了洗衣机脱水缸在工作时的颤抖问题，而且还很好地解决了噪声问题。

早期的通信都是采用铜导线进行传输，要传输大量的信号，铜导线就要相应地加粗，而铜导线在信号传输的过程中，损失大，并且成本高。1966年，华人科学家高锟在一篇论文中，首次提出以玻璃制造比头发丝更细的光纤，取代铜导线作为长距离的通信线路。这个理论引起了世界通信技术的一次革命。随着第一个光纤系统于1981年成功问世，高锟“光纤之父”的美誉传遍世界。光纤传输时损失低、频带宽、尺寸小、重量轻的优点，给人类通信带来了一场划时代的革命，这种像头发丝一样粗细的光导纤维，把人类带入了信息无限丰富的时代。可以说，高锟的光纤理论是现代网络和电话通信的前提条件，开启了人类信息社会的新纪元，为此，他在2009年10月6日荣获2009年诺贝尔物理奖。

2. 结构逆向

结构逆向思维就是把结构的左设想成右、外设想成里、大设想成小、凹设想成凸等。早期的桥梁，其承重结构都在桥面的下方，我国最早的赵州桥就是靠桥面下的结构来支承桥的重量的。而从20世纪初开始，桥梁专家采取逆向思维的方法，将桥梁的承重结构移向桥面的上方，像现在各地新出现的斜拉索桥，采用这种结构新建成的桥，不仅使桥的承重结构不影响桥下船只的航行，而且还能使桥墩的跨度扩大，如图3-6所示。

图3-6 斜拉索桥

木工刨床在工作中，容易伤到操作者的手，这是由于木工刨床工作时，刨刀是固定的，刨木头时，需要操作者拿手去推木头；有人采用逆向思维，把木工刨床改为木工铣床，即木头不动，刀具动，这样就有效地避免了类似安全事故的发生。下面三个小故事，也说明了结构一变，创新就诞生了，请看小故事。

电不粘锅的产生

日本有一位家庭主妇，煎鱼时发现鱼肉总是粘锅，铲起来很费事，还会使煎好的鱼破损，不好看。其实这个问题我们都遇到过，但都没有找到好的办法。这位家庭主妇经过长时间细致地观察，终于找到这个问题的关键：因为锅底加热后，鱼不容易很快被热锅底均匀加热所造成的。

有一天，她突发奇想：既然在鱼和油下面加热不好，何不换个位加热，如果从上面加热其效果会怎样呢？经过多次实验，她在锅盖上安装电阻丝的电加热方法，做成了煎鱼不糊的电不粘锅。

给有听力障碍的人造闹钟

有听力障碍的人是听不见的，给他们造闹钟，无疑就是对牛弹琴，也就是按常理来说，显得十分可笑。但有一位美国人却创新了有听力障碍的人不能用闹钟的常理，发明了一种可供有听力障碍的人使用的闹钟。这种闹钟的创新点就在于：将电线和枕头相连，当时钟走到规定的时刻时，闹钟虽不发声，却可以使枕头振动，将人震醒。这种闹钟不会影响别人睡觉，却可供有听力障碍的人使用。

变废为宝

高耸直冲天空的烟囱在我们的日常生活中已司空见惯，它不但向美丽的天空排出了浓浓的黑烟，而且也向我们的大自然排放了大量的二氧化碳，使得我们地球的气温日益上升，严重地影响了我们的生存环境，能否将这种不利的废物变为对我们有利、有用的气体呢？人们采用了逆向思维，把原本高耸烟囱排放的二氧化碳，通过管道直接引向地下，当二氧化碳被200个大气压送入千米油田深处时，它能很快就与岩石孔隙中不易开采的石油“混为一团”，原本黏稠厚重的石油迅速稀释、膨胀，纷纷从小孔中溢出，把原本不易开采的石油变得更加容易了。

（三）简单替代复杂

产品的构成有的十分简单，有的相当复杂。就同一产品而言，有的是原理简单、结构复杂，有的是原理复杂、使用简便，有的是结构简单、工艺复杂，有的是原理复杂、使用也复杂。在保持原有功能的前提下，如何把复杂的事物变得再简单些，这也是创新；而最有价值的创新产品往往就是最简单、最方便、最好用、最容易制造和最容易普及的产品。请看小故事。

用最简单的代替最复杂的

如何“使集热器准确地跟踪太阳”的功能，常用的思路和办法就是采用复杂的光电跟踪机构跟踪太阳。而一对澳大利亚兄弟却创新地使用了塑料管跟踪式太阳能热水器，这项创新的奇妙之处在于：用两根看上去十分普通的充气塑料管代替了十分复杂的光电跟踪机构，即把两根充气的黑色塑料管分别装在集热器的两侧。早晨，太阳晒热右侧（东边）的那根充气塑料管，管内的空气膨胀，压力增大，推动液压装置，集热器向东移动，迎向东升的太阳，当太阳在空气中慢慢地向西移动时，集热器左侧（西边）的一根充气塑料管受热较多，管内空气膨胀，压力增大，推动另一个液压装置动作，集热器随之向西移动。与其他跟踪机构相比，这种装置使用起来更加简便、保养也更加方便。这种太阳能热水器，每个跟踪机构仅25美元，却能供应一座住宅的热水；为此，这对澳大利亚兄弟获得了联合国颁发的奖金。

用分体制造代替整体结构

上海日用电机厂是个600人的弄堂小厂，其年产值却达到了2亿元，利润却高达4千万元，他们的创新之处：就在于把原来采用铝合金整体铸造的桑塔纳轿车的电动机外壳改为用6mm钢板缝焊加工而成，仅此一点，成本就从原来的1000元降低到了150元。

（四）放大或缩小

1. 将其放大

将你所看到的寻常事物，进行“放大”来看，就有可能会产生创新，请看小故事。

割稻机的产生

每个人都理过头发，理发师操作他手上的理发推器，在你的头上推来推去，你的头发就会一束束飞落。美国的迈克米克在理发时，将这个景象进行“放大”畅想：如果头皮就像一片广阔的稻田，每根待理的头发就像一根根成熟的稻子，那么理发推器会是什么呢？它就会成为一种崭新的“割稻机”。事实上，割稻机的创新灵感就是这样来的。

2. 将其缩小

将日常事物进行“缩小”，也可能会产生创新，请看小故事。

吉列刮胡刀的由来

金·吉列原来只是个产品推销员，由于推销工作，使他必须非常注意自己的仪容。但是，他觉得传统的长柄剃刀很不方便，不仅要定期刃磨刀口，还容易在自己脸上划出伤痕，于是他就有了自己创新刮胡刀的想法。但是他钻研了很多年，却都失败了，主要就是因为他一直跳不出原有的构造，即旧式长柄剃刀。

有一天，他路过一片刚收割完的田地，看到一位农民正用耙子清理田地，农民轻松地拿着耙子耙梳，就将田里的麦秆耙到一边去。看着看着，他的思维忽然茅塞顿开，如果将农民手中的那个耙子“缩小”，那不就是一把创新的刮胡刀了吗？新刮胡刀的刀片应该像耙子的铁耙，与支撑它的柄垂直，这样不仅操作方便，而且刀片钝了可以随时更换，创新后的吉列刮胡刀，由于使用方便，很快就风靡了世界。

（五）在模仿中创新

1. 模仿也是创新

（1）正确认识模仿　在竞争日益激烈且强调自主创新的大背景下，“模仿”常被人视为不是自主创新。其实，模仿也是创新的方法之一。自主创新按照其创新的程度与要求可分为：原始创新与模仿创新两类，模仿创新是自主创新的初级阶段，原始创新才是自主创新的高级阶段。

（2）模仿是创新的基础　事实上，我们日常生活中大多数产品都是模仿别人产品得来的。没有模仿，很难有创新；不懂得模仿，也肯定不懂得创新！古今中外的创新几乎无一例外地是在原有的基础上进行创新。不首先去模仿，创新有时就是盲目的，不去模仿，创新就没有根基。模仿是一条安全，而且高效的创新捷径。

2. 模仿是创新的捷径

美国市场学的学者认为，有时产品模仿就像产品创新一样有利，因为一种新产品的开发和商品化需要投入大量的资金，也就是说，市场创新、产品创新是需要付出代价的，而模仿则能直接借鉴别人的成功经验，“站在巨人的肩膀上”超越巨人，通常为此付出的成本也就降低了很多。

要正视模仿，但不能一味去模仿，我们要在模仿的基础上，有所改进，在模仿中，有所创新。引进、吸收本来就是一种自主创新的方式，甚至是一种捷径。有些企业自主创新战略的滞后、核心技术的缺失，并不是模仿惹的祸，而是在模仿之时，片面地只注重产品的外形模仿，而忽视了核心技术的借鉴和核心竞争力的学习。因此，市场上充斥着大量的假冒、伪劣商品，而别人的核心技术却迟迟没有被借鉴、模仿过来，教训是沉重的，值得我们很好地反思。

自己走一条从来没有人走过的新路，总是比别人已经走过的旧路要慢。因为，走新的路，通常要遇到更多的障碍，要面对更大的风险；我们要看清楚眼前要走的路，特别是留意别人怎样走同样的路，一定要找到让我们受益的地方，让我们避免重复别人已经走过的弯路；另外，有一些路，很值得我们跟着别人一起走，让我们走向成功的机会更大、更快。

3. 模仿创新的成功示例

微软一直都是技术上的跟随者，并不是技术的原创者，只是局部的创新者，微软就是在模仿基础上创新方面的典型代表。

当时，有人自编了一套 QDOS，它是借用了基尔代尔的 CM/P 操作系统的构想，不过当时编程员对复制他人作品还不十分重视，也缺乏知识产权的保护。微软仅仅支付了 7.5 万美元，就把 QDOS 这个程序连人和产品一起买了下来，并改名为 MS-DOS，接着倒手，卖给了 IBM。

微软 Windows 的图形界面是模仿 Apple 和 Xerox 的，而 Word 是模仿 Wordstar 和 Wordperfect 的，Excel 也是 Lotusl-2-3 的复制品。微软的许多产品都是跟随着别人的概念，才创新出来的。但是微软的产品往往就是竞争中的胜利者。

模仿并不羞耻，相反，我们能从别人的思想里，得到灵感的火花和启发，再充分地运用自己的思想和能力，进行再创新，这样我们的创新可能就比当初的创新者要更加强大。这就是“站在巨人的肩膀上，你就能比巨人看得更远。”

（六）革新

1. 什么是革新

创新做出的并不一定是原来没有的事物，革新已有的事物，同样也是创新，而且是较为普遍的创新，我们在很大程度上就是对已有的事物进行局部除旧布新，其实用性往往更强，请看小故事。

小创新带来大销量

创立于 1904 年的英国劳斯莱斯汽车公司，以生产豪华轿车而闻名于世。但是，该公司在 1985 年，刚推出新车——“班特莱”型轿车时，该车型销售得并不好，为此，劳斯莱斯汽车公司的领导多次召开会议，专题研究“班特莱”型轿车的问题，却一直没有能找到解决问题的办法。

1986 年，该公司的一位技术工人提出了小建议——即在“班特莱”型轿车的车体上增加金属边线，虽然这个建议看起来十分简单，但就是由于这款车型的车体上新增加了金属边线，使得其显得更加贴近地面，更有安全感，这种车型的销量立即大增，为劳斯莱斯公司带来了巨大的效益，公司为此重奖了这位技术工人。

2. 革新就在身边

创新并不都是惊天动地的壮举，更多的创新是在已有事物上进行的各种各样的革新。西餐常用的叉子，如图 3-7 所示，由于叉子的柄较长，外出携带不是很方便，为了解决这个实际问题，对叉子进行小小的革新，即把叉柄改为折叠式的，如图 3-8 所示，给企业带来了新的经济增长点。

图 3-7　叉子

图 3-8　革新后的叉子

3. 革新的范围

对我们大家来说，革新主要就是根据自己工作的需要，创造性地变革现有的机床及其结构、辅助装置、刀具的刃磨方式、装夹方式、加工工艺路线等，使其生产率、加工的产品质量、安全性能得到较大的提高，而劳动强度、产品的废品率能明显地降低。

4. 革新的示例

对于车削直径很细且不允许钻中心孔的轴类工件，或轴类工件尾端不允许保留中心孔的工件，以前常用的办法就是增加工艺性的材料，即在原设计工件的长度上再增加一段长度，专门用于打两端的中心孔，待工件加工结束后，再去掉工艺性材料，达到图样要求。采用这种办法虽说简单、方便，但很浪费材料，并且增加了工件的加工时间，提高了产品的成本。

如果对其装夹方式进行适当的革新，在该轴类工件的一端或两端采用工件和反向顶尖套进行装夹。(图 3-9)，不仅可以节省材料，减少工序，又可以降低成本，提高效率。反向顶尖套如图 3-10 所示。

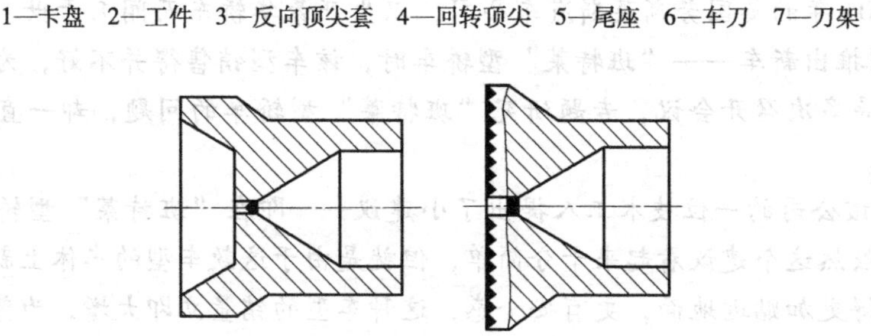

图 3-9　工件和反向顶尖套装夹法

1—卡盘　2—工件　3—反向顶尖套　4—回转顶尖　5—尾座　6—车刀　7—刀架

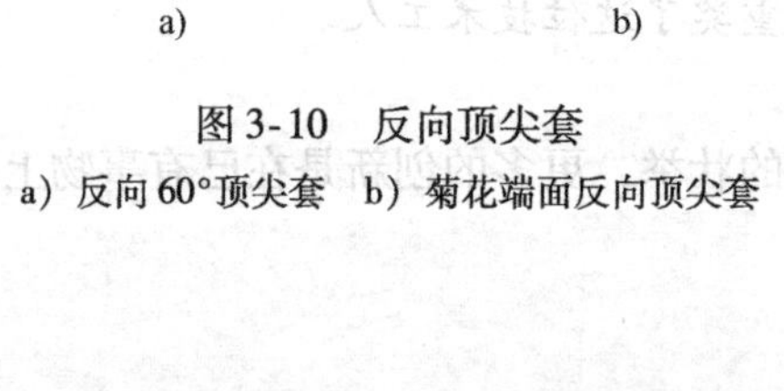

图 3-10　反向顶尖套

a) 反向 60°顶尖套　b) 菊花端面反向顶尖套

第四章 技师论文的基本体例格式和写作要求

一、技师论文的基本体例格式

（一）技师论文的封面格式

×××技师论文

（上空四行，三号仿宋字，居中）

××××××××**职业文章**（二号黑体字，居中）

文章类型：×××××××××（注明是技师论文或技师总结）

文章题目：××××××××××××××××××××××××

（上空两行，前空四字，四号宋体字）

姓　　名：

职　　业：

准考证号：

工作单位：

年　　月　　日

（所有行距为单倍行距）

（二）技师论文的体例格式

标题（二号黑体字，居中）

单位、姓名（四号宋体字，居中）

摘要：（摘要正文，四号楷体字，行间距固定值22磅）

关键词：（四号楷体字，行间距固定值22磅）

（技师论文正文，四号宋体字，行间距固定值22磅，3000字以上）

注释：（小四号宋体字，单倍行距）

参考文献

（小四号宋体字，单倍行距）

二、技师论文的层次编排格式

在技师论文写作的层次编排中，有三种方式：传统编排法、国际标准编排法和混合编排法。在编写技师论文时，三种方式都可以用，但最常用的是传统编排法或混合编排法；而用于国际、国内发表、交流的技术论文就要用国际标准编排法。

（一）传统编排法

第一章　×××
第二章　×××　｝居中标题，大多数不设篇，从章开始。
第三章　×××

一、×××
（一）×××　｝占行标题，可设“（一）”层，但大多数不设。在“一”前可不空格。
1. ×××

（1）×××　×××
1）或①×××　×××　｝不占行标题。

绪言（或绪论）一般放在章前，与章同层次，当内容较多时可编为第一章。

附录与参考文献放在末章后，与章同层次，如果参考文献分别放在每章之后，则与节同层次。

（二）国际标准编排法

0　引言

1. ×××
1.1×××　｝顶格，占行标题。大多数设3层即可，即不设1.1.1.1，引言或绪论也可不编0号，当内容较多时，也可编为“1”号。
1.1.1×××　此后的序号递加1，在1.1.1.1标题后空格接排。
1.1.1.1×××

(1) ××× ××× }不占行标题，空一格接正文。
a. ××× ×××

附录与参考文献“1”同层次，放在最后，参考文献也可在“1”、“2”……后设置。

(三) 混合编排法

篇、章设置同传统编排法，以下设置同国际标准编排法，大部分只设章而不设篇。附录和参考文献设置方法同前两种编排法。章前数字可用一、二、三…或用1.2.3…

三、技师论文基本要素的写作要求

(一) 摘要

1. 摘要被称为是文摘

技师论文的摘要又被称作为技师论文的文摘，它是技师论文的重要组成部分之一，它是以提供技师论文内容梗概为目的，不加评论和补充解释，简明、确切地记述技师论文重要内容的精练短文。技师论文的摘要通常放在技师论文的标题之后，技师论文之首。如果技师论文得到了发表，则技师论文的摘要就常常会被文献检索系统所收集。

2. 摘要是论文的要素

联合国教科文组织规定：“全世界公开发表的科技论文，不管采用什么文字写成，都必须附有一篇短小、精悍的摘要。”为了方便国际学术交流，国内发行的技术期刊除了要求有中文摘要外，也应有英文摘要，并要求英文摘要与中文摘要相对应。目前，《国家职业技能标准》对技师论文的考核方面，还没有英文摘要方面的要求。

在技师论文选题前，可以到网上或有关资料库里去进行检索，通过检索主要是查看相关技师论文的摘要，这样就无需花费太多的时间，即可了解到许多相关的第一手资料及资料实质性的内容，又可了解到在相关领域中有多少人在作相应的研究，进展情况如何。通过查看技师论文的摘要，可以从宏观的角度上，了解到技师论文研究内容的信息。

摘要一般不分段，不列图表，也不引用参考文献。

3. 摘要的作用

国家《论文编写规则》中规定：摘要是以提供论文内容简介为目的，不加评论和补充解释，简明、确切地记述论文重要内容的短文。由于摘要可以脱离论文的正文，单独印发或传播；所以，摘要应具有独立性和自含性，即不阅读论文的全文，就能获得必要的信息。

摘要的主要作用包括以下两方面。

(1) 便于检索技师论文　答辩者即使没有看到全文，仅从摘要中就可以看出技师论文的水平、方法以及创新之处，以决定是否有必要花时间提取原文，进行审查、阅读。

(2) 为数据库检索提供方便　著名的世界检索数据库SCI、EI等都以摘要的形式收录论文。只要技师论文摘要写得好，发表了，也有可能被著名的世界检索数据库收录，或者被读者引用。

由于技师论文的摘要十分重要，因此通常摘要被看成是技师论文的“名片”。

4. 摘要的四要素

技师论文摘要的四要素包括目的、方法、结果和结论。

(1) 目的　应简要说明研究、创新的目的，说明提出问题的缘由，表明研究、创新的范围及重要性；目的是研制、创新、攻关、革新、改造等工作的前提，也可以理解是工作的背景，即要提出、解决什么问题。有关目的方面的介绍不宜多写，一般只需要用一两句话来表达即可，通常放在技师论文摘要之首。因此，在许多技师论文的摘要中，常常可以看到采用“为了……”这种目的状语的标准写法。

（2）方法　主要应说明研究、创新、解决技术问题所用的基本设计、基本方法，即具体解决问题过程中，我们使用了什么材料、工具、夹具、刀具、设备和方法，如何进行分组对比、对照，研究、创新和解决问题的范围以及精确程度，其数据是如何取得的。研究、改造、改革、更新、解决技术问题的方法、手段及范围，是技师论文内容的重要组成部分之一，也是技师论文摘要的主要内容。

（3）结果　就是要列出研究、创新、解决技术问题的主要结果和数据，有什么新发现，说明其价值及局限。叙述要具体、准确，并需给出解决技术问题结果的可信值。这里的结果应是指技师论文中所取得的主要成果，它包括了小改革、小制作、小夹具、小刀具，电气、电子、集成电路的改造、改动、改进、优化，工艺路线、工艺方法的调整，工装、夹具、设备的改造、改动、改进，操作方法的改进、创新等解决具体技术问题的结果，也可以是节能降耗、提高效益方面的结果。这同样也是技师论文创新的重要组成部分，也是技师论文摘要的主要内容。

（4）结论　实际上就是改进、创新、解决问题过程的最后部分，得出的结论，也包含了应用情况或潜在的用途。同时，它是一个简要的总结，指出这种方式、方法的特点、优点、适用的范围及所得到的启发等。同时，这里也应该简要说明技师论文已经取得成果的应用价值，是否值得在同行和相关行业进行推荐或推广。值得注意的是，虽然技师论文中本身就有很多的内容，但是作为技师论文文摘的结论，就只能是突出技师论文中的创新内容，就只需要用几句话来概述。技师论文的结论，必须是事实，要用事实和数据来表述自己的创新。因此，在结论中，千万不要使用过分夸张的语言；尤其是要避免使用“……在……方面已取得了重大成果”或“……在……方面取得了巨大突破”等词句。一般来说，对结论不要作自我评论、自我评价，更不能进行自我拔高，自我吹捧。

5. 摘要的写作时间

写技师论文摘要的时间，可按照自己的爱好和习惯，而有所不同，即可以在完成技师论文之后写摘要，此时应对技师论文已经有了一个整体概念，很容易抓住其重点，比较好写；也可先写摘要，再以摘要为纲领，写内文。摘要不容赘言，内容必须完整、具体，使读者一目了然。所以，在完成摘要初稿之后，还必须对摘要进行逐字推敲，反复修改；认真检查其语法，字、词句，拼音，标点符号等有无文字错误。

6. 摘要的类型

摘要一般分为三类：报道性的摘要、指示性的摘要、报道或指示性的摘要。

（1）报道性的摘要　报道性的摘要主要是介绍技师论文改进、创新及解决问题的主要方法、成果及成果分析等，对技师论文的提示比较全面。

（2）指示性的摘要　指示性的摘要只是简要地叙述技师论文的成果（数据、看法、结论），对改进、创新及解决问题的手段、方法、过程等均不涉及。因此，对于创新内容较少的技师论文，就可以写成指示性的摘要。

（3）报道或指示性的摘要　报道或指示性的摘要是介于上述两者之间，以报道性摘要的形式表达技师论文中信息价值较高的部分，而以指示性摘要的形式表述其余部分。

一般的技师论文都应写成报道性的摘要，而不能把技师论文的摘要写成仅仅是做了什么、分析了什么、提出了什么的形式。

7. 摘要的写作要求及注意事项

（1）摘要的写作要求

1）摘要的长度。中文摘要字数一般在300字左右。

2）摘要的内容。摘要的内容应包括与技师论文等量的主要信息，包括目的、方法、结果和结论4个方面。其重点是要写出解决问题的具体结果，特别是创新之处。

（2）写摘要的注意事项　写摘要应注意以下几点。

1）摘要应包含技师论文正文中的要点。

2）摘要中的内容，应在正文中出现过，摘要不能只对正文进行补充和修改。

3）摘要中不要写本职业、本行业、本专业、本领域已成常识的内容，尽量删掉选题的背景信息。

4）在摘要中，不要简单地重复技师论文的标题。

5）在摘要中，不要标榜自己的成果。

6）用第三人称进行叙述，不要用“本文”、“作者”、“文章”等词作摘要的主语。

7）使用规范化的名词、术语，不用非公知、非公用的符号和术语。

8）尽量少用、不用在计算机键盘上不能直接打出的特殊字符（数学符号、上下脚标及外文字母）。

9）在摘要中，尽量避免采用图、表和化学结构式。

10）为同行所熟悉的缩略语，应在标题、摘要或关键词中至少出现一次全称，对那些已经为大家所熟悉的缩写词，如CAD、CAXA、CN等可直接使用。

8. 摘要的写作要点

1）技师论文的摘要，一般应该是在技师论文写好、定稿之后再撰写，这样就能很容易、很自然地写成。

2）既然是摘要，其主要内容就应从技师论文中直接摘录出来，因为技师论文的文摘就是从技师论文这个主体中提炼出的内涵。

3）技师论文的摘要应是技师论文的主要内容、观点、精华和结论。

4）它应该是经过提炼的、直截了当的、直接陈述的、不带自评的文摘。

9. 摘要的写作示例

为了提高×××复合冲裁模具的使用寿命和工作可靠性［1］，调整在正常使用条件下的合理间隙是十分重要的［2］。×××复合冲裁模具间隙的大小是影响产品质量和关系模具冲裁刃好坏的主要因素［3］。

论文则对×××复合冲裁模具在不同冲裁间隙下，对产品进行了冲裁和调试［4］。结果表明：冲裁间隙是控制产品质量、影响模具寿命的主要因素［5］，并得到冲裁间隙与模具寿命图表的验证［6］。

在以上摘要示例中，［1］是目的，［2］是意义，［3］是背景，［4］是范围，［5］、［6］是结果。

（二）关键词

关键词一般位于摘要之下、技师论文正文之上。

1. 关键词的意义

1）关键词是技师论文的标引与检索的标志，是表达技师论文主题概念的自然语言词汇。

2）技师论文的关键词应该直接从技师论文的标题、小标题、摘要和正文中选出来。

3）关键词是要能直接反映出技师论文主题内容信息的词、词组和术语。

2. 关键词的词类

技师论文中能适合作关键词的词一般都是名词，这类名词在技师论文中有两种。

（1）叙词　是指已经被收入国家《汉语主题词表》中，可用于标引技师论文主题内容的词，即经过规范化的词或词组。

（2）自由词　直接从技师论文的标题、摘要、层次标题或技师论文其他内容中，抽出来、能反映该篇论文主题内容的自然词汇（词或词组），即《汉语主题词表》中的上位词、下位词、替代词等非正式主题词和词表中找不到的词。

3. 关键词的标引

关键词的标引质量是影响技师论文检索效率的重要因素之一，标引是检索的前提，没有正确的标引，也就不可能有正确的检索。

国家标准 GB/T7713—2006 规定：每篇论文应该选取 3～8 个词作为关键词，并以显著的字符另起一行，排在论文摘要的下方。如有可能，要尽量采用国家《汉语主题词表》等词表中提供的规范词或词组。但是，目前国家《汉语主题词表》有一定的更新周期，如果出现下列几种情况，我们就可采用自由词作为关键词进行标引。

1）主题词表中，明显漏选的主题内容词。

2）表达新学科、新理论、新技术、新材料等新出现的概念及内容。

3）词表中，未收入的地区、人物、文献、产品等名称及重要数据名称。

4）某些概念、内容采用组配，其结果出现多义时，被标引概念、内容也可用自由词进行标引。

5）自由词尽可能选自其他词表或较权威的参考书和工具书，在本职业、本工种、本专业领域文献、技师论文中，经常出现的名词、术语，选用自由词最好达到词形简练、词义明确、实用性强，并严格遵守一词一义的原则。

4. 关键词的提炼步骤和示例

（1）关键词的提炼步骤

1）对技师论文进行主题分析，理清技师论文的主题概念和中心内容。

2）尽可能从标题、摘要、层次标题和技师正文的重要段落中，抽出关键词。

3）是对所选取的词进行排队，对照叙词表，找出哪些词可以直接作为叙词，进行标引；哪些词可以通过规范化变为叙词。还有相当数量无法规范为叙词的词，只要是表达主题概念所必需的，都可以作为自由词进行标引。

（2）关键词的提炼示例

1）技师论文的主题。从技师论文的主题或标题中寻找，车工技师论文《巧车 45°分型面的橡胶模》一文中，主题是“45°分型面”，那么“45°分型面”及“橡胶模”这几个字就必须作为关键词。

2）技师论文的主题方法。在技师论文《巧车 45°分型面的橡胶模》一文的主题方法中，完成主题是“上、下模圆弧 R 槽的车削”，因此，“R 槽的车削”应作为关键词。

3）技师论文的难点。技师论文《巧车45°分型面的橡胶模》的难点是，橡胶模的上、下两模在45°分型面合模后，R槽的轴线能完全重合，作为“R槽的轴线”和“完全重合”，也应作为关键词。

4）技师论文的解决办法。在《巧车45°分型面的橡胶模》一文中，在找正方法方面，采用了“平行四边形”，解决了“45°分型面的橡胶模”上、下两模在合模后，R槽的轴线能完全重合的问题，所以，“平行四边形”也应作为关键词。

（三）引言

引言是正文的引入，是技师论文正文的先导文字部分，又被称为前言、导言、导论、绪论或概述，是技师论文的序幕和开场白，也是技师论文的一座引桥。

1. 引言的作用

1）简要交代技师论文的研究背景。

2）简要指明技师论文的研究范围。

3）简要说明技师论文的研究目的。

4）起搭“桥”、引“桥”的作用。

2. 引言的要求

1）篇幅自由，可多可少，可长可短，长则几百字，短则几十个字。

2）开门见山，具有定向的引导作用。

3）突出重点，不要面面俱到。

3. 引言的注意事项

1）不要把引言写成摘要。

2）不要把结论与引言相混淆。

3）不要把引言与正文相混淆。

4）不应出现插图、表格，不要介绍基本理论和基本方法。

4. 引言的示例

（1）开门见山　车工技师论文：“小专利大作用”的引言，就采用了开门见山的写法。

许多车工都遇见过在没有镗孔刀用的情况，特别是缺乏挖槽刀用，基本上都要自己费时、费力去手工磨成较为理想的车刀（提出了现实的问题），运用时又觉得不够理想。虽然现在机夹式内孔刀具的品种和规格较多，如果要加工某个特殊形状的内孔，就不一定能找到所需刀具（提出了传统产品的不足之处）。本人就该难题，结合多年实践经验，谈谈运用自己发明的专利刀具，来解决的方法（创新产品的成果和意义）。

（2）突出重点　铣工技师论文的引言：“车窗锁片45°倒角装夹方法的改进”，就重点突出，单刀直入。

某工程车的车窗锁片体积小、厚度薄，在加工三处45°倒角时，装夹极不方便（只用短短二十几个字，就把技术问题提了出来），若采用常规的单件加工方法，不但费力费时，而且质量稳定性和加工进度都很难保证。为了抢占市场，提高产品质量和生产率，就需要我们改进装夹方法。

（四）正文

1. 正文的作用

（1）技师论文的主体　正文是技师论文的核心部分，所占技师论文的篇幅最大，约占技师论文80%的篇幅。

（2）技师论文的展示平台　正文是最能展示技师申请者学术理论水平、技术水平、操作技能技巧、科研和创新才能的书面平台。申请者应把自己实际成果中最亮丽的一面，充分地展示给参与答辩的高级考评员。因为技师论文的写作、答辩，实际上就是一场综合性的大型竞技考试和较量，谁的综合技能水平出众，谁就能够在竞赛中出线，胜出；对此，技师申请者应尽情发挥。

2. 正文的任务

1）提出问题。

2）分析问题。

3）解决问题。

3. 正文的写作要求

（1）突出论点，不蔓不枝　突出论点，不蔓不枝的含义，就是指一篇技师论文的论点只能是一个，不能是多个。因为只有一个论点，才能在技师论文中用有限的笔墨将技术问题和道理讲清楚、说明白。

（2）尊重事实，强调科学　尊重事实，就是在技师论文中，坚持实事求是，不弄虚作假，不说假话，不提供有技术性错误的数据、文字、表格、图样、公式和方法。

强调科学，就是强调技师申请者在解决技术问题时，要正确地运用科学的研究方法，在研究中，按照科学性的方法去解决实际技术问题。

（3）充分论证，表述完整　在技师论文写作中，仅有论点、论据是不够的，只有把论点、论据有机地联系在一起，用论据去说明论点，才能够写成一篇水平比较高的技师论文，这个说明、说理的过程就是论证。作为技师论文的论证过程，不仅仅是要去说明“怎么做”，更重要的是说明“为什么要这样做”。这能反映出技师申请者分析问题的能力和思考问题的深度，也是技师申请者展示才华的关键环节，它是衡量技师论文写作质量、写作水平高低的重要的指标。技师论文常用论证的基本方法见表4-1。

表4-1　论证的基本方法

论证方式	定　义	基本方法
一般实例证明	通过列举一个或几个事物之间的共同特性，以求证论点的方法	1）通过列举经过科学实验验证过的客观事实 2）列举大家可以理解的事例 3）大量运用图表
实例因果证明	通过事物发生、发展和消亡的客观原因和结果的必然性，以证明论点的方法	1）从原因到结果进行推理，以事实的因果关系证明 2）从事实的结果到原因进行分析论述
实例比较证明	通过列举正反两种对立实例比较，或同类的几个事实加以对比，以证明论点的方法	1）用相同的条件下同类事物中的对立的两极比较 2）同一事物在不同条件下所得到的实例进行比较 3）表达方式可以用文字，也可用图表形式阐述
引证证明	引用前人或他人的论点作为论据内容的方法	1）应用经典著作中的公式、公理、定理 2）引用权威人士的话 3）引用前人或他人的研究成果 4）引用作者自己已被证明且未被人驳倒推翻的发表过的论点和论据

（五）结论

结论是技师论文的总结部分，是技师论文研究、解决问题结果的归纳，也可以是启示或下一步的研究方向。

1. 结论的写作要求

（1）前后呼应　在技师论文写作中，需要注意前后呼应的问题，就是说：引言与结论要做到前后一致。

（2）简要精练　结论性的语言，既要表述完整，又要注意简明扼要，特别注意对结论性的结果不要展开讨论，不要重复。

2. 结论的写作示例

1）车工技师论文“车削大导程非标准螺纹的方法”的结论，就体现了简明扼要。

“通过加工实践证明，普通机床经过改造，完全能够完成大导程非标准螺距螺纹加工。加工的螺纹套筒及齿轮轴五线螺纹副，完全符合设计图样及新品研制的使用要求，组件经装机试验，运行性能良好。”

2）冷作钣金工技师论文“扩大国产数控折弯机的加工范围”的结论，就体现了前呼后应。

“我对国产数控折弯机提出部分的修改方案，经多年实践验证，不但能符合烟机国产化的需求，而且还满足出口要求，并有效地扩大了该设备的使用范围。”

（六）致谢

技术创新往往不是一个人完成的，在完成的过程中，可能得到他人的帮助，即便是技师论文的写作，也可能得到别人的指导。因此，在技师论文结论之后，对于在技师论文写作中给予指导或帮助的人或单位，应向其表示感谢或致意。

“致谢”一般是单独写成一段，并且是放在“结论”之后。但“致谢”部分不是技师论文的必要组成部分，也就是说，在整篇技师论文中，可以不包含致谢的内容。

（七）参考文献

参考文献又叫参考书目，是指在撰写技师论文过程中，所查阅、参考过的重要书籍、杂志、技术标准、技术规范，是技师论文的重要组成部分，一般把它放在技师论文的最后。对于一篇完整的技师论文，参考文献是不可缺少的，对于这一点一定要引起技师申请者的注意。

1. 参考文献的作用

1）从参考文献上，考评员既可以了解技师申请者的科学态度和文章的水准，又可以了解技师申请者的起点和深度。

2）著录参考文献，能方便地把技师申请者的知识成果与前人的成果区分开，这不仅是表明技师申请者对他人的知识成果和劳动的尊重，而且也避免了抄袭、剽窃他人成果的嫌疑。

3）是否著录参考文献，可作为审查其是否符合技师论文规范的一个重要依据。

2. 参考文献的著录要求

1）著录最主要、最有代表性的文献、论文著作图书，一般可列入3~8篇。

2）重点著录已经公开发表、公开出版的资料。

3）一定要采用规范化的著录格式。

3. 参考文献的著录格式

(1) 著录参考文献的格式规范

[序号] 主要作者. 文献题名（书名）[文献类型标志]. 版本. 出版地：出版者，出版年。

(2) 参考文献类型的标志见表4-2

表4-2　参考文献类型的标志

参考文献类型	专著	汇编	报刊文章	期刊文章	标准	专利
文献类型标志	M	G	N	J	S	P

4. 参考文献的著录示例

[1] 中华人民共和国人力资源和社会保障部. 国家职业技能标准 [S]. 北京：中国劳动社会保障出版社，2009。

[2] 贾恒旦. 员工职业规范指导手册 [M]. 北京：机械工业出版社，2009。

四、技师总结与技师论文的区别

技师总结与技师论文在内容和形式上有相同点，但是它们之间也有不同之处。

（一）两者的相同点

1）都是技术性的文章。

2）阐述的内容基本相同，都是反映技术研究、技术攻关、技术革新、技术创新等方面的情况，都有描述事实的性质。

（二）两者的不同点

1）技师总结侧重于叙述技术研究、技术攻关、技术革新、技术创新的事实和结果，而技师论文则侧重于解释技术性的问题，并针对疑难点和问题，从技术分析的角度上，进行学术性的探讨。

2）在内容程度上，技师总结是以叙述课题的操作程序、工艺方法、改造流程及总结成败经验教训为主；而技师论文则是记叙、论证其中创新性的部分。

3）在文章体裁上，技师总结属于说明文类文体，而技师论文则属于论述性文体。

第五章 技师论文写作的简易方法

一、选题

选题就是在创新、解决技术问题的基础上，确定自己技师论文的研究方向和目标。选定一个什么样的技师论文选题，是写好技师论文的前提，也是至关重要的一步，可以说是技师论文成败的关键。

（一）选题的基本原则

1）选题要选得具体、明确，既不能琐碎，也不能孤立；让人读后能明白，不产生歧义。

2）选题难度要适中，即在选题范围上，宜窄不宜宽；在选题内容上，宜小不宜大；在选题深度上，宜深不宜浅。

3）选题时要注意扬长避短，力求与自己所从事的生产实践相对应，并尽量选择能充分展示自己技术特长的项目。

4）最好是选择本专业、本职业、本工种，前人没有尝试过或者是前人虽已做过，但尚不能完全解决或有疏漏的项目。

5）努力从本专业、本职业、本工种出发，着重选择能为本企业创造经济效益的有实用价值的项目。

（二）选题的基本要点

1. 切勿担心选题太小

技师论文价值的轻重和选题的大小，其实并不一定成正比。有人曾盲目追求大而全的选题，认为全面论述一个大的技术问题，是自身实力雄厚的象征，是自己技师论文档次高的标志。但是，由于自身的实力不足，往往无法深入下去，很容易造成蜻蜓点水，浮光掠影。虽然面面俱到，但是连一个技术问题也没有论述的深入、透彻，也没有能够解决一个实际的技术问题。到头来，这样的技师论文还是没有一点分量，虚有其表，华而不实。

相反，如果抓住了一个重要的小选题，但因为是企业生产技术中急待解决的关键技术问题，能够深入其本质，抓住其要害，进行层层解剖、分析，并从各个方面、各个角度把问题说深、说透，有独到的见解和解决方法，创造性地解决了技术问题，这样的技师论文就很有分量和价值了。

“与其伤其十指，不如断其一指”，“集中优势兵力，打歼灭战”，把一个小小的实际生产中关键技术问题解决了，比隔靴搔痒地去碰十个大问题，最后连一个问题也解决不了，要好得多，强得多。

饭是要一口口地吃，仗是要一场场地打，生产中的技术问题也要一个个地去解决。一篇技师论文虽然只能解决一个小问题，但通过这一篇技师论文的写作和锻炼，我们就能很快地掌握分析和解决生产中技术问题的科学方法。有了分析、研究和创新的能力，就有经验去解决和攻克其他更多、更难的新问题。

2. 从实际出发，量力而行

能恰如其分、充分地估计自己的实力，其实是一件很不容易的事情。应该在自己力所能及的范围内，给自己提出较为严格的要求。选题大小的程度，应该是自己努力以后，可以达到的，同时又必须是要经过一番拼搏的。对于那种俯手即可摘得的果实，即便得到了，我们也不觉得可贵；但是，借助工具也摘不到的果实，那只能是徒劳。只有经过努力可以争取得到的果实，才是我们大家的奋斗目标。对于这种选题，既可以锻炼自己，增长实际本领，又能鼓舞自己奋发向上。

二、提纲

确定技师论文选题后，经过基本的资料收集工作，就可以进入编写技师论文提纲的阶段。在技师论文的选题阶段，我们往往只是对所选的论题，具有一个较为粗略的认识，通常并没有详细的写作框架和写作思路，所收集的材料也较凌乱。经过自己编写的技师论文提纲，可以构建起论文的基本构架，并且能让指导技师论文写作者对自己的写作思路和材料的准备情况，有一个全面的了解和把握。

（一）提纲的作用

编写技师论文的提纲，是正式进入技师论文写作阶段的第一个步骤，也是极为重要的一步。技师论文提纲质量的好坏，将直接关系到撰写技师论文初稿的质量。如果在编写提纲时，不能对全局做一个良好的布局，不能对论文可能涉及的材料和问题做到心中有数，很可能导致论文初稿夭折。

1. 理清写作思路

编写技师论文提纲的首要任务是理清写作思路。其实质就是对所选的论题进行细化，进行深度整理和定量化的布局。对所选的论题涉及的所有论述方面进行整理和考虑，对论述的中心论点加以确定；并且对围绕中心论点展开的所有相关问题的逻辑关系进行认真的梳理。一般要求是，围绕选题列出分标题，写出每个分标题下的主干内容，以便能围绕主题层层地展开论述，从而达到论述的目的。

通过编写技师论文的提纲，可以更加清晰地认识自己所要论述问题的内容和可能涉及的相关问题，并且依照它们之间的逻辑关系，对技师论文的论述思路进行梳理。把笼统的东西明确化，把本来模糊的东西清晰化，对论题必须涉及的重大问题，进行及时的修改和补充，对重复、烦琐的内容，进行必要的删减，为编写技师论文初稿做好内容和思想上的准备。

2. 设计论述框架

编写技师论文提纲的第二个作用是设计技师论文的论述框架，其实质就是对所要论述的问题寻找一个一级标题下的二级标题，通常可用带括号的大写（一）、（二）、……表示。将每级标题下的主干内容表现出来，接着按同样的逻辑和顺序在每一个二级标题下再细分出三级标题，通常为小写的1.、2.、……。再住下一级就是带括号的（1）、（2）、……编写技师论文提纲可以将所写的技术问题进行细化，把它们之间的逻辑关系梳理清楚。各级标题之间虽然有一定的规律，但在编写时不必过于拘泥。

（二）提纲的要点

从内容上看，在编写技师论文提纲时，要注意处理好以下几个关系。

（1）提纲的“粗”与“细”的关系　提纲过于粗陋、简单或过于琐碎，这两种极端情况都会影响到后面技师论文的写作。

1）提纲过于粗陋、简单，则体现不出提纲的作用，许多本应当在编写技师论文提纲中发现的问题却没有发现，结果不尽如人意。指导老师也很难从技师论文提纲中看出作者的思路，难以发现潜在的问题，也不能进行有针对性的指导。过于粗陋、简单的提纲，作者自己在撰写初稿时，会遇到许多意想不到的困难，往往不得不在技师论文写作过程中大幅度、频繁地进行调整，延误了写作时间，并降低了论文的质量。

2）过于琐碎的提纲也存在着一些问题，它往往会演变成为技师论文提纲与技师论文初稿难以划分。同时，又缺乏论文初稿所需要的完整性和严密性，导致在思考论文的构思问题或写作思路时，不够清晰。在这种情况下，不仅可能会掩盖一些问题，还可能制约后面的写作思路。所以，对于论文提纲的粗、细程度，我们一定要把握得适当，既要能完整地体现论文写作的思路，又要给后面的写作留下充分的发挥空间。

（2）确定性和不确定性的关系　虽然提纲要对技师论文写作的思路有着准确的反映，但写作过程本身就是一个思想不断地展开和深入修正的过程。所以，一个好的提纲，应当为这种可能性留下余地和空间。已经写好的技师论文提纲并不是一成不变的，它有一定的不确定性，一旦在思考技术问题和写作过程中有了较大的变化，就需要重新调整提纲，使其能够正确地反映和引导深入的写作。

（3）思路和材料的关系　在编写技师论文提纲时，可能会遇到写作思路和论文材料不相吻合的问题。有时，可能是自己所持有的观点一时找不到合适和充分的材料支持，但又不愿放弃或改变自己认为很有价值的材料；有时，则可能是找到了很有价值、很感兴趣的材料，却觉得材料与自己的观点不能直接对应，但又舍不得放弃这些材料，这就需要我们对思路和材料的关系做一个恰当的处理。当一个好的想法无法找到相应的材料支持的时候，往往必须放弃。作为技师论文，不能言之无据，如果觉得观点实在有价值，可以将其作为问题提出，但是不能作为技师论文支撑性的主体和重点。当材料过多，而且与论点不太吻合时，就一定要大力删减，即使是合适的材料，也不宜过量堆砌。这和裁衣服一样，不能因为花边好看就整件衣服都绣上花边，这样就会喧宾夺主。

（三）提纲的优点

1. 体现作者的总体思路

思路是思维活动过程的线索，是作者有规律、有条理的思维活动过程。编写提纲，正是为了体现我们根据选题的需要，将所收集到的材料与所形成的观点有机地结合起来，从而体现我们的思路。提纲是由序码和文字组成的一种逻辑图表，是帮助我们考虑技师论文全篇逻辑构成的写作设计图。其优点在于，使我们容易掌握技师论文结构的全局，明确重点。

2. 利于谋篇布局

提纲有利于我们树立全局观念，便于从整体出发，检验每一个部分所占的地位和所起的作用，相互间是否有逻辑联系，每部分所占的篇幅与其在全局中的地位和作用是否相称，各个部分之间的比例是否恰当和谐。每一字、每一句、每一段、每一部分是否都为全局所需要，是否都环环相扣、相互配合，成为整体的有机部分，都能为展开论题服务。经过这样的考虑和编写，技师论文的结构才能统一而完整，从而很好地为表达技师论文的内容服务。

3. 避免出现大的失误

在技师论文的研究和写作中，我们的思维活动是非常活跃的。一些不起眼的材料，或从表面看来不相关的材料，经过我们的深思，常常会产生新的联想或新的观点。如果不认真地编写提纲，动笔时就会被这种现象所干扰，不得不停下笔来，重新思考，甚至可能推翻已经写成的初稿，导致重写再来。如此一来，不仅会增加工作量，也会极大地影响写作情绪。

技师论文的提纲犹如工程的蓝图，只要动笔前，把提纲考虑得周到严谨，多花点时间和力气，写得扎实一些，就能形成一个层次清楚、逻辑严密的技师论文框架，从而避免出现写作上的失误。另外，初写技师论文的作者，如果把自己的思路先写成提纲，再去请教他人，对方也容易看懂，比较容易提出一些修改和补充意见，便于得到有效的指导。

拟订提纲的过程，是作者对思路进行反复斟酌、深化和修改的过程。反复酝酿后，编写出来的提纲，通常是一个比较完整的最佳方案。有了这个最佳方案，技师论文写作就有了蓝图。作者就能做到全文在胸，思路明晰；也可以避免结构混乱、详略不当、材料与论点不合，甚至下笔千言，不知所云等失误。

4. 有助于文脉贯通

技师论文不是百字短文，一气呵成的可能性不大。论文的篇幅往往在3000～5000字。因难度较大，写作的时间相对比较长，这就需要我们借助技师论文的提纲来保证全文的贯通。有了提纲之后，就可以按提纲逐段写作。先集中精力写好每一段，继而把各零散部分连接起来，实现文脉贯通，构成全文。对于不得不常常中断写作的作者，编写提纲更是种好方法。它可以使作者重新提笔时，能在较短时间里回想起应该写的内容，即使是断断续续地写作，也能使其文脉贯通，不受阻塞。从技师论文的构思来看，构思就是将零乱的思想梳理伸展，组织成篇。对于技师论文的思路梳理，可以从以下两个方面入手。

(1) 根据客观事物发展变化的规律考虑　有条不紊，有序则不乱。这个“条”和“序”就是事物发展的内在联系和规律性。一旦按照“条”和“序”进行写作，就能理顺思路。

(2) 根据写作意图的需要考虑　主题是统帅思路发展的红线，偏离甚至背离主题的思路就会成为无线风筝。因此，写作思路和技师论文的结构要服从写作意图的需要，要从主题出发，安排论文的布局，并根据其顺序穿插结合，开头结尾都要为主题服务。

三、标题

(一) 标题的意义

标题常被大家称之为眼睛、心灵之窗。标题是技师论文内容的高度概括和窗口，是精髓的集中体现。也就是说，当我们在提出问题、分析问题、解决问题的过程中，看到了一些现象，发现了一些问题，在技师论文写作中，把这些事实概括起来，自然就形成了标题。

实际上，标题也即是一篇技师论文的主题，它是技师论文内容的最简明、最有力、最好的体现。如果一篇论文没有了主题，其标题就不能成立。纵观论文的写作过程，标题并不完全是产生在技师论文成文之后，常常是在构思动笔之前，或在写作过程中，经一步一步地推敲、提炼，最终完成的。胡乔木就说过：“有时候想一个好的标题，等于写一篇文章所用的精力的1/3。”邓拓也诙谐地说过：“谁要是给我想一个好标题，我给他磕三个响头。”由此可见，写好标题对于作者是多么的重要。

（二）标题的作用

1）它是论文事实的浓缩，是论文不可分割和不能任意变动的一部分。

2）它是对技师论文事实“画龙点睛”式的评论，让主答辩高级考评员、其他高级考评员和读者透过这个小小的“窗口”，就能看懂论文的要义。

3）标题要文字简短，富有个性。

（三）标题的种类

目前技师论文的标题一般可分为主标题和副标题。

1）主标题——也叫主题，是主要的标题，也是技师论文中最受关注的部分。主标题是技师论文中最主要的创新点、事实的概括和说明。主标题通常只占一行。

2）副标题——也叫子题，下辅题。它一般都安排在主标题之后，用以补充主标题表述的不足。常用于补充交代技师论文次重要的事实；说明主标题的根据、结果和重要的创新要素，起解释、补充和验证主标题的作用。

示例：“试论提高机械加工技术工人的技术素质

——谈一专多能”

主标题已经点明了这篇技师论文的中心论题和中心内容，副标题则起到了补充中心论点具体内容的作用。

（四）标题的要求

1. 落笔实在，言之有物

标题必须言之有物，要有内容；简而言之，就是要用事实说话。

2. 概括恰当，简要精练

要善于概括事实，标题是技师论文的缩影，是事实的投影，要用简练的一个短句或短语勾勒出事实的轮廓。

示例：“小工具也能解决大问题”，这篇技师论文，介绍了作者在实际工作中，运用创新的理念，创造性地开发了一种小工具，很巧妙地解决了针头般大小工件的钻、攻、铰和精密装配中的难题。

3. 潜心思索，忌步后尘

作为浓缩的标题，不应该有雷同。许多标题会使人耳目一新，但几经重复，就会使人望而生厌。要避免雷同，落笔作标题时，就必须要潜心研究，寻找并把握住论文的个性特征，切忌浅尝辄止。

4. 简单明了，一目了然

恩格斯不止一次地强调过，标题“愈简单愈不费解，便愈好”。为什么这样说？其实道理很简单，作标题就是为了给主答辩的高级考评员和读者看的，而不是仅仅供自我欣赏的，要想达到预期的效果，那就必须把标题写得通俗易懂，简单明了，让人一目了然。

5. 标题要简短醒目

简短不仅是标题在技师论文的版面上能否醒目的一个重要条件，也要符合大家的阅读习惯。据医学研究，人眼的最佳视野在100°左右，但是在阅读时，却只有45°，其最佳视野只有25°。如果标题过长，超过了最佳视野范围，读者就不可能在最佳范围内，把标题尽收眼底，还须借助于默读或口念，通过转移视线，才能看完标题。所以，标题的字数一般是控制在十四个字以内为好。这就是说：标题越长，阅读越不方便，给人的印象也越浅；反之，标题越简短，阅读既方便，给人印象也越深刻。标题的最佳字数是多少合适呢？十个字左右为最好！

示例："接地线的神奇作用"，这篇技师论文的标题，虽然就只有短短的八个字，却能吸引人的眼球，出奇制胜，十分醒目，容易给人留下深刻的印象。

6. 动宾结构为佳

论文的标题以动宾结构的短语为好，容易引起大家的注意。

（五）标题的修改示例

1. 范围不够明确

对于"三支点深孔磨床主轴的装配与调试"这类的标题，就显得不够准确，过于笼统。因为磨床设备的种类很多，究竟指的是哪一类设备没有准确地反映出来，所以按照技师论文的内容，应将该标题改正为"三支点深孔内圆磨床主轴的装配与调试"。

2. 标题字数过多

把"浅谈数控立式升降台铣床400#报警维修"作为标题，其标题就过长，超过了最佳视野范围，阅读很不方便。按照技师论文对标题的编写要求，将该标题改成"浅谈数控铣床400#报警的维修"字数就少多了，而且标题的主要内容也没有改变。

四、技师论文写作的"三步曲"

（一）提出问题

1. 问题就是矛盾

一切创新始于问题的提出，终于问题的解决。人的大脑就像一部思维机器，发动机通上电源才能运转起来。人的思维也有个启动过程，思维的启动往往就开始于对问题的发现。问题说白了就是矛盾，提出问题的过程就是发现矛盾的过程。简单地说，提出问题就是发现矛盾、发现问题的过程，也是指从外界或内部的众多信息源中，发现、寻找企业或社会所需要的、有价值的问题。

2. 提出问题，并非易事

实际上，要抓住一个问题切中要害，而且是别人从来没有提出过的问题，即创新性的问题，那确实是一件很不简单的事。纵观世界科学史上的伟大发现，艺术领域上的伟大创作，生产、生活上的重大发明、重大创新，技术上的革新，几乎都是从提出问题开始的。爱因斯坦认为：发现问题可能要比解答问题更为重要，解答可能仅仅是数学或实验技能问题，而发现、提出新问题，要从新的可能性、新的角度去考虑问题，则要求有创造性的想象。

提出问题，尤其是提出较隐蔽、而又事关重大的问题，并非易事。德国物理学家海森认为，提出正确的问题，往往等于解决了问题的大半。这句话并不过分，在创新的过程中，提出了有价值的问题，有时就等于成功了一半。这就是说，对于一个敏感而又善于独立思考、勇于创新的人，能在别人觉察不到的情况下，有重大的发现，能提出创新的想法。像华人科学家高锟早在1966年就提出了"光纤"的理论。

当然，有的人能够提出问题，也有的人不能提出问题，或者提出的问题不具有创新性。对于一个畏畏缩缩、安于现状的人，一般不会有什么新的发现、新的创新，提出什么新问题；对于一个思想懒惰的人，缺乏求知欲望的人，缺乏热情和责任心的人，即使遇到了重大的问题，也会视而不见，从而将有价值的重大问题轻易地放过。

3. 提出问题，要敢字当头

提出问题，就要敢字当头，用诺贝尔奖金获得者、著名物理学家杨振宁先生的话说，就是要有胆魄。意大利哲学家布鲁诺，接受并发展了哥白尼的日心学说，并因坚持真理，反对经院哲学，而被宗教裁判所处死，他就曾经说过：我们应当怀疑人们信仰的一切，怀疑宗教和“权威”奉为神圣的东西，怀疑那些声誉载道的东西。我们应当根据经验所认识到的、理性的光芒所照亮的真理，反对依靠信仰权威的一切“真理”。为此，新的发现、新的创新、提出新的问题总是需要有胆魄、有魄力。

4. 提出问题的示例

2008 年 8 月在中国大地上，有两大新闻在全国引起轰动、聚焦和热议。

1）我国首次成功举办了世界体坛盛事——第二十九届奥运会，充分地展示了中国的国力和中国人民的风采。

2）三鹿婴幼儿配方奶粉含有三聚氰胺。

“三鹿公司生产的婴幼儿配方奶粉含有三聚氰胺”的消息，很快就传遍全国，引起了大家的极大的关注和聚焦。在新闻媒体上，最早披露毒奶粉事件的湖北同济医院一位医生在日常的行医中，注意到了这种反常现象：即从 2007 年下半年以来，仅仅一年的时间，在湖北和上海的同济医院里，幼儿患肾结石者突然间比往年增多了许多，而患病儿童都曾经吃过“三鹿婴幼儿配方奶粉”。有人曾在私下议论，但却没有人敢把“三鹿婴幼儿配方奶粉”与“三聚氰胺”联想在一起，因为“三聚氰胺”对我们来说是一种十分陌生的化工原料，而若不是因为“三鹿事件”，我们至今可能也不会认识这种化工原料。

在新闻媒体上，披露奶粉事件，对这位医生本人来说，有很大的风险。因为三鹿公司曾经是中国食品工业中的百强、国家农业产业化的重点龙头企业，连续 6 年入选了中国企业 500 强；三鹿奶粉的产、销量已经连续 15 年实现了全国同行业的第一名，其中酸牛奶已经进入了全国第二名，液体奶已经进入了全国前三名，仅 2007 年，三鹿公司就已经实现销售收入超过百亿元。面对这样的大公司，他敢于向新闻媒体公开披露“三鹿婴幼儿配方奶粉”不安全、有危及儿童及大众身体健康的信息，并公开敢于向“三鹿”的奶制品提出质疑、叫板，这既要有巨大的勇气，又要冒着极大的风险！这是很不容易的，也正是有了第一个敢于提问的人，才使得奶制品的食品安全问题能很快地得到国家有关部门的重视和解决。

(二) 分析问题

1. 分析问题的基本方法

分析问题的基本方法通常有以下五种。

（1）简化法　简化，就是把复杂的问题化简成最简单的形式，来进行分析、思考。

（2）列举法　把问题的所有方面都列举出来，再来分析问题。

（3）辐射法　我们在思考和分析问题时，习惯于朝着问题的一个中心走，努力地向这个问题的中心靠近；如果我们采取逆向思维，远离问题的中心，反而可能找到更多、更好的解决方法和解决渠道。辐射型分析又称发散型分析，它的特点是从给定的信息中产生新信息，其着重点是从同一来源中产生各种各样的出路，并由此导致思路的转移和思想的跃进。

（4）横纵法　横纵分析法包括：横向分析、纵向分析、横纵分析，其特点如下。

1）横向分析。就是指突破问题的结构范围，从其他领域的事物、事实中得到启示而产生新设想的分析方式，它不一定是有顺序的，同时也不能预测，不受范围的约束。

2）纵向分析。与横向分析方法是相对的，纵向分析就是在基本分析方法（包括分析、综合、抽象和概括等）的基础上，实现更高层次的思维分析方式。

（5）比较法　比较法是我们最常用、也是最好用的一种分析问题的方法。我们经常喜欢说比较比较，实际上就是把事物的各个组成部分、个别属性、特点都放在一起来进行对比，通过这样的对比，来确定出它们之间的共同点和不同点。当然，这种比较必须建立在对事物的分析基础上，再进行比较。俗话说：有比较才有鉴别！在我们日常分析技术问题的过程中，经常用到的比较法就是把两种或两种以上易混淆的相关的事物，放在一起来进行直接对比。比较法通常有以下两种方法，即对立比较和差异比较。

① 对立比较法，是指把相互对立的两种事物放在一起，来加以对比、分析，用来形成反差，并通过这种反差来形成极为强烈的鲜明对比，很容易给人留下深刻的印象。

② 差异比较法，就是把两种极易混淆的事物进行对比、分析，着重找出其差异，通过突出它们各自的“个性”来加以区别。并通过这种区别，来划分极易混淆的事物，这种方法的关键是要抓住各自的不同点。各自的不同点一旦被找到了，两者的界线就自然很清楚了。

（6）排除法　把列举出来所有的问题，应用排除的办法进行化简。

2. 分析问题的示例

分析实际问题：三鹿牌婴幼儿配方奶粉为什么会被加入三聚氰胺？

1）在三鹿牌婴幼儿配方奶粉生产中，有什么环节可能会被加入三聚氰胺？

① 原料采购环节。

② 生产环节。

③ 销售环节。

从三鹿牌婴幼儿配方奶粉的制造过程来看，奶粉生产过程应该是没有问题的，因为中央电视台曾经在2007年9月2日的新闻频道《每周质量报告》中播出特别节目《1100道检测关的背后》。中央电视台记者曾深入到河北省石家庄三鹿生产企业10多天，对三鹿牌婴幼儿奶粉的生产，从产品的生产源头到成品出厂的全程进行调查，向公众介绍说三鹿奶粉质量控制环节有1100道检测关。

在分析问题的原因时，我们一般可采用排除法，针对问题进行快速的分析，这种方法比较方便实用，也较简捷。作为奶粉产品，既然生产过程没有问题，那产生问题的环节就只有两种可能性。

销售环节。如果在销售环节中奶粉被加入了三聚氰胺，出问题的话，影响的面可能只是局部地区，而不会马上影响到全国。

原料环节。在原料环节中，如果被加入了三聚氰胺，那产品就可能影响到全局，波及全国。

2008年9月13日，从国家卫生部得到了证实，三鹿牌婴幼儿配方奶粉中确实含有三聚氰胺，是不法分子在原料环节，人为添加的。其目的是增加原料奶的氮元素含量。

2）在奶粉的技术检验标准上，是否存在着明显的漏洞？

我们国家在奶粉方面的国家标准有31项检测指标，它包括了奶粉的热量、蛋白质含量、维生素含量、水分等这些重要的指标。按照国家标准：奶粉的蛋白质含量就是质检部门常常需要检查的重要项目之一，但是直接从奶粉里检测其蛋白质的含量，在检测的技术方面，还是比较复杂，不太适合大范围进行，其成本也比较高，而且奶粉中的蛋白质的含量也很不容易被检测出来。为此，生物化学家们就想出个偷懒的办法，即间接测量法：因为奶粉蛋白质的本身化学成分主要就是氮原子，所以只要检测出奶粉中含氮量的多少，就可以间接地推算出奶粉中蛋白质的含量。

奶粉质量的技术检验部门就常常使用一种叫做“凯氏定氮”的方法：即通过检验奶粉中氮元素含量的多少，来间接推算奶粉蛋白质的含量。也就是说，被检测的奶粉中的含氮量越高，这种奶粉的蛋白质含量就越高。而这名不见经传的化工原料“三聚氰胺”，就是由于其产品的分子中的氮原子特别多，也被作假的人称之为“蛋白精”。奶粉与“三聚氰胺”，原本这两者根本就不相干的东西，硬是被不法分子扯在一起，用它来大肆造假害人。

3）原料奶与收购价之间，是否严重倒挂？

有专家指出：从2007年以来，国内的牛奶销售市场竞争十分激烈，超市出售一升鲜牛奶的价格比原来上升了10元，可是这并没有给奶农带来任何好处，奶农经营奶业的成本，包括饲料、能源等，在此期间都上涨了40%，而迫于国外厂家的廉价产品和日益增多的牛奶供应量的压力，导致鲜奶的收购价格持续下跌。为此，有些奶农就在原料奶中大量掺水，但是掺水后的牛奶被稀释后，其蛋白质就少了很多，送奶检验时，因其奶的含氮量过低，就难以过关。为了蒙混过关，就有人打起了在原料奶中掺进“三聚氰胺”的坏主意，用以提升原料奶中蛋白质的含量指标。

有人计算过：每100g原料牛奶中只需添加0.1克三聚氰胺，理论上就能提高0.625%蛋白质；这就是说，在植物蛋白粉和原料奶中要使被测试对象的蛋白质含量增加一个百分点，直接采用添加三聚氰胺的成本费只有采用真实蛋白质原料费用的1/5。这是因为三聚氰胺本身的含氮量就有66.6%，是鲜牛奶的151倍，是奶粉的23倍。同时，由于三聚氰胺是一种白色结晶的粉末，它本身就没有什么特殊的气味和味道，所以，掺入原料牛奶后，一般是不容易被发现的。

4）是否存在着巨大的非法效益？

① 一名化工专家披露，2003年前，国内三聚氰胺的生产企业都需要请专门的环保公司来处理三聚氰胺废渣，这对生产企业来说可是一笔不小的成本费用。而后来大多数企业都会选择低价销售三聚氰胺废渣，三聚氰胺废渣的出厂价格大约为每吨600~800元。而这种三聚氰胺废渣则主要又流向了饲料的原料行业作假。而被不法分子包装成“蛋白精”后，价格最高时竟然可以卖到每吨4000元。

② 三聚氰胺用于造假最早是被我国的造假者用在家畜饲料生产中，饲料中添加了这种化工废渣，生产企业一检测，含氮量果然很多，一推算，蛋白质含量也很高，生产者顺理成章地就省下昂贵的蛋白粉开支了。三聚氰胺虽然有毒，但是牛羊体积都比较大，肾功能比较强，能顺利地进行新陈代谢，排泄毒素，也没有发生牛、羊死亡的事情，所以也没人去关注它。

③ 而最先得到曝光的，又恰恰是奶粉市场上最便宜的18元一袋的婴幼儿配方奶粉。显然，河北省石家庄三鹿集团为了全面占领农村婴幼儿配方奶粉的市场，对其采取了低价倾销战略。但是，作为企业来说，卖这18元一袋的婴幼儿配方奶粉，连制造成本都不够，那大量生产这种奶粉，企业岂不是要亏老本了吗？于是，公司为了节省奶粉的制造成本，就在奶

粉中以次充好，添加了大量的廉价大豆蛋白粉，来替代婴幼儿配方奶粉。本来在婴幼儿配方奶粉中添加大豆蛋白粉也不会出现重大产品质量问题；但是，恰恰就是这种大豆蛋白粉就是被不法分子添加了伪造蛋白质的三聚氰胺，而正是这种伪劣的产品，导致最终制造出这起轰动全国的三鹿婴幼儿配方奶粉事件。

（三）解决问题

我们只有知道了产生技术问题的“原因”，才能提出解决技术问题的方法、对策或找到解决技术问题的“金钥匙”。

1. 针对问题，标本兼治

对于分析问题的几种常用方法，在前面已经有介绍。但是，值得注意的是，在分析实际技术问题的原因时，产生技术问题的原因往往是多方面的。在技术问题产生原因的背后，可能还有上一层原因。对于这种多重原因的技术问题，如果只停留在一个或者两个层面上，往往还难于把这种复杂的技术问题分析透彻。因此，遇到这种情况，应该对这种复杂的技术问题一层一层地深究下去，直至找到技术问题的根本原因为止，才能鸣锣收兵。

2. 对症下药，具体成文

找到了技术问题产生的原因后，接下来要做的工作，就是针对每一个原因，进行“对症下药”。即要针对不同技术问题的原因，提出相应的对策。下面就针对构成一般技术问题原因的各个要素，做简单的分类。

1）如果说是“人为”的原因，而引发的技术问题，可从以下几个方面来考虑，提出相应的解决问题的方法。

① 在制度方面：实行奖励、惩罚措施。

② 在职能方面：落实、执行、监管到位。

③ 在认识方面；加大宣传、教育力度。

2）如果是“工艺文件、设计图样、工艺流程”引发的技术问题，可以从以下几个方面来考虑，提出相应的对策。

① 在工艺文件方面：及时修改，补充完善。

② 设计图样方面：修改设计图样，调整设计参数。

③ 工艺流程方面：及时调整、优化工艺流程。

3）如果是“产品质量不过关或产品合格率不高”引发的技术问题，可以从以下几个方面来考虑，提出相应的对策。

① 在工艺方面：调整、优化工艺流程。

② 改革、改善现有的工具、夹具、刀具、设施、电气设备、线路等。

4）为保证产品质量，提高工作效率，也可以从以下几个方面来考虑，提出相应的对策。

① 设计、制作专门的工具、夹具、刀具、电气设施和电气设备。

② 开发、借鉴或引进先进的工具、夹具、刀具、量具、设备和操作方法。

技术问题的形式多种多样，产生技术问题的原因同样复杂多样、变化多端。所以，这里只是大致地介绍了针对不同技术问题的原因，应提出的一般的、较规范的，且具有代表性的解决方案，以及应该考虑的几个要素。在此基础上可以大胆地发挥，并很好地运用发散思维，进行具体分析，寻找对策和解决问题的最佳方案。

3. 提出假设，验证假设

提出问题是解决问题的前提，但不是目的；解决问题才是目的。解决问题的关键是找出解决方案——即解决问题的原则、途径和方法。但方案往往不是简单地能够立即找到和确定下来的，所以要先以假设的方式出现。

提出假设，问题并未解决，还要小心地验证假设，看它是否和客观实际相符合、是否和已有的公理、原理、定律等相符合。验证假设有两种方式。

（1）直接验证　即按照假设去具体解决问题，去进行实践。如果实践成功，问题得到解决，就证明了假设的正确。

（2）间接验证　即在头脑中进行推论或用计算机进行仿真。这种方式常常用在不宜或不好采用实践方式来检验的技术问题上。如果通过这种方式的验证，达到了预期效果，技术问题得以解决，那么这种假设就被证明是正确的，得以成立；如果没有达到预期结果，技术问题没有解决或解决不完满，那么就要再收集材料，再分析研究，对原先的假设，不断进行修正，或者是重新提出全新的假设。

假设和验证作为解决问题思维过程的两个阶段。实际上一个善于思考技术问题的人，其思维活动是敏捷而灵活的，往往是提出假设的同时，就在着手进行检验或验证，这中间是很难划出严格界限的。

4. 解决问题的示例

为预防奶粉出现产品质量的问题，就必须从产品的标准上、产品的源头上、原料的运输过程、产品的加工中和产品的销售环节，切实地加强监督、检查，全面、彻底地杜绝以次充好、以假乱真的现象，重新在市场上树立诚实可信的企业形象，才能挽回失去的市场。而监督到位，处理到位，则是解决问题的关键所在。

2010年2月新华社“新华视点”披露，仅当年（2008年）年底三鹿集团尚未出库的婴幼儿奶粉就达到了2000余吨，而当时对于问题奶粉的处理也只提到了四个字：全部封存。正是因为“没有人监督企业走完销毁和处理的最后一步”，所以才造成了“毒奶粉”在事隔一年多之后，又卷土重来：2008年遗留下来的三聚氰胺奶粉又被做成毒奶糖、毒糕点、毒雪糕等食品。有人查封，但是没有人监督销毁，是再次出现食品问题的根本原因，也是处理、解决问题奶粉没有真正到位的关键。

有人就解释说：当时各个部门和地方政府都很忙：农业管奶站，质检管生产，工商管流通渠道，还要建章立制，地方政府也是焦头烂额，也没有明确划分问题奶粉处理环节的责任，也没有找到好的处理办法。从2008年9月底开始，石家庄市有关部门就组织市区内的发电、热电和水泥生产企业进行环境保护性地销毁实验。但据有关知情人员透露，对问题奶粉的处理尝试，最后大多数都以失败告终。用作燃料对锅炉损坏太大，最后清理锅炉的费用还不如烧煤，作为水泥的配料又发现生产出来的水泥不合标准，大批量填埋又担心被别有用心的人挖掘出来……总之，一些本该销毁的问题奶粉竟然在技术层面上被搁浅；也正是没有把处理、解决问题奶粉真正地落实到位，彻底地处理完成，才导致问题的再次发生。

第六章 技师论文的修改技巧

“刀不磨不快，文章不改不好”，古往今来，大凡有成就的名家，都十分重视对自己文章的修改。美国的大作家海明威把自己的作品《老人与海》的书稿前后修改了200遍才交稿。修改技师论文是技师论文写作中必不可少的工序，也是技师论文写作中的一个重要的环节。

一、“一读”

通过“一读”来修改自己的技师论文。技师论文初稿完成后，自己一定要亲自读一读，最好是出声地诵读；检查一下自己写的技师论文是不是能读得上口，是不是自己能听得入耳。往往这样多读几遍，自己就容易从撰写的技师论文中发现问题，然后再修改。这种修改方法，对初学技师论文写作者来说是十分必要的，因为论文中或多或少都会存在着一些毛病，如语句不通、衔接不紧、缺词漏字等语言表达方面的问题。光靠看是不容易发现的；但是“一读”，问题就容易被发现了，甚至有时仅凭自己的“语感”，也能发现许多不妥之处。老舍曾经就说过：“文章写完之后，可以念给自己听听，念一念，哪些不恰当的字句，哪些不顺口的地方，就显露出来了，这样就可以修改了；文章叫人要念着顺口舒服，是要花很多心思和工夫。”刚开始写技师论文时，运用文字语言可能还是不太熟练，使用这种方法后，就容易发现技师论文的问题了。

二、“二听”

有经验的作家都喜欢听取别人的意见，大诗人白居易写好了诗词，经常找一位老大娘来，读给她听，他要做到“老妪能解”。为什么一个著名的大诗人要向一位老大娘请教？这主要是想请她听听，他写的这首诗词老大娘是能否听得懂？有没有要改的地方？当然，写诗词和写技师论文有所不同，可是它们之间的道理还是一样的。

（一）请内行听

请内行听的目的有两方面的作用。

1）就是让同行听听自己写的技师论文有没有技术、专业方面的错误，或者自己原来没有想到的其他问题或失误。

2）请同行们来听你撰写的技师论文，同行们是否能够一听就能明白你在文中写了些什么，并能从你的文中得到一些启示或启发，学到一些新方法或新经验。如果别人听了你的论文以后，他们都还不能明白你说了什么，或者没有听出什么新名堂来，这就说明论文表述得还不是很清楚，还需要对自己的文章进行进一步的修改，直到改得使同行们都能听懂、听明白为止。

（二）请外行听

请外行听，是让他们听听自己写的技师论文，能否从中听出一个头绪或一个眉目来。说白了，就是看他们是否能够听得懂，是否愿意听你写的技师论文，是否能愿意继续听下去，直到听完为止。如果他们根本就听不懂，或者不知道你的论文在说些什么，或者他们都不愿意继续往下听，这就说明你写的论文在表述方面有问题，不够通俗，不够大众化，需要进行适当的修改。直到把论文改得让外行也能听得懂，或者愿意听下去，这就达到了修改的目的。因为口头语言是书面语言的基础，书面语言是加工了的口头语言，既然是经过了加工，就会比口头语言表述得更加准确，更加精简，更为规范。同时，检验书面语言的最好尺度是内行、外行都愿意听你写的技师论文，而且都能听得懂，那你的技师论文就算是基本改好了。因为只有经过多次琢磨、推敲、修改润色的文章才更优秀。

三、“三改”

在写完技师论文后，还要进行修改，对技师论文进行一番润色，这就是完善阶段。古人写文章，就很重视一个“改”字，修改是一个“源远流长”的好传统、好经验。孔夫子就说过：“为命，裨谌草创之，世叔讨论之，行人子羽修饰之，东里子产润色之。”起草一个政令，有这么多人参加“讨论”、“修饰”、“润色”，这是为了力求其“完善”。曹植也认为：一般人写东西，“不可能无毛病”，其实文章有毛病，并不要紧，“有不善应时改定”，随时把它改好就是。大诗人杜甫也是很喜欢修改自己的诗作，他曾写道：“新诗改罢自长吟。”修正无非是增补、删改、调动和润色。它之所以需要，是因为我们的认识往往不可能“一次完成”，它需要多来几个“反复”，多有几次“飞跃”。同时，也由于文字语言在反映作者的思想上很难做到“表里相称”、“严丝合缝”，一下子就达到十分准确、鲜明、生动的程度。所以，就有人说，好文章都是“改”出来的，这很有道理。

“安能落笔便好？能改则瑕可为瑜，瓦砾可为珠玉”。有时候，改动润色一番，真能“化腐朽为神奇”。清代魏禧曾说过一些具体的“方法”，他说：“善改文者，有移花接木之妙，如上下段本不相干，稍为贯穿，便成一气，是也。有改头易面之妙，如倒置前后，改易字句，便另成一种格调，是也。有脱胎换骨之法，如原本是说寒，将要紧之处改换，翻说成热，是也。”这种“举例”当然不一定很全面、很恰当，但是可供我们很好地学习和参考。特别是对于初学写技师论文的作者来说，由于一般论文的通病是冗长、啰唆，所以，魏伯子说的“善取者不如善舍，善改者不如善删”这两句话，很值得回味。

多改，一般的情况是越改越好，但是也有改后反而不如原来的情形。郑板桥曾说“然改而善者十之七，改而谬者亦十之三，乖隔晦拙，反走荆棘丛中去。”“作词四十年，屡改屡蹶者，不可胜数。”那么，是不是由于此就怀疑“多改”的必要性了呢？那也不必。就在同一篇文章里，他强调说：“为文须千斟万酌，以求一是；再三更改，无伤也。”“天下岂有速成而能好者乎？”改坏了还是由于自己的功夫不到位，隔段时日再改怕是就可以改好的。唐骏在谈到自己初次撰写论文时也曾说，修改论文就改了25次，才算是基本改好了。

（一）热改

热改，是指技师论文初稿完成后，趁热打铁，立即进行修改的方法。这种方法的优点是：自己的思路和基本观点不会发生变化，始终处于撰写论文的思维状态，对文章的细节把握得比较准确，记忆十分清晰，印象也十分鲜明，这样就能趁热打铁，一鼓作气，对其及时改动，避免遗忘。热改也有不足，由于自己处于写作的兴奋状态，难于对技师论文的宏观结构进行修改和调整，一时不容易看出问题，另外对需要删改的部分又往往难以割爱。即自己改完技师论文后，怎么看自己的技师论文怎么“好”，一时难以发现技师论文的“毛病”。

（二）冷改

冷改，就是技师论文初稿完成后，放上一段时间再修改的方法。这种方法可以避免热改法不够冷静、清醒的缺点。因为人脑的思维具有滞后性，论文初稿刚写成，自己的思想和情绪还一时难以从技师论文写作中超脱出来，按原来固有的思路，难以发现初稿中的问题，也难以判断自己技师论文写作得好坏。只有把技师论文搁上一段时间，等自己的头脑冷静了，等自己原来的偏爱和偏见也淡化了，再重读的初稿，就容易摆脱原来固有的思路和束缚。

特别是自己经过阅读有关资料和思索有关问题后，又会产生了新的认识，这时，再看自己技师论文的初稿时，就很容易发现自己技师论文中有许多不完善、不妥当之处。可以通过删除自己技师论文中多余、不当之处，增补不足、不够的地方，使自己的技师论文水平有新的提高。

（三）求助他人修改

在初稿完成后，请求他人帮助修改技师论文是个值得采用的方法。俗话说：“旁观者清，当局者迷。”自己写的技师论文，自己总是认为“技师论文就是自己的好”，自己往往怎么着也看不出毛病来，而他人则站在比较超脱的位置，容易发现技师论文中的问题。自己写的技师论文，难免会有考虑不周到的地方，写完之后请求他人帮助修改，或请别人来看看，吸收他人的智慧，多听他人的意见，是一种很好的方法。当然，在听了他人意见后，还需要进一步地消化、分析，取长补短、集思广益，进而通盘考虑。放弃自己不成熟的想法，吸收他人的真知灼见，使自己的技师论文能达到更为理想的水平。

四、修改的内容

（一）框架的修改

技师论文框架能够直观地反映技师论文的概貌，醒目鲜明的各级标题和严谨清晰的逻辑结构能够准确地反映出论文的主题。框架的修改是对论文“骨架”的变动，也是对论文动的“大手术”。

技师论文框架的修改包括两部分。

1）反映技师论文框架的各级标题的修改。其修改方法在内容和形式上应该与技师论文标题的修改方法相同。

2）技师论文的总体论证逻辑的修改。此外，框架对内容含量有着决定性的影响。框架太大，内容太少，论文就显现松散空洞；框架太小，论文的内容就可能容易超出框架，反而不利于对主题的论证。因此，论文框架的修改是论文修改的首要内容。

（二）标题的修改

标题是技师论文主题的表现形式，它对技师论文撰写的影响是方向性的。经过选题和写作，其标题已基本确定。但是随着论文撰写的不断深入，会对原定标题所反映的主题认识得越来越清楚，对主题进行论证的可行性和最终意义的理解也越来越深刻。对标题进行适当的调整，就是对这些认识的具体表现。

标题与论文之间的关系实际上就是“名”与“实”的关系，论文的撰写决定了“名”

先于"实"，然后根据"名"再产生"实"。技师论文初稿撰写完毕后，技师论文的"实"就基本已成事实，但是它所成就之"实"是否符合原来所定的"名"，这就还需要进一步地去进行适当的修改。其修改的内容，应包含以下两个方面。

（1）修改内容　即改"实"，使其名副其实。

（2）修改标题　即改"名"，是根据已写成的技师论文之"实"来修改技师论文的标题，说白了就是对技师论文的标题进行又一次修改。修改标题就是对已经写好的技师论文进行第二次命名，即根据技师论文的实，来决定技师论文的名，这次命名是既理性又重要的修改。

（3）修改标题注意的事项

1）技师论文的标题应与技师论文的内容相符合、大小相适应。

2）技师论文的标题最好是动宾结构的短语，一般不能用句子当做技师论文的标题。技师论文的标题只确定研究对象，不宜表达作者的观点。

3）技师论文的标题既要具备概括性和适中性，又要具备简明、规范、准确和新颖性的特点。论文标题的修改部分前面已有介绍，这里不再说。

（三）内文的修改

一般而言，论点是技师论文撰写的主旨，论点统领论据和论证。论点主要包括两个方面。

1. 技师论文的主论点

对主论点进行修改要达到以下两个要求。

1）主论点的大小要适当，太大往往难以论证，太小又不能很好地体现论文的主题。因而，修改内文的主要任务就是协调主论点与各分论点之间的关系，协调论点与主题之间的关系。

2）主论点的表述要明确、鲜明，尤其是文字表述要十分准确。根据主论点，再提出分论的论点。

2. 技师论文的分论论点

分论论点以主论点为核心，服务于主论点。

作为对分论的论点的修改一般要达到以下要求。

1）各个分论的论点要符合主论点的需要，能够体现和支持主论点。

2）各个分论的论点要与相关的论据和论证方式相符合，尤其是在论证材料有限的情况下，论证方法与论点的调整就显得尤为关键。

俗话说：纲举目张。各级论点明确、适当，就能够在有限的论证条件下，比较准确地对技师论文的主题进行论证。因此，对论点的修改，就是实现"纲举"的重要措施和修改的必要环节。

（四）论据的修改

论据是论文的基础和材料，论据的质量和数量是衡量论文质量的重要指标。论据的修改主要有以下几点。

1. 论据的来源

论据的来源能够反映论据的论证效力，能够反映论据的客观性。因此，对论据来源的进一步考证和准确表述成为论据修改的主要方面。

2. 论据的恰当性

论据服务于论点，也要与论证方式相符合。有些资料的确具有新颖性或经典性，但不能很好地支持论点，在修改时仍要忍痛割爱。

3. 论据材料的加工

在技师论文的撰写中，直接或间接地引用文献服务于论证是经常采用的方式之一。但是，这并不是把一个论据材料原封不动地搬过来，它就一定能够符合论证的需要。在确保论据材料原貌的基础上，可以对论据材料进行一定的解释或介绍，使之能够有机地融入到自己的技师论文之中，从而很好地满足论证的需要。

（五）论证的修改

所谓论证的修改是指论证方法或论证方式的调整。在论证过程中，采用了归纳法还是采用实验验证法等，需要根据论文的性质而定，也要根据论文撰写的具体需要而定。论证方法或论证方式也是多样的，多种论证方法的综合运用，就是技师论文撰写的主要论证特色。

（六）引文和参考文献的修改

引文和参考文献是技师论文撰写中不可缺少的论证材料，这是由论文的继承性和创新性所决定的。撰写引文和参考文献，也是技师论文必不可少的内容，因此，引文和参考文献的修改也不能少。

第七章　技师论文答辩

一、技师论文答辩委员会

（一）答辩委员会的组成

为了进行技师论文的答辩，职业技能鉴定单位必须成立技师论文答辩委员会。

1. 答辩委员的资格

组成技师论文答辩委员的人员，必须由已经具备了国家职业技能鉴定中心认定的国家职业技能鉴定高级考评员资格的人员担任。

2. 答辩委员的人数

对于组成技师论文答辩委员的人数，应根据申请技师论文答辩的人数确定技师论文答辩委员的人数，一般是由3~5人组成。一名主答辩的高级考评员负责5名左右技师答辩人的工作。如果参加技师论文答辩的人数较多，就要将技师论文答辩委员会再按职业分类设置技师论文答辩小组。同时，技师论文答辩委员的人数也需要相应地增加。

3. 答辩委员会的领导

在技师论文答辩委员的委员中，选取一名最有权威、资格最老的高级考评员担任答辩委员的主任，全权负责本次答辩委员的领导工作。

（二）答辩委员会的作用

1. 答辩委员会的职责

1）受理技师论文，并初步审查技师论文是否符合规定的格式要求。

2）安排答辩委员会的委员，审读所负责的每一篇技师论文。

3）安排、组织技师论文的答辩工作。

4）综合、汇总技师论文的评审和答辩情况。

5）召集答辩委员开会，专门讨论、确定每一名技师申请者的论文和答辩成绩。

6）把汇总的成绩上报上级职业技能鉴定中心。

2. 答辩委员的职责

1）认真审读、评判答辩委员会安排给自己负责的每一篇技师论文，并对审读过的每一篇技师论文，写出公正的评审意见。

2）对于每一篇技师论文，都要准备和确定三个以上直接或相关的技术问题，用于技师论文答辩。

3）在技师论文答辩会上，对于技师申请者答辩回答有关技术问题的情况，作出公正的评价和正确的结论。

4）将自己对技师论文的评审意见和参加技师论文答辩的结果，统一上交技师论文答辩委员会。

5）在答辩委员召开讨论技师论文答辩会上，发表对于参加答辩者的看法和意见。

（三）答辩委员工作的注意事项

1. 答辩委员出题的范围

（1）检验技师论文的真实性　围绕技师论文的本身，检验论文的真伪，重点考察论文是否是由技师申请者本人所写，严防抄袭他人的作品。

（2）考查申请者的创新能力　围绕技师论文的本身，要技师申请者本人谈谈技师论文中解决生产实际技术问题的独特思路和想法。

（3）解释论文中的薄弱环节　针对技师论文中的薄弱环节，即在技师论文中，没有能够说清楚或者比较模糊的技术问题，要技师申请者当场对此给予解释清楚。

（4）与论文相关的理论知识　既可以考查技师申请者对相关的基础理论知识、相关的专业知识的熟悉程度，又可以考查技师申请者对专业基础理论知识和专业理论知识的掌握程度。

（5）拓展和提高能力方面　对于在技师论文写作和答辩中表现比较优秀的技师申请者，或者高级技师申请者，可根据其论文的情况，与技师申请者或高级技师申请者一起，探讨论文中技术进一步创新、拓展的前景。

2. 答辩委员的提问要求

（1）梯度适当　提问应围绕技师论文正文展开，不应离技师论文的内容太远，并应按照先易后难的原则，逐步深入，有利于技师申请者在答辩中发挥水平。

（2）深浅适中　提问的内容要注意深浅适中的原则，严格按国家职业标准来进行提问。既不要高于国家对技师职业所规定的职业技能考核标准的要求，也不要低于相关要求。

（3）结合实际　提问的内容要注意理论结合实际，即解决实际生产中的技术问题要用适当的基础理论或专业理论知识进行说明或解释，让技师申请者学会用理论知识去指导、解决实际生产的技术问题。

3. 提问时应注意的问题

（1）态度要温和、中肯　答辩委员和技师申请者虽然是考核者和被考核者的关系，但两者在人格上是平等的。因此，答辩委员在提问时，要适当地注意提问的方式、方法。说话时的态度要自然、温和、中肯，以便让技师申请者在答辩时，能打消顾虑，减缓紧张情绪，更好地发挥出水平。答辩委员切忌在提问时盛气凌人，以势压人。

（2）启发、引导不可少　技师申请者在答辩时难免有些紧张，一些被看似十分简单的问题往往一时回答不上来，这时答辩委员就要采取适当的启发和引导方式，帮助技师申请者调动思维、打开思路，有助于其回答问题。

二、技师论文答辩的一般程序

（一）提交技师论文

技师申请者必须在技师论文答辩会举行之前一周，将技师论文一式三份交给技师论文答辩委员会，技师论文答辩委员会的主答辩高级考评员会在规定的时间里，仔细研读技师的论文，并对其技师论文拟订要提出的三个问题，然后再举行技师论文答辩会。

（二）自述技师论文

在技师论文答辩会上，一般先由技师申请者用 8～10min 的时间，简述本人撰写技师论文的核心内容以及选择该选题的原因。较详细地介绍技师论文的主要论点、创新点及解决问题的要点。

（三）答辩委员提问

主答辩高级考评员先向技师申请者提问，一般是提 3～5 个问题，然后由其他答辩委员再提问。

（四）申请者回答问题

主答辩高级考评员提问后，部分技师论文答辩会规定，可以让技师申请者独立准备 15～20min 后，再回到答辩现场回答问题；而大部分技师论文答辩会则规定，主答辩高级考评员提出问题后，要求技师申请者要当场、立即作出回答（没有准备时间），随问随答。既可以是对话式的，也可以是主答辩高级考评员一次性提出 3～5 个问题，技师申请者在听清问题并记录下来后，再按顺序逐一作出回答。根据技师申请者回答问题的具体情况，主答辩高级考评员和其他高级考评员也可以随时插问，或提出新的问题。技师论文答辩时间一般控制在 15～20min。

（五）答辩结束

技师申请者在逐一回答完所有问题后，听到主答辩高级考评员宣布答辩结束，技师申请者即可离场了。技师论文答辩委员会的高级考评员会根据每一位技师申请者提交的技师论文的价值、撰写的质量和答辩情况，按技师论文评定、答辩评定细则表的规定，进行各自的评定，再召开技师论文答辩委员的工作会议，确定所有技师、高级技师申请者论文和答辩的成绩。

三、技师/高级技师论文评审标准

技师/高级技师论文评审标准及细则见表 7-1。

表 7-1　技师/高级技师论文评审标准及细则

序号	考核内容			配分	评分标准	得分
1	选题	创新	在解决问题时，是否具有新颖、独到的解决方法或见解	15	有新颖、独到的解决方法，得 15 分；能涉及创新问题，有比较独到的见解或方法，得 8 分	
2		实用	在紧扣本企业、本职业（工种）的实际生产中，解决问题是否具有实用性	20	解决了实用价值高或技术难度大，得 20 分；解决了实用价值较高或技术难度较大，得 15 分；具有一定的实用价值，得 8 分	
3		先进	是否具有先进性	5	没有先进性，不得分	
4		推广	是否能够推广应用	5	没有推广价值，不得分	
5	内容	结构	结构是否合理，论点是否明确，层次是否清楚	15	结构严谨、论点明确，层次分明，得 25 分；结构比较严谨，论点比较明确，层次比较分明，得 15 分；结构基本正确，论点基本正确，得 5 分	
6		论证	论证是否具有科学性，论据材料是否翔实	16	论证有力，证据翔实，令人信服，得 16 分；论证比较有力，证据比较翔实，有一定说服力，得 8 分	

（续）

序号	考核内容			配分	评分标准	得分
7	内容	规范	论文格式是否规范	5	完全符合规范，得5分；基本符合规范，得3分	
8	内容	语言	语言表述是否正确、规范	8	语句结构完整、表述正确，没有语病，读起来顺口，视为语言流畅，得8分；有2～5处语病，视为语言规范，得6分；有6～10处语病，视为语言大致规范，得3分	
9	内容	图表	是否合理地运用图、表	6	图、表与论文的内容，融为一体，得6分；两者缺少1项，得3分	
10	内容	可读	是否简易通俗，深入浅出，富有文采，引人入胜	5	可读性强，得5分；可读性较强，得3分；有可读性，得1分	
11	加分项		具有下面三种情况之一者，可为技师/高级技师论文加分 1）这个项目，已经取得国家实用新型专利，可加10分 2）这个项目，已经得到省级以上表彰，可加10分，市级以上表彰，可加6分 3）这个项目，已经为本企业创造经济效益10万元以上，可加10分；5万元以上，可加5分			
12	否定项		有下面四种情况之一者，技师/高级技师论文被视为不及格 1）选题内容不符合《国家职业技能标准》，不能反映技师/高级技师水平 2）论文观点不正确 3）论文的内容空洞，没有解决生产中任何实际问题 4）论文主要内容是抄袭或者是他人代笔			
总分			100			

四、答辩前的准备

（一）在思想上作好充分准备

要十分重视技师论文的答辩，在思想上要做好充分的思想准备，明确技师论文的答辩目的，端正技师论文的答辩态度。把技师论文的答辩看成是对自己多年来工作、学习、解决技术问题的全面检验，也是获得技师、高级技师职业资格的最后一次综合考核，以此来树立信心。

（二）事先写好技师论文的简介

技师论文的简介应包括技师论文的选题背景及选题意义，写作技师论文的目的，论文解决了生产上什么技术问题或什么技术关键？在技术上有哪些创新亮点？论文对推动所在企业的技术创新、技术进步、技术发展有什么意义？并最好把上述内容能做成PPT或Word文件，以便在答辩时使用。

（三）全面熟悉自己的技师论文

要在全面熟悉自己所撰写的技师论文基础上，重点把握论文的主体部分和结论部分，弄懂所引用的基本概念、基本理论和专业理论，反复推敲论文是否有自相矛盾、差错、错误、问题以及薄弱的地方。并力争把论文的主体部分背下来，以便在答辩会宣讲时，能做到自己脱稿讲解，这样从上场开始，就能给考评员留下好的印象。

（四）掌握与技师论文相关的知识

技师论文相关的知识包括主要以相关职业、工种的专业基础知识和相关的企业管理知识等为主，其要点还是围绕自己写的技师论文所能涉及相关的领域。

（五）准备好必要的辅助用品

要事先准备好必要的图样、实物、模型、参考资料、专业书和工具书，这些辅助用品都可以有助于提高技师申请者在技师论文答辩时的效果。

（六）进行试答辩

在技师论文答辩前的2~3天，最好几名技师申请者能在一起轮流试讲，并模拟技师论文答辩的程序，进行试答辩，这样可以有效地提高自己临场的应对能力，提高参加技师论文答辩的信心。

五、答辩时容易出现的失误

绝大多数技师申请者都是第一次参加技师论文答辩，出现各种失误在所难免，只要自己十分重视，准备充分、到位，并且了解、熟悉已往技师申请者在技师论文答辩中出现失误的原因，就可以有效地防止或减少失误或问题。技师论文答辩时，技师申请者容易出现的失误通常有以下几点。

（一）宣讲不够清楚

1. 平时锻炼不够

上场就出现紧张情绪，宣讲技师论文就显得十分呆板，只会照本宣科，按技师论文的原文，轻描淡写地读上一遍，重点不突出，难以使高级考评员立即把握论文的要点和主要内容。

2. 准备不够充分

事前准备不充分，对论文的内容不够熟悉，把握不住重点或重心，在宣讲、介绍技师论文时，要么介绍得太简单，要么讲得天花乱坠、过于复杂，让人很难理解重心和要点。

（二）记录提问不够准确

1. 提问记录不全面

技师申请者在记录主答辩高级考评员的提问时，其反应能力和速记能力较弱，出现记得不全导致丢三落四的现象，无形中造成回答问题时增加了很大的难度。

2. 提问记录不准确

记录提问不全面是一个方面，记录提问不准确，同样也是一个要命的问题。部分技师申请者对主答辩高级考评员提出的问题记录得不准确，没有向主答辩高级考评员提出求助后对问题进行核对，就自作主张，断章取义进行回答，其结果只能是答非所问。

（三）回答问题有困难

1. 理论知识基础差

基础理论知识和专业理论知识掌握得不牢，对实际技术问题解释不清。

2. 表达能力差

口语或语言表述能力差，知道怎么做却不知道怎么说，表达不出来或表述得不够正确和规范。这主要是准备不充分，平时缺少口语方面的锻炼造成的。

3. 说话声音太小

回答问题时声音太小，吞吞吐吐，考评员难以听清楚。主要是技师申请者在技师论文答辩时缺少自信心，过于紧张所致。

4. 准确度低

申请者回答提问时或答非所问，或离题太远，或答不到要点。主要是技师申请者在这方面的能力和基本功比较薄弱，有待加强。

六、答辩注意事项

技师申请者若要顺利通过技师论文的答辩，并在答辩时能真正发挥出自己应有的水平，除了在答辩前作好充分准备外，还需要了解和掌握答辩要领和答辩艺术。

（一）携带参考资料和辅助用品

1）参加技师论文答辩会，技师申请者一定要记得携带自己撰写的技师论文底稿，最好还能带上论文的幻灯片和主要参考资料。在部分技师论文答辩会上，主答辩高级考评员向答辩人提出技术问题后，允许技师申请者有一定的准备时间，准备完毕后再回答问题。在这种情况下，携带底稿和参考资料的必要性和作用性就十分明显了。即使是提出技术问题后，不给申请者一定的准备时间，要求当场回答问题时，也是允许翻看论文和有关参考资料的。答辩时，技师申请者虽然不能完全依赖或指望这些参考资料，但当遇到某些技术问题记不起来时，稍微翻阅一下资料，可能就会收到意想不到的效果。同时，也可以使技师申请者在答辩会上避免出现答不上来的尴尬和造成的慌乱。

2）记得带上笔和记录本，以便及时地把主答辩高级考评员或其他高级考评员所提出的技术问题和有价值的见解记录下来。通过这些记录，不仅使技师申请者可以很好地缓解在技师论文答辩时的紧张心态，还可以更好地吃透考评员所提出技术问题的要点和实质，而且还可以起到边记录、边思考技术问题的效果，使其思考过程变得很自然。

（二）树立信心，避免紧张

在技师论文答辩会上，技师申请者一定要有充分的自信心，努力消除和克服在技师论文答辩中可能出现的紧张、慌乱心理。在技师论文答辩中没有必要紧张，应以自然的心态对待答辩，因为过度的紧张会使本来可以回答出来的问题却答不上来。技师申请者只有充满自信，沉着冷静，才会在技师论文答辩时有良好的表现。而技师申请者的自信心主要就来自技师论文答辩前的充分准备。

（三）听清问题再作回答

主答辩高级考评员或其他高级考评员在提出技术问题时，技师申请者就要集中注意力、认真地聆听，及时将问题记录在笔记本上，并仔细、反复地推敲问题的要点是什么？技师申请者切忌在没有真正听清楚技术问题的意思和实质时，就匆忙回答。如果申请者对所提出的问题没有听清，可以礼貌地请提问的考评员重复一遍。如果对问题中有些概念或提法还不太理解，也可以礼貌地请提问的考评员做些适当地解释。或者把自己对问题的理解先说出来，并向考评员请示是否理解正确，等得到肯定答复后再作回答。只有这样，技师申请者才可能有效地避免答非所问，真正地回答到技术问题的要点上。

（四）回答应简单扼要，层次分明

在弄清了主答辩高级考评员或其他高级考评员所提出技术问题的确切含义后，技师申请者要在较短的时间内作出反应。在回答问题时要简单明了，提纲挈领，把要点表述出来。不必展开细说，千万不要犹犹豫豫，东扯西拉，文不对题，使人听后不得要领。另外，技师申请者在回答技术问题时，还要注意以下四点。

1）抓住要害，简明扼要。

2）力求全面、正确。

3）条理要清晰，层次要分明。

4）吐词要清晰，声音要适中。

（五）对回答不出的问题不可强辩

若主答辩高级考评员或其他高级考评员对技师申请者所作的回答不太满意，还会进一步提出新的问题，以求了解技师申请者是否切实搞清和掌握了这个技术问题。遇到这种情况，技师申请者如果有把握讲清楚，就可以申明理由，进行答辩；如果把握性不大，可以审慎地试着回答，能回答多少就回答多少，即使回答得不很确切也不要紧，只要跟问题有关，考评员就会引导或启发技师申请者切入正题；如果确实是自己没有搞清楚，就应该实事求是地讲明自己对该问题还没有搞清楚，并表示今后一定要认真地研究。切不可强词夺理，进行狡辩。因为主答辩高级考评员或其他高级考评员对问题可能已有专门的研究，不懂装懂会给考评员留下不好印象。其实技师申请者在答辩会上被某个技术问题难住并不奇怪，因为主答辩高级考评员和其他高级考评员一般都是本职业、本工种、本专业的专家。他们提出来的某个技术问题均有一定的水平，技师申请者答不上来也是很自然的。当然，技师申请者如果对所有提出的问题都答不上来，甚至是一问三不知，那就极不正常了，也就很难过关了。

（六）合理地运用目光和手势

在技师论文答辩时，主要是以口语回答为主。但是，如果技师申请者能主动、合理地运用目光与技师论文答辩委员们进行心灵交流，或者用手势语言来解释，效果肯定会比只用口语来表达问题的效果要好得多。

（七）有争议时要适当辩论

当技师论文中的主要观点与主答辩高级考评员的观点相左时，应与之展开适当的辩论。在技师论文答辩中，有时主答辩高级考评员会提出与技师论文中的基本观点不相同，甚至是相反观点的问题，然后请申请者谈谈看法。此时应适当地为自己的观点进行辩护，阐明自己观点的依据。

如果技师论文的基本观点是经过自己深思熟虑的，又是言之有理、持之有据、经自己实践过的，并能自圆其说，就不要因为主答辩高级考评员提出不同的看法或见解，自己就随声附和，放弃自己的观点。这样就等于是自己在否定自己，也否定了自己辛辛苦苦写成的技师论文。要知道，有的主答辩高级考评员提出与论文相左的观点，并不一定就是他本人的观点，他提出来也许是想听听申请者对这种观点的评价和看法，或者是考其答辩能力或对自己观点的坚持程度。

退一万步说，即使是主答辩高级考评员自己的观点，你也可以与之展开辩论。不过，与主答辩高级考评员展开辩论时就要十分注意掌握分寸，适当地运用辩术。一般来说，应以维护自己的观点为主，反驳对方的论点为辅助。要尽可能采用委婉的语言，请教的口气，并尽量采用侧击、暗说、绕着说的办法，不露痕迹地把自己的正确观点传递给主答辩高级考评员，让他信服。

值得注意的是：在提出问题中，有的问题可能是基础知识性的技术问题，有的问题可能是专业技术性的问题。对于前一类基础性的技术问题，是要技师申请者作出正确、全面地回答，不具有商讨性。而对于后一类专业技术性的问题，是、非和正、误，有时并没有定论，持有不同观点就可以进行互相切磋、商讨。

七、答辩后及时总结

技师论文答辩结束以后，技师申请者不仅仅要关心自己的答辩成绩，更重要的是及时总结本次技师论文答辩的经验教训，有利于自己今后的提高和发展。

（一）认真分析

在技师论文答辩结束后，应及时、认真地分析论文和论文答辩的整体情况，对答辩委员在答辩中提出的问题和质疑进行仔细研究。弄清楚其中的可取之处，寻找其中的缺陷和不足之处，进而完善论文的内容及结构。全面深入地修改，使之更加完善，并探索自己下一步的学习、研究和发展方向。

（二）反思成败

1. 掌握方法方面

通过这次技师论文写作，自己学习和掌握了哪些科学研究的方法，在技师论文写作中“三步曲”（提出问题、分析问题、解决问题）方法是否已经掌握，写作水平是否已经得到了提高，是否还需要加强。

2. 答辩表述方面

回顾在技师论文答辩过程中的以下几点。

1）介绍自己的技师论文时，是否重点突出、图文并茂、宣讲生动。

2）回答问题时，是否简单明了、层次分明、表述清楚、回答快速、流畅清晰。

3）是否正确、合理地运用了肢体语言，在运用上有哪些提高，又有什么不足，还需要怎样改进。

八、技师论文答辩评分要求

技师/高级技师论文答辩评分细则见表7-2。

表7-2　技师/高级技师论文答辩评分细则

序号	考核内容			配分	评分标准	得分
1	自述	内容	在规定的时间内，自述论文的重点是否突出	10	自述论文的背景、论文的重点内容清楚，得10分；自述论文的重点内容比较清楚，得6分；能自述论文的重点内容，得3分	
2			自述是否简明扼要	5	自述语言简明扼要，层次分明，得5分；比较简捷，层次还算分明，得2分	
3			是否脱稿	5	完全脱稿汇报，得5分；部分脱稿汇报，得2分	
4		先进	是否采用PPT	5	采用了PPT讲解，得5分；没有采用，不得分	
5		教具	是否采用挂图、辅助用具	5	采用挂图、辅助用具汇报，得5分；采用其中的一项汇报，得2分；没有采用，不得分	

（续）

序号	考核内容			配分	评分标准	得分
6	回答问题	主要问题	是否能准确、流利地回答	30	能准确、流利地回答1个主要问题，得10分；以此类推	
7		次要问题	是否能准确、流利地回答	15	能准确、流利地回答1个次要问题，得5分；以此类推	
8		思路	概念、思路是否正确	5	思路完全正确，得5分；基本正确，得3分	
9		语言	口语表述是否清楚	5	回答问题，语言清晰，声音洪亮，得5分；回答问题，语言比较清楚，声音能听到，得2分	
10		理论知识	是否能用理论知识解释问题	10	能用理论知识全面解释技术问题，得10分；能用理论知识解释部分技术问题，得5分	
11		简明扼要	是否简易通俗，简明扼要	5	简易通俗，简明扼要，得5分；比较通俗，得3分	
12	加分项		具有下面两种情况之一者，可为技师/高级技师论文答辩加分 1）在答辩时，能合理地运用肢体语言回答、解释技术问题，可加8分 2）在答辩时，能与答辩委员进行技术交流，可加10分			
13	否定项		具有下面四种情况之一者，技师/高级技师论文答辩被视为不合格 1）答辩者的水平太低，没有达到技师/高级技师的标准 2）论文观点不正确 3）关键问题答辩错误 4）论文主要内容是抄袭或者是他人代笔			
总　分			100			

第八章 技师总结和技师论文范文及点评

本书从众多技师总结和技师论文中，选出了 1 篇技师总结和 35 篇涵盖 18 个职业的技师论文。以车工、铣工、磨工、工具钳工、装配钳工、机修钳工、数控车工、数控铣工、加工中心操作工、变配电室值班电工、电工仪器仪表装配工、维修电工、金属热处理工、冷作钣金工、焊工、铸造工、刨插工、机械产品检查工作为范文，供大家学习、参考、借鉴。虽然这些技师论文可能不是最优秀的，或多或少有一些不足之处，但它们都有一个共同的特点，即创新、革新，解决了企业、单位生产实际中的技术问题，其选题都符合《国家职业技能标准》，充分体现了技师论文的价值，都达到了技师论文写作的基本要求，是比较好的作品。而且这些技师论文都有一些亮点，技师论文的成功就在于创造亮点，而亮点最能反映作者的才能和才华。南京师范大学的何永康教授对此曾作过精彩的论述：一篇成功的技师论文，“它必须有光辉，没有太阳，应该有个月亮；没有月亮，总得有几个星星；没有星星，总得有几个萤火虫吧！如果连萤火虫都没有，……”其结果可想而知。书中的技师论文都攻克了技术难关，他们解决技术问题的思路、方式和方法，有一定的典型性、代表性，有一定的学习、借鉴和参考价值。限于篇幅，每篇技师论文作了局部修改，其后附有点评。

一、技师总结范文

活塞销孔加工方法的改进

活塞销孔加工方法的改进

（技术革新）

×××（单位名称）　　　　×××（个人姓名）

为解决××-125 活塞销孔加工中的质量问题，消除加工中的积累误差是十分重要的。该零件加工中的积累误差是影响产品质量问题的主要原因。

活塞销孔的功能

活塞在发动机的气缸内往复运动，把燃料（汽油）燃烧的热能通过曲柄连杆机构变为机械能，对外做功，使其成为摩托车行驶的动力。活塞运动效果和能量转换情况，在一定的程度上取决于活塞环与气缸的配合。

活塞环装在活塞中，其轴向运动由活塞槽限制，而圆周运动则由销子 $\phi1.6\times10$mm 限制。如图 1 所示，$2\times1.6^{+0.055}_{0}$mm 的 A 向视图中销孔距活塞环的距离为 $0.7^{+0.2}_{0}$mm。

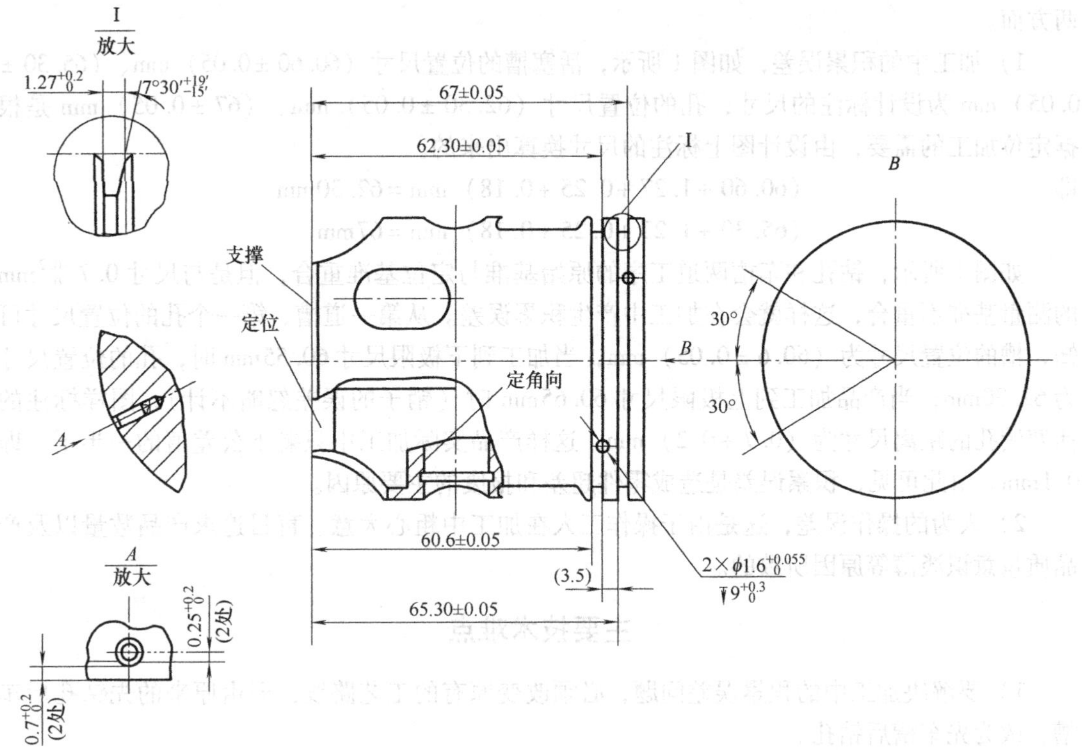

图1　活塞

加工质量对发动机工作的影响

如果活塞销孔距离 $0.7^{+0.2}_{0}$mm 加工超差，则在发动机装配中会出现下列情况：

1）当活塞销孔实际要素小于 0.7mm 时，活塞环将无法装配。

2）当活塞销孔实际要素大于 0.9mm 时，活塞环圆周方向的运动将得不到限制。如果将其装配成发动机，其后果一是会加速气缸与活塞槽的磨损，二是会使进气量增大，汽油燃烧不充分，发动机尾部排出黑烟，发动机功率明显下降。

由此可见，活塞销孔的距离尺寸对产品质量影响很大。

未改进前活塞销孔的质量情况

活塞的机械加工工序一直在车间进行，但活塞孔的加工质量却一直存在着问题，表 1 是今年五月份产品质量情况。仅活塞销孔问题就造成其直接经济损失在 6678.5 元以上。

表 1　活塞销孔的质量情况

投入数/件	返修数/件	废品数/件	一次交检合格率（%）
10000	855	83	90.63

活塞销孔加工中产生质量问题的原因

根据本人多年加工产品的实际经验和分析，造成活塞销孔加工中产生质量问题的原因有两方面。

1）加工中的积累误差，如图1所示，活塞槽的位置尺寸（60.60±0.05）mm、（65.30±0.05）mm为设计标注的尺寸；孔的位置尺寸（62.30±0.05）mm、（67±0.05）mm是根据定位加工的需要，由设计图上标注的尺寸换算出来的。

即
$$(60.60+1.27+0.25+0.18)\ \text{mm}=62.30\text{mm}$$
$$(65.30+1.27+0.25+0.18)\ \text{mm}=67\text{mm}$$

如图1所示，钻孔和车槽两道工序的原始基准与定位基准重合，但是与尺寸$0.7^{+0.2}_{0}$mm的测量基准不重合，这样就会在加工中产生积累误差。从第一道槽、第一个孔的位置尺寸可知，槽的位置尺寸为（60.6±0.05）mm，当加工到下极限尺寸60.55mm时，孔的位置尺寸为62.30mm；当产品加工到上极限尺寸60.65mm时（销子的误差忽略不计），图样标注的活塞销孔的距离尺寸为（0.7+0.2）mm，这样产品实际加工中只剩下公差值的一半了，即0.1mm。由此可见，积累误差是造成零件超差和报废的主要原因。

2）人为的操作误差，这是由于操作工人在加工中粗心大意、盲目追求产品数量以及产品质量意识淡薄等原因所致的。

主要技术难点

1）要解决加工中的积累误差问题，必须改变原有的工艺路线，即由原来的先钻孔后车槽，改为先车槽后钻孔。

2）改变加工方法后，给钻孔工序带来了困难。从图中可见，这是一个复合孔，即上半部是一个半边孔，下半部是一个完整的孔。

解决技术难点的方法

1）设计、制作一套复合钻模，解决以下三个问题。

① 使设计基准、定位基准和测量基准完全重合，消除加工中的积累误差。

② 使上半部的半边孔容易加工。

③ 克服人为因素造成的操作误差。

2）在试作的基础上，进一步改进了钻模板和钻套（改进后的钻模板和钻套图样此处已省略）。

改进后的钻模板和钻套能适用于批量生产，并可在操作中节省工件的装夹时间，提高工作效率。

改进后效果

通过调整工艺路线，重新设计、制作复合钻模，有效地杜绝了加工中的质量问题。在首批500件小批量试加工中，一次性交检合格率达到了100%；在批量生产中，产品一次性交检合格率也达到100%。为此，得到了单位领导的好评。

分 析 不 足

上述办法仅能适用于×××活塞孔的加工，难以适应各种不同的规格、不同品种的产品加工。另外，上述夹具对于小批量产品生产尚能适应，而对于大批量生产的产品仍有它的局限性和其不足之处……

在本人进行活塞销孔技术攻关的过程中，×××（单位）×××（领导）亲自帮我排忧解难；×××高工、×××主管工程师、×××高级技师以及×××同志等给予了热情帮助和及时指导，在此一并表示感谢。

参考文献

[1] ×××. 夹具设计［M］. 北京：航空工业出版社，2008.
[2] ×××. 机械加工工艺［M］. 北京：机械工业出版社，2007.
[3] ×××. 钳工技能［M］. 北京：航空工业出版社，2008.

二、车工技师论文

（一）巧车45°分型面的橡胶模

巧车45°分型面的橡胶模

株洲南方航空高级技工学校　吴亚东

摘要： 车削45°分型面的橡胶模时，图1中上、下两模的圆弧 $R2.5$ 槽的轴线，要与合模后模腔 $\phi5$mm 的轴线重合，模腔 $\phi5$mm 的直径达到图样规定的尺寸精度，采用一般的车削加工方法和测量手段，是很难达到技术要求的。我通过反复实践，运用平面几何的原理，摸索出了一种既简单而又行之有效的车削加工方法，比较好地解决了车削加工中的关键问题。

关键词： 45°分型面　橡胶模　平行四边形　R 槽的车削　R 槽的轴线　完全重合

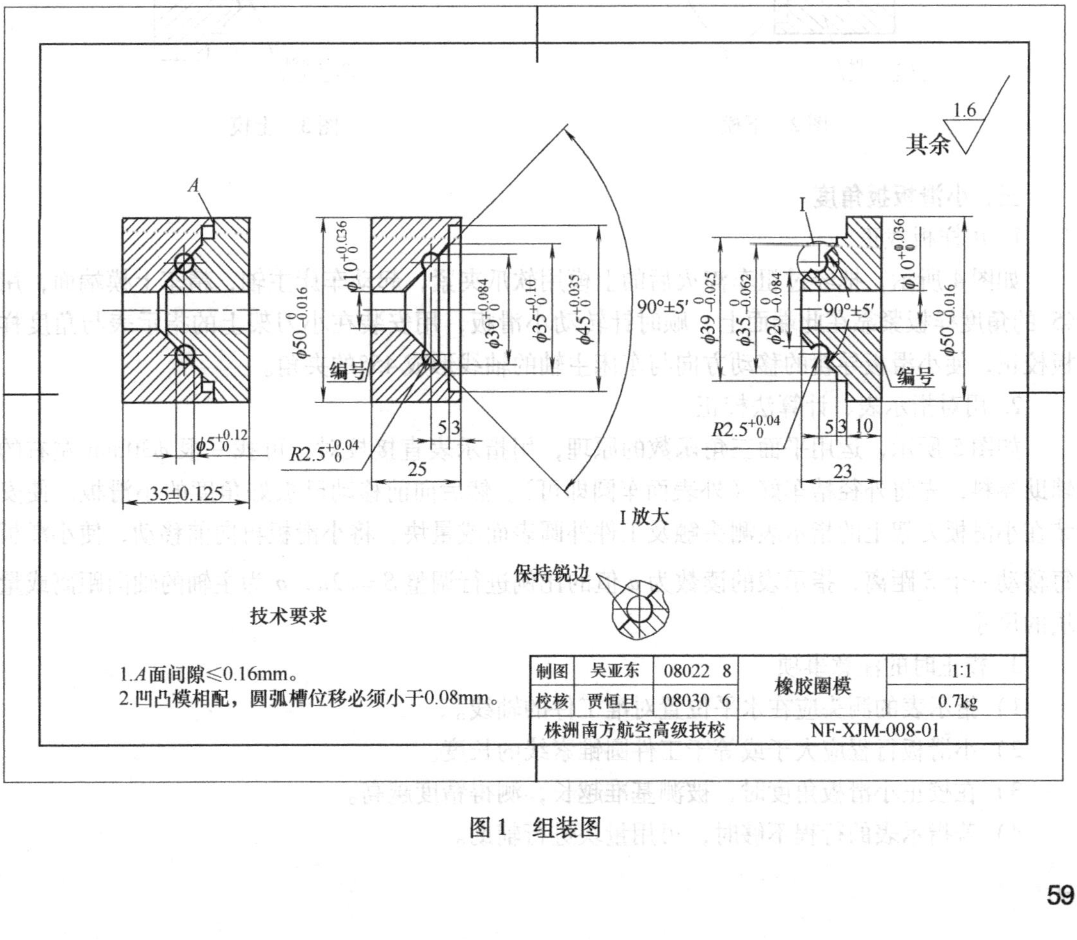

图1　组装图

下面就45°分型面的橡胶模车削加工方法，谈谈自己的思路。

一、课题的分析

首先，我们从图1可以知道，这是一套压制最大直径为$\phi 30$mm，截面直径为$\phi 5$mm的环形橡胶圈的模具。零件图样看似很简单，但实际车削加工中就会遇到一些困难。如果加工出来的锥面配合不好，则压制出的环形橡胶圈就会产生毛边；如果上、下两模R槽的轴线不能完全重合，就会使压制出来的环形橡胶圈的截面积半径错位；而且在车削R槽过程中，用普通的测量方法既不方便，又很难达到图样规定的要求。所以怎样使上、下两模在组合时，R槽的轴线能完全重合，模腔$\phi 5$mm的尺寸能达到图样规定的技术要求，就是这一课题的难点和重点。

二、工艺路线的确定

正确的加工工艺路线，是保证质量的前提。所以我们在加工时，先要对上、下模进行粗加工。在精车时，首先要选择上模（图3）进行加工，然后再以上模为基准，对下模（图2）进行配车，只有这样才能很好地控制尺寸和达到图样规定的技术要求。

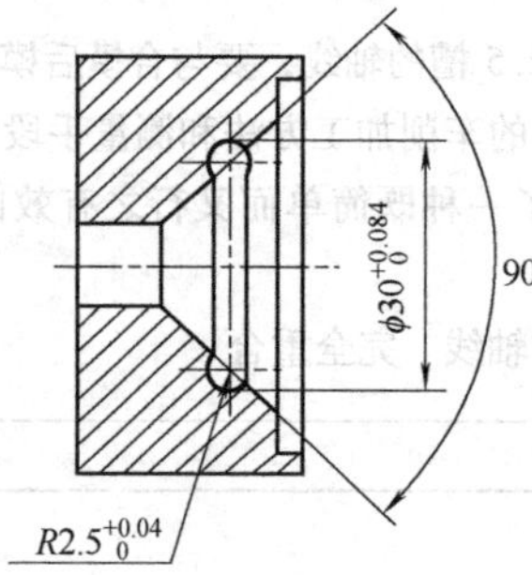

图2 下模

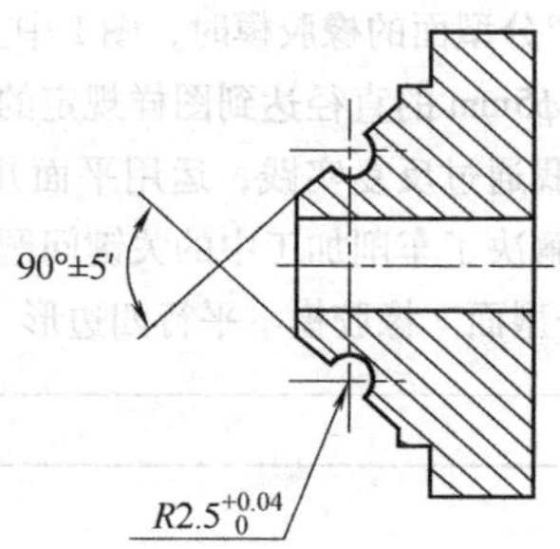

图3 上模

三、小滑板扳角度

1. 用样板找正

如图4所示，把经过粗车淬火后的上模用软爪夹紧，起动车床主轴，精车上模端面，用45°的角度样板紧靠在此端面上。顺时针转动小滑板，用安装在小刀架上的指示表与角度样板校正，使小滑板导轨的移动方向与车床主轴的轴线形成45°的夹角。

2. 用对指示表、计算法校正

如图5所示，运用平面三角函数的原理，用指示表直接校对，可找一根$\phi 30$mm左右的辅助棒料，先将外径精车好（外表面车圆即可）。然后向前移动已扳好角度的小滑板，使安装在小滑板刀架上的指示表测头触及工件外圆表面或量块。将小滑板再向前移动，使小滑板每移动一个S距离，指示表的读数为a值的比例进行调整$S=\sqrt{2}a$，a为主轴的轴向距离或量块的尺寸。

3. 校正时的注意事项

1）指示表的测头应在水平位置对准工件的轴线。

2）小滑板行程应大于或等于工件圆锥素线的长度。

3）在校正小滑板角度时，被测基准越长，测得精度越高。

4）若指示表的行程不够时，可用量块进行辅助。

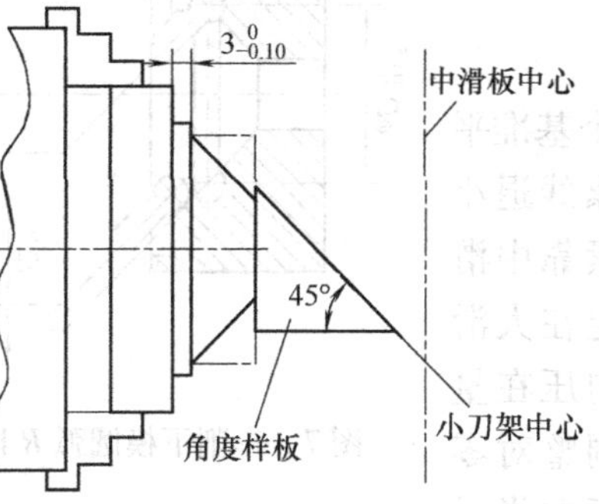

图 4　用 45°角度样板调整小滑板角度

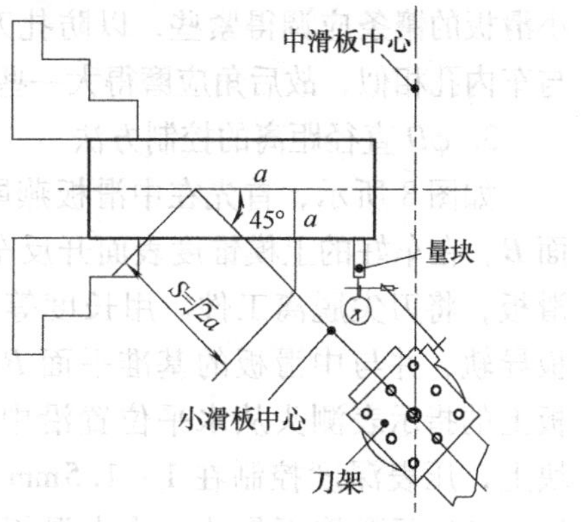

图 5　用指示表校正小滑板角度

四、上、下模锥体的车削方法

用软爪夹住上模，按图 1 的技术要求车削好其他各尺寸后，再车好锥体的大外圆 $\phi35_{-0.062}^{\ 0}$mm，保证台阶长度 $3_{-0.10}^{\ 0}$mm，如图 4 所示。然后用上述方法将小滑板顺时针扳转 45°，以 $\phi35_{-0.062}^{\ 0}$mm 的外圆素线与 $3_{-0.10}^{\ 0}$mm 台阶端面的交点为参考点，将车床主轴开反车，进行锥面车削。在车削下模时，只要将主轴正转，就可以加工内锥，而不必要重新调整小滑板角度和重装刀具。以上模圆锥体为基准进行对配，用塞尺测量，只要保证图 1*A* 面间隙 ≤0.16mm 即可。这种加工方法，可有效消除两次转动小滑板角度的误差和两次装刀造成的刀具中误差，也缩短了辅助时间，同时保证了上、下模锥面的配合精度。

五、上、下模圆弧 *R* 槽的车削

1. 上模圆弧 *R* 槽的车削

在精车好上模锥体表面后，所扳角度不变，并在圆锥表面上轻轻涂上一层薄薄的显示剂，用标准的圆弧 *R* 槽刀，按图 6 所示，开反车对刀并紧固床鞍。切削刃接触锥体表面的深度控制在 0 ~ 0.01mm 之间，再利用平行四边形对边相等的原理，用量块和指示表，按距离 $M=\phi D+\sqrt{2}R$ 定位，然后移动中滑板距离 *M*。这样就定好了上模圆弧 *R* 槽的位置，保证了模腔中心直径 ϕD 的尺寸精度，控制了 *R* 槽刀轴线沿 45°圆锥素线方向的移动，即可开正车用小滑板直进刀车圆弧 *R* 槽。这时要严格控制背吃刀量，以保证上、下两模合模时 *R* 槽轴线的重合精度。

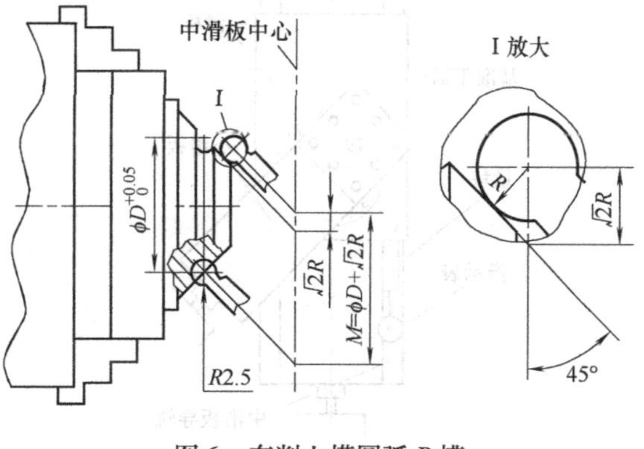

图 6　车削上模圆弧 *R* 槽

2. 下模圆弧 *R* 槽的车削

下模圆弧 *R* 槽位置的确定方法与上模的原理是一样的。如图 7 所示，即 $M'=\phi D-\sqrt{2}R$ 定位，因为下模是在分模面之内移动距离，所以为减号。下模对刀和车削时的主轴转向与上模相反。另外，由于车削下模圆弧 *R* 槽时，主轴需做反向运转，容易出现扎刀现象，所以

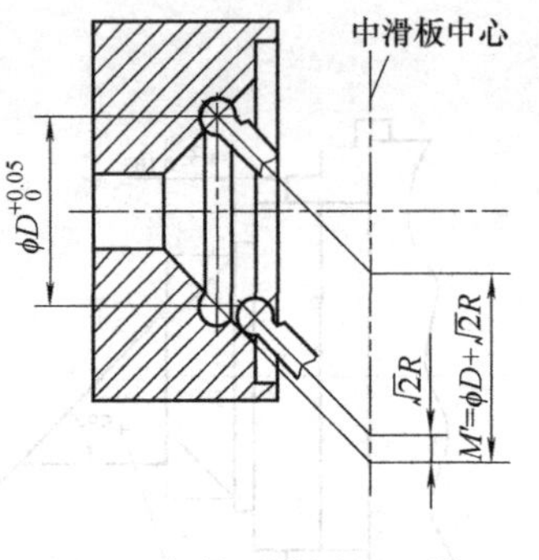

图7　车削下模圆弧 R 槽

小滑板的镶条应调得紧些，以防扎刀。刀具在切削时的条件与车内孔相似，故后角应磨得大一些。

3. ϕD 直径距离的控制方法

如图8所示，首先在中滑板燕尾槽附近做好一个基准平面 B。在车好的上模锥度表面开反车对刀，沿锥体素线退小滑板，将刀尖脱离工件。用长度等于 M 的量块，紧靠中滑板导轨，并与中滑板的基准平面 B 贴紧，再将固定在大滑板上的指示表测头从水平位置沿中滑板的运动方向压在量块上，压表深度控制在1~1.5mm之间，使指针调整对零线。这时只要取下量块，将中滑板后退使基准 B 压向指示表测头，使指针对准原来的零线位置即可。车下模时的对刀原理也一样，只是开正车对刀，量块长度应等于 M'。又因对刀方向与移动 M' 值的方向相反，需要消除间隙。先将指示表测头压向基准表面 B，并对好零线，再将中滑板向前移动，使长度等于 M' 的量块放入指示表测头与基准面 B 之间，中滑板后退并通过量块压向指示表测头，使其指针对准零线即可。

4. R 槽的深度控制和检测

如图9所示，将指示表装在已扳好角度的小滑板上，使活动测头的方向与通过橡胶模圆锥轴线的水平面平行，且与圆锥素线垂直。将测头压在圆锥素线上，并对准零线，然后移动小滑板使测头顺着圆锥素线移到 R 槽的底部，并找到最高点，这样就测出了 R 槽的深度尺寸。

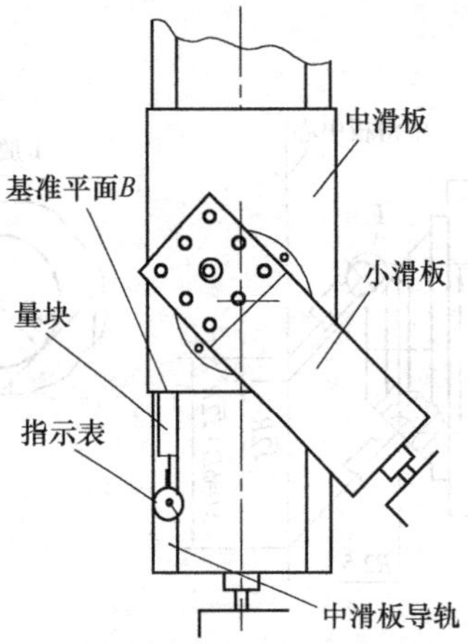

图8　使用量块和指示表

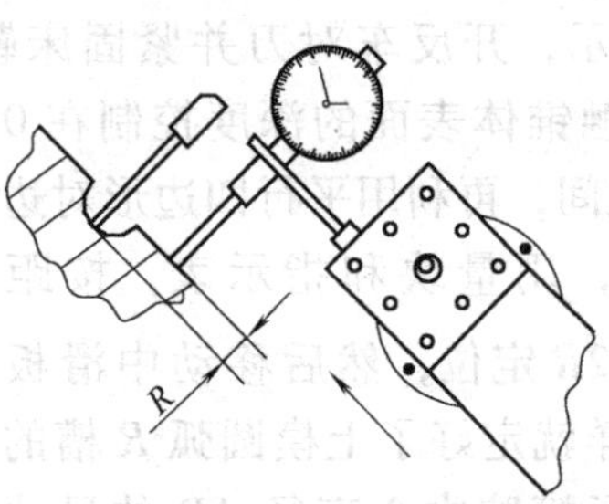

图9　指示表测 R 槽的深度

用扳好角度的小滑板直进刀时，直接用小滑板刻度来控制背吃刀量，通过反复测量和车削 R 槽来达到深度尺寸要求。

通过以上加工方法的教学实践，特别是上、下模圆弧 R 槽的车削采用了直接基准对刀的方法，不受任何其他关联尺寸变化的影响，从而有效地保证了组合模 ϕD 的尺寸精度和上、下模圆弧 R 槽轴线与模腔 ϕD 的轴线重合精度。并具有快速、准确、易于掌握的特点和及较强的操作性。

六、参考文献

[1] 贾恒旦．技术工人操作技能考题集（车工）[M]．北京：航空工业出版社，1989.
[2] 贾恒旦．车工技能 [M]．3 版．北京：航空工业出版社，2008.
[3] 王公安．车工工艺学 [M]．北京：中国劳动社会保障出版社，2005.
[4] 王云歧．数学 [M]．北京：中国劳动社会保障出版社，1999.
[5] 胡荆生，胡瑞华．公差配合与技术测量基础 [M]．北京：中国劳动社会保障出版社，2000.

点评

该车工技师论文的创新点和亮点在于针对实际车削和测量工作中难度较大的问题，即45°分型面的橡胶圈模具，借用数学关系，巧妙地把车削实际工作中的技术难题化解成了一般性的车工操作。这对指导车工实际工作有着现实意义，其选题完全符合车工技师《国家职业技能标准》。通常合格橡胶圈模具并不多的原因在于这种橡胶圈模具分型面上、下模的圆弧 *R* 槽都是一个空间角度。圆弧 *R* 槽的轴线在空间上实际就是一个点，对于这个立体空间上的点，凭现在使用的普通测量量具还不能测得准它们的实际误差。既然测不准，当然也就难以加工出合格的模具了。

而这篇技师论文就从另一个角度出发，很好地利用了平面几何的数学关系，巧妙地把原来是立体空间的技术问题转化成了一般平面上的技术问题，从而有效地避开了车削和测量技术上的难点，成功地解决了车削45°分型面的橡胶圈模具的难题。以此类推，对于同类型的技术问题我们也可以用类似的方法去解决。

这篇技师论文也告诉我们一个道理：做技术工作，不能单凭体力，要多动脑筋，才能做巧事，才能干巧活，技术人才就有用武之地，技术人才的价值才能充分地得到体现。

这篇技师论文的美中不足之处：

1）缺乏对采用这种创新解决技术问题方法的分析和思考。

2）部分用词和格式还不够规范。

（二）车削大导程非标准螺纹的方法

车削大导程非标准螺纹的方法

中航工业成都凯天电子股份有限公司　王　浩

摘要：利用卧式车床，加工非标准、小直径、大导程五线螺纹副，重点介绍了车床交换齿轮系统的改造和五线螺纹的制造工艺方法。

关键词：卧式车床　非标准螺纹　五线螺纹　交换齿轮

一、引言

我公司新研制的项目是某型号液压绞车，是直升机选配附件，其产品集机械、液压、电气于一体，结构十分紧凑，产品性能和加工精度要求很高。

齿轮轴和螺纹套筒形成的组件是该液压绞车的六项关键部件之一，如图 1 和图 2 所示。齿轮轴和螺纹套筒为一对配合的五线梯形螺纹副，齿轮轴做回转运动时，带动螺纹套筒做快速直线运动。当螺纹套筒的运行速度超过一定值时，该螺纹套筒起着超越离合器的作用，让摩擦离合器迅速“离”或“合”，从而调整钢缆的速度并起到制动作用。

设计给定的螺纹配合的主要参数见表 1。

二、提出问题

从表 1 的设计参数可见，梯形螺纹配合为英制非标准系列，而且螺纹的大径和中径配合

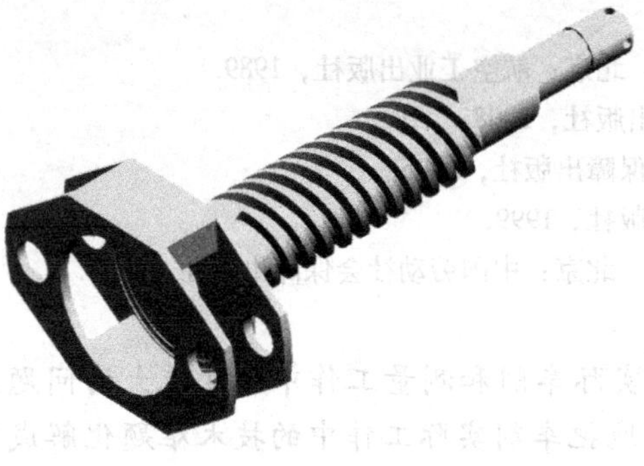

图1　齿轮轴

图2　螺纹套筒

表1　螺纹配合的主要参数

齿 轮 轴		螺 纹 套 筒	
中径尺寸/mm	$\phi17.35^{\ 0}_{-0.150}$	中径尺寸	$\phi17.5^{+0.20}_{\ 0}$
小径尺寸/mm	$\phi14.80^{\ 0}_{-0.05}$	大径尺寸	$\phi19.50^{+0.20}_{\ 0}$
导程/mm	21.15	导程	21.16
螺距/mm	4.23	螺距	4.23
牙型角	29°	牙型角	29°
螺纹升角	21°	螺纹升角	21°
线数	5	线数	5
公差等级	6级	公差等级	6级

精度要求很高。公司当时具有的数控车床设备不能满足加工螺纹的最大导程要求，车床转速和数控加工刀具选择也受到限制，该组件的加工成为该产品开发中的一个关键。故该组件高精度梯形螺纹加工列为公司级工艺攻关项目。

攻关组成员通过对公司具有的机械加工设备进行筛选、比较，决定采用普通车削加工方案，选取加工螺纹范围较广、刚性好、转速范围较宽、抗振性较好的云南机床厂生产的CY6240机床进行改造使用。

三、分析问题

1. 车床的改造

查阅云南机床厂CY6240车床进给箱英制导程铭牌，如图3所示，从铭牌上并没有看到加工导程为5/6in（21.16mm）的螺纹，必须对其交换齿轮系统进行改造，才能满足加工需要。按照不破坏其设备原有正常使用功能、尽量少改动原设备结构以及确保实用安全的原则，我们决定对机床交换齿轮箱进行改造，使该设备能加工出5/6in（21.16mm）导程的螺纹。

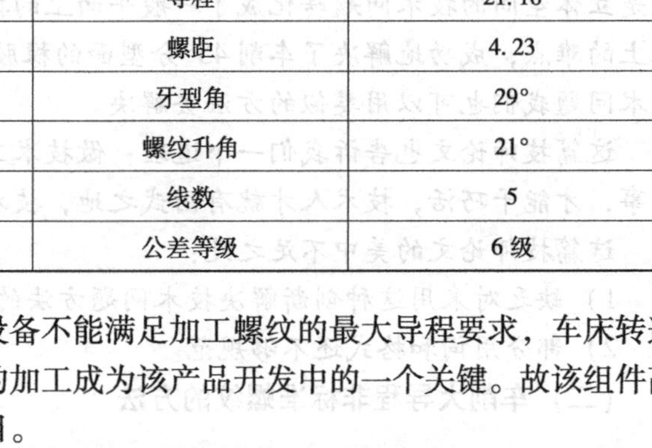

图3　车床进给箱英制导程铭牌

2. 新齿轮齿数的确定

CY6240 机床交换齿轮箱原交换齿轮齿数分别为，A：$z_1=60$；B：$z_2=z_3=69$；C：$z_4=56$；$m=2\text{mm}$。

从机床铭牌上选取 1 牙/in 和 1.5 牙/in 螺距，再调整交换齿轮和手柄位置。螺纹为英制时的计算公式为

$$i_{新}=n'/(n\cdot i_{原})=z_1/z_4\ （或 z_1/z_2\cdot z_3/z_4）$$

其中　n——需要车削的工件的每英寸牙数；

n'——在铭牌上选取的每英寸牙数；

$i_{新}$——新传动比；

$i_{原}$——铭牌上原交换齿轮比（选原 n' 位置上的原交换齿轮比）；

z_1、z_2、z_3、z_4——新选用的交换齿轮齿数。

根据计算公式可知，现需加工导程 21.16mm，即 6/5 牙/in 的螺纹，$i_{原}=60/56$。

1）选取机床铭牌为 1 牙/in 时：

$$i_{新}=n'/(ni_{原})=1/(6/5)\times60/56=50/56$$

则　$z_1=50$，$z_2=z_3=69$，$z_4=56$。

根据交换齿轮搭配应符合的原则：$z_1+z_2-z_3>15$，$z_3+z_4-z_2>15$，

则　$50+69-69=50>15$，$69+56-69=56>15$，符合啮合条件，所以可选。

2）选取机床铭牌为 1.5 牙/in 时：

$$i_{新}=n'/(ni_{原})=1.5/(6/5)\times60/56=75/56$$

则　$z_1=75$，$z_2=z_3=69$，$z_4=56$

根据交换齿轮搭配应符合的原则：$z_1+z_2-z_3>15$，$z_3+z_4-z_2>15$

则　$75+69-69=75>15$，$69+56-69=56>15$，符合啮合条件，所以可选。

从以上两种选择方案看，齿轮 A 选取齿数为 50 或 75 时，都能满足加工螺纹导程要求。但从设备改造的便利程度看，在不改变原交换齿轮板中心距情况下，对 A 齿轮需采用变位齿轮来调整中心距，因变位系数较大不可行。

通过对机床交换齿轮箱的空间位置的仔细观察测量，当选用 A 轮齿数为 50 齿时，因中心距变小，交换齿轮板改造不能保证啮合要求，故选用 A 轮齿数为 75 齿。为保证齿轮正确啮合，重新设计制造一个交换齿轮架，以满足新交换齿轮系中心距要求。

四、解决问题

经计算，确定交换齿轮 A 为直齿圆柱齿轮：$z=75$，$m=2\text{mm}$，$\alpha=20°$。

CY6240 机床交换齿轮箱交换齿轮位置如图 4 所示，原交换齿轮齿数分别为：

A：$z_1=60$；B：$z_2=z_3=69$；C：$z_4=56$；m＝2mm。

对于新交换齿轮架的设计，从设备改造的便利程度看，如不改变原交换齿轮板中心距，对 A 齿轮采用变位齿轮来调整中心距，因变位系数较大而不可行。通过对机床交换齿轮箱的空间位置的仔细观察测量，只需重新设计制造一个交换齿轮架，改变 B 齿轮的安装位置即可以满足新交换齿轮系中心距要求，且简便易实施，又不破坏设备结构，如图 5 所示。

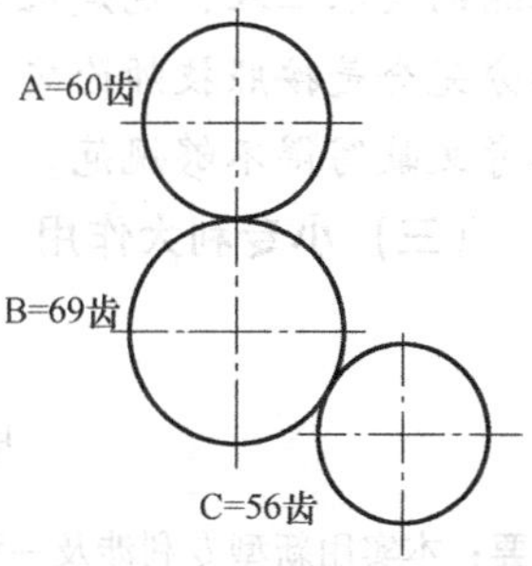

图 4　原交换齿轮系齿数

按照新设计齿轮和交换齿轮架改装 CY6240 设备后，如图 6 所示，将交换齿轮手柄位置选择 1.5 牙/in，即可加工导程为 5/6in（21.16mm）的螺纹。经试加工，完全满足所需加工导程为 5/6in（21.16mm）螺纹要求。

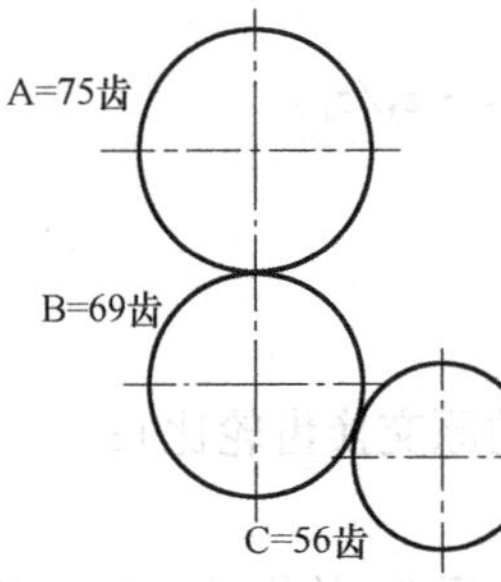

图 5　新交换齿轮系齿数

图 6　改造后的交换齿轮架

五、效果

通过加工实践证明，普通机床经过改造完全能够完成大导程非标准螺距螺纹加工，加工的螺纹套筒及齿轮轴五线螺纹副，完全符合设计图样及新品研制的使用要求，组件经装机试验，运行性能良好。

在新产品研制开发中推广，能够节约大量的设备投入，缩短产品研发周期，以最低的成本取得最大的经济效益。

六、参考文献

[1] 机电部. 车工工艺学 [M]. 北京：机械工业出版社，2008.
[2] 广西机械工业学校. 金属切削机床 [M]. 北京：机械工业出版社，2008.
[3] 吴宗泽. 机械零件 [M]. 北京：机械工业出版社，2002.

点评

这是一篇车工技师论文，作者是长期从事车工职业的技术工人。选题介绍了在卧式车床上成功地车削出了合格的五线大导程小直径非标准螺距的螺纹副，完全符合车工技师国家职业资格标准。项目的加工技术难度已经超过了《国家职业技能标准》中对车工高级技师考核内容的水平。

这是一篇比较典型的解决企业生产实际技术难题的论文。当企业遇到实际数控加工设备和数控刀具都存在着技术问题，而生产上又急需这种产品时，能解决和攻克技术问题和技术难题的技术工人，就是人才，而且是企业最受欢迎的人才。这篇论文的结构比较规范，正文部分完全是按照技师论文“三步曲”的写法去写的，条理、层次都比较清楚。不足之处是参考文献写得不够规范。

（三）小专利大作用

小专利大作用

中航工业成都飞机公司系统件厂　侯　成

摘要：本实用新型专利涉及一种用于机械加工的切削刀具，实用新型描述中涉及的刀具，是以车刀为主的内孔切削刀具。具有结构简单、使用方便、成本低和效益高的特点。特别是改变传统车刀的刃磨和制作方式，可降低车工劳动强度。此新型车刀刀具的结构将填补我国刀具领域一项空白。运用在航空工业机械加工，如铝材、铜材、镁合金以及不锈钢等起着重要作用。

本论文的主要内容是经过大量的现场实践总结的经验，文章中附有大量实例及图示，对现场加工中可能出现的问题以及如何从刀具的角度给出了实用性的结论。

关键词：车工内孔刀具　刀具标准化　物美　作用大

引　言

许多车工都遇见过在没有镗孔刀用的情况，特别是缺乏挖槽刀，基本上都需要自己费时、费力去手工磨成较理想的车刀，运用时又觉得不够理想。虽然现在机夹式内孔刀具的品种和规格较多，如果要加工某个特殊形状的内孔，就不一定能找到所需刀具。本人就该难题，结合多年实践经验，谈谈运用自己发明的专利刀具来解决的方法。

一、提出问题

当车工需要加工零件内孔时，首先根据零件的材料选择刀具材料，再根据孔径大小和长短进行制作和刃磨。

1. 内孔车刀的制作过程

1）制作硬质合金挖槽刀过程。刀体材料→刀片材料→车工加工外形→铣工加工台阶→焊接→磨刀。制作过程中特别注意要把砂轮棱角打磨成小于90°，如图1所示。

2）制作高速钢挖槽刀过程。整体高速钢刀→磨刀杆→磨刀刃。制作中特别注意要把砂轮棱角打磨成小于90°状态，如图2所示。

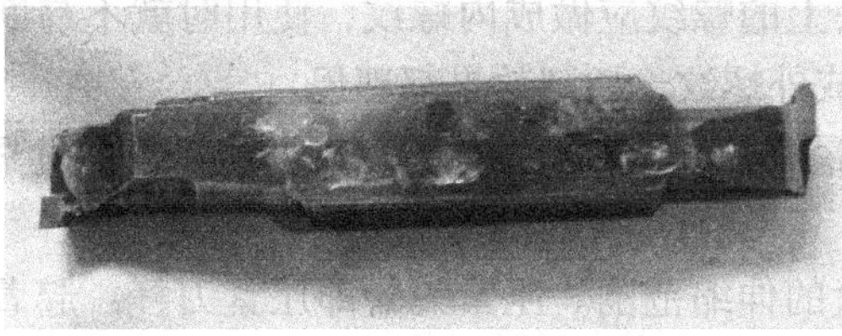

图1　硬质合金挖槽刀

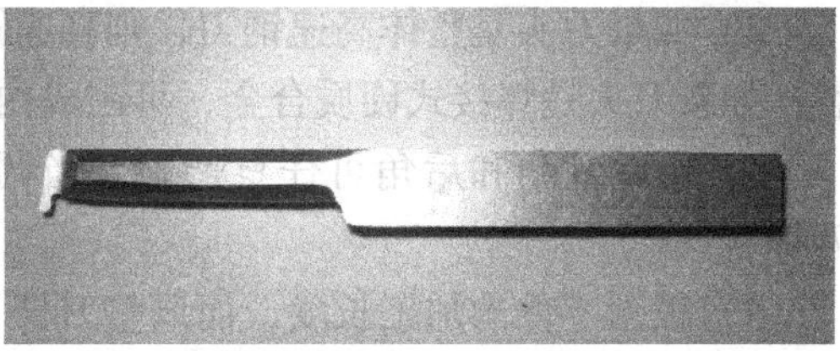

图2　高速钢挖槽刀

2. 易出现的问题

1）机床长时间停止运行而去磨刀，这种方式已不适合科学生产的要求。

2）要进行大量刃磨后才能使用，由于每位车工磨刀的技术水平不一样，刃磨后的刀具就不一定能达到最佳切削角度状态。零件的加工质量就只能是因人而异。

3）磨刀时间长，车工的体力和精力消耗多，既造成了环境污染，又影响了身体健康。

4）数控车床使用刀具成本高，车刀种类不全。

（小结：苦、脏、累、难。）

二、实用新型专利刀具——侯成车刀

（第一项专利号：03234979.3　第二项专利号：2004 2 0033380）

本人结合多年来实际工作的经验，创新出一种切实可行的实用新型专利刀具。此刀具的运用，将从一定的程度上改变传统内孔刀具的结构，更重要的是对车工磨刀的方式进行更新，大大地减少了车工磨刀的体力消耗和时间，工作环境得到改善。还克服了目前机夹刀具的一些不足，有些方面略胜过目前的机夹内孔刀具。

1. 刀具结构对比

（1）创新后内孔车刀的特点

1）该刀具由刀座、刀杆和刀头三大部分组成。

2）刀具的材料选择可以多样化，成形高速钢、焊接硬质合金和整体硬质合金均可满足要求。创新后的内孔车刀的结构如图3所示。

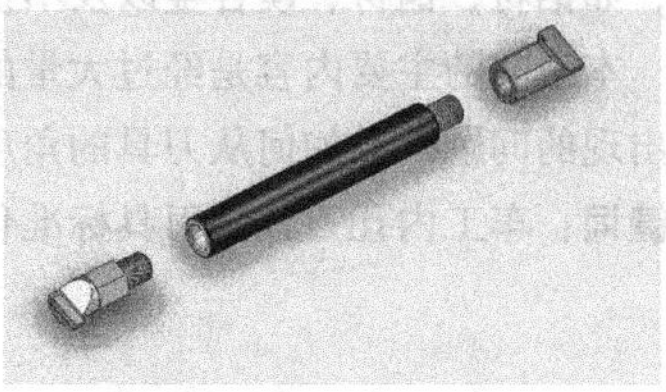

图3 创新后的内孔车刀的结构

（2）卧式车床机夹内孔车刀的刀座（图4）

（3）卧式车床机夹内孔车刀（图5）

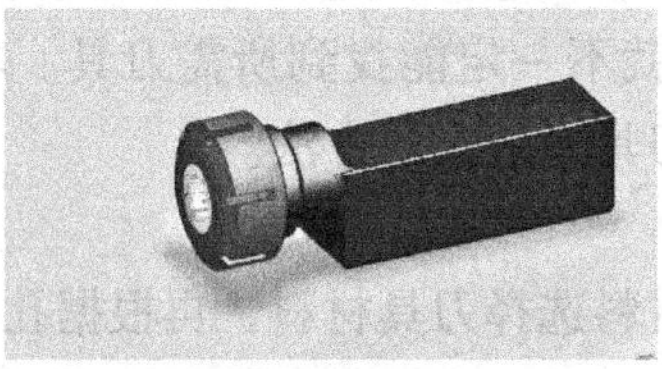

图4 卧式车床机夹内孔车刀的刀座

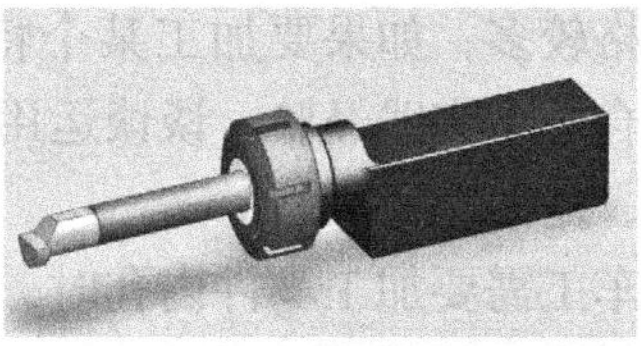

图5 卧式车床机夹内孔车刀

2. 调整使用

1）安装和调整方便

① 刀盒和刀杆采用0.02~0.04mm的间隙配合，可达到伸缩自如的效果。

② 刀杆一头制成外螺纹，另一头制成同样大小的内螺纹，便于配合刀头连接。

2）如果刀头是整体高速钢刀，则高速钢刀头上的螺纹应做成内螺纹，使用时就不易断裂；如果刀头是焊接式硬质合金，可制成内螺纹或外螺纹，切削效果都理想。

3）刀具前角和后角可任意调整。当调整到最佳切削角，侧面的调节螺钉可轻微锁紧刀杆。

4）根据零件的加工长度，而调整刀杆与刀盒的伸缩范围。压紧刀盒即压紧刀杆，起着增强刚性的作用。当切削刃正常磨损时，只卸刀头，并只磨切削刃。

三、使用范围广

1）刀杆的螺纹可制成偏心的，起到增加中心高度的作用，则内孔车刀变成外圆车刀，扩大了使用范围。

2）可制成两个切削刃以上，起着“一刀多用”的作用。

3）刀杆和刀盒通用，只要换刀头就可以任意组成所需的机夹车刀。

4）可以应用在镗床上，作为镗刀使用。

5）利用刀盒，将报废的铣刀或铰刀改为内孔刀具，起着废物利用的作用。

四、应用的实际意义

1. 节省刀具材料

由于刀杆和刀盒是通用的，而刀头材料使用很少，相当于同样大小整体刀具材料的1/10~1/6，如图6所示。

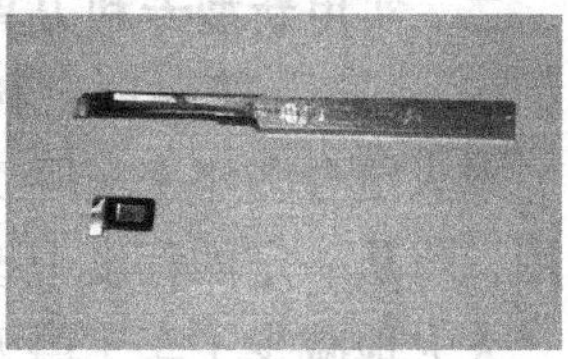

图6 刀具材料对比

2. 节省磨刀时间

由于刀杆不磨，刀头制作由原来的技术工人手工磨削，变为机械加工成形，即使是最难磨削的刀具切削角也是机械加工成形，车工只需要磨削切削刃的局部，所以一把理想的刀具可迅速制成，如图 7 所示。

3. 有利于调节切削角度

可选最佳刀杆大小，切削角度和长度以及切削效果可达到最佳状态，更容易保证加工零件的精度，如图 8 所示。

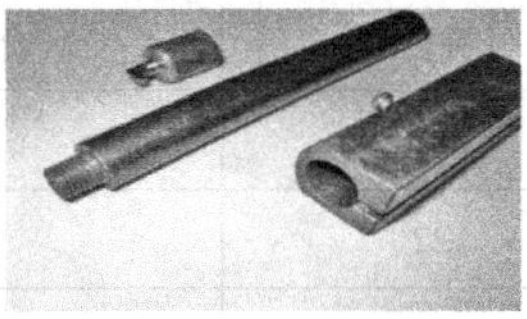

图 7　磨刀时间短

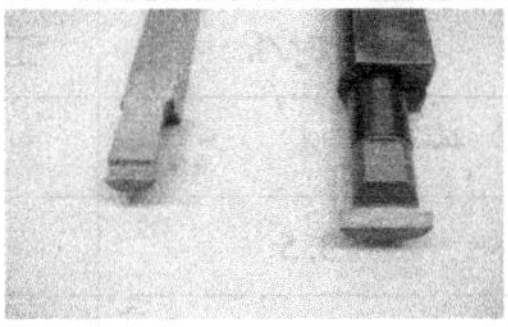

图 8　刀杆大小可以按需调配

4. 稳定性和排屑较好

由于专利机夹刀刀头上的螺纹大于普通机夹刀片上的螺纹，前者的稳定性和排屑能力胜过普通机夹刀，如图 9 所示。

5. 提高生产率

刀头上如有多刃，不需换刀就可加工其他表面。这样，一把刀就可当做两把或三把刀使用，扩大了刀具的使用范围，缩短了零件的加工时间，同时刀具消耗费也更低，如图 10 所示。

图 9　专利机夹刀装在刀架上

图 10　多刃切削

6. 刀具标准化

刀杆、刀座和刀头都是标准和系列化生产及配套的，使用更方便，选择更容易，不同的车刀可迅速组合而成，如图 11 所示。

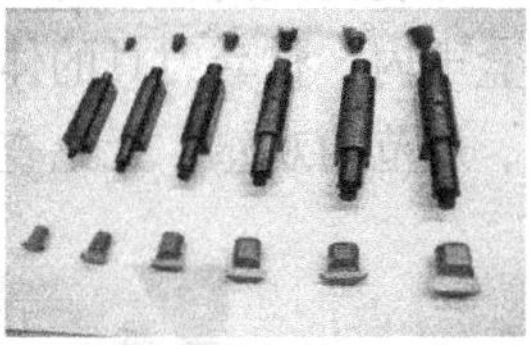

图 11　刀具标准化

7. 代替部分数控车刀

填补数控车刀没有的刀具，能为公司降低生产成本，如图 12 所示。

8. 变废为宝

将废弃的铣刀重新加以利用，很容易变成理想的车刀，如图 13 所示。

图 12　代替部分数控车刀

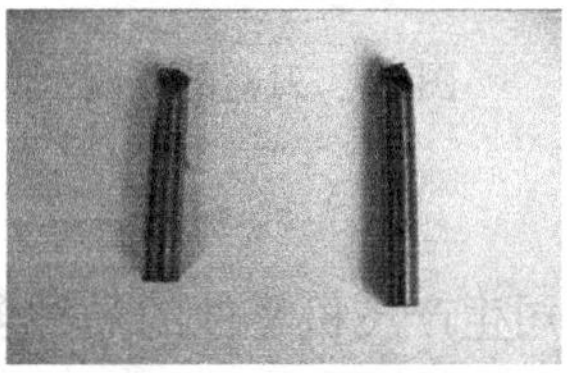

图 13　废弃的铣刀进行利用

五、成本对比

1. 成本费用

加工某零件的挖槽刀，如图 14 所示。其成本费用对比见表 1。

表 1　成本费用

刀具名称	工时/h	工时费/（元/h）	材料费/元	合计/元
高速钢刀具	4	14	34	80
专用刀具	3.5	12	22	66
专利刀具	0.8	12	10	19.6

对比：专利刀具是高速钢刀具的 1/4，专利刀具是专用刀具的 1/3。

结论：成本低。

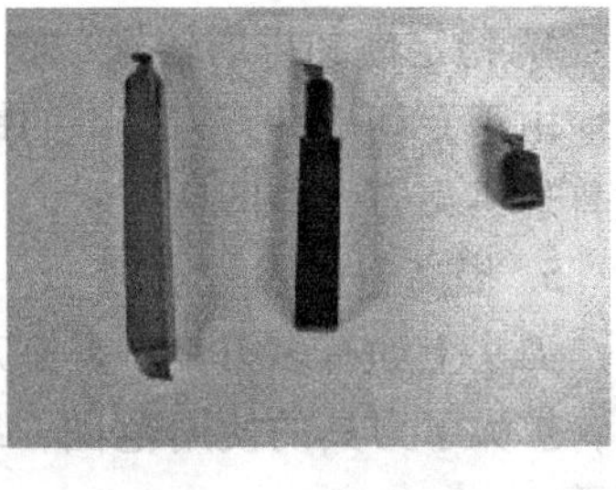

图 14　刀具对比

2. 效益

成飞公司 100 名车工使用专利刀具，以每天节约 15min 计算，工时费用按 20 元/h，每月工作 22 天计算，每年节约刀具费用 10 万元。

每年产生的经济效益为（$100\times0.25\times20\times22\times12+100000$）元 =23.2 万元。

六、有利于"6S"管理

1. 改变刀具杂乱无章的现象

对于原有的内孔合金刀具和高速钢刀，因为刀具的长短不一、大小不一、材料不一，所以会出现保管难、定置难及不整齐的问题，至少占用工具箱上下两层空间。

2. 有利于规范和统一

螺旋机夹内孔刀的刀杆、刀头和刀盒是专门制作的，大小和长短是统一的，摆放在标准的盒子内。整套刀具的体积小，用工具箱的一层足可以放置。打开工具箱给人一种整洁、整齐、规范的观感，无论查找还是安装都十分方便，如图 15 和图 16 所示。

图 15　刀盒的外观

图 16　刀盒的内部

七、结论

由于我公司生产飞机零件的品种多，零件的技术要求高，每种零件的数量虽然不大，但零件材料品种多，这就需要大量的和多品种的切削刀具。从以上数据统计分析，螺旋机夹车刀不仅可以做到满足基本加工的要求，还可以节省大量的刀具材料，大大降低车工的劳动强度和磨刀的技术要求。更重要的是，该刀具在工具箱内的摆放，可以达到“6S”管理所要求的标准，而原有的内孔刀具则很难。

由于本人水平有限，刀具设计和制作还有一些缺陷，恳请各位专家和领导多提宝贵意见，以便在今后制作中进一步改进。

八、致谢

本人诚挚感谢中航领导为我们办班，感谢西飞公司为我们请来名师授课，感谢各位教师为我们精心准备。

九、参考文献

[1] 崔兆华．数控车工［M］．北京：机械工业出版社，2008.
[2] 邓建新．数控刀具材料厂选用手册［M］．北京：机械工业出版社，2005.
[3] 武友德．车刀刃磨技术［M］．北京：化学工业出版社，2006.

点评：

这是一篇车工技师论文，作者本人就是一名车工，论文的选题来自自己长期从事的职业领域，完全符合车工技师的《国家职业技能标准》。从这篇技师论文的内容来看，其实用性、针对性和指导性都非常强。

这篇技师论文的亮点就是刀具的创新。在车工行业里，比较经典的话是“三分技术，七分刀具”。由此可见，一把好的车刀对车工来说是多么的重要。而好的车刀是要靠技术、靠本事刃磨出来的，其技术关键就在车刀刀头的各个角度上，而其他部位的刃磨则是辅助性的。对于内孔车刀和内孔挖槽车刀来说，其辅助性刃磨的工作量非常大，约占了整个刃磨时间的70%。作者在这方面动足了脑筋，下足了工夫，作出了创新，有效地减少了辅助时间，节省了大量的材料，值得借鉴。

作者成功地把传统的整体式车削刀具与现代的机夹式车削刀具通过内、外螺纹有机地结合起来了，创造性地提出了内孔车刀和内孔槽刀，其实际意义非常大。它也说明了在我们技术工人中，不仅有行家里手，而且也有许许多多的创新型人才和创造者。同时，也告诉我们一个道理：只要干一行，爱一行，钻一行，哪里都能有作为，哪里都能出状元！

这篇技师论文，层次比较清楚，图文并茂；不足之处是没有谈谈自己的创新思路。

（四）解决薄壁铝套加工变形的方法

解决薄壁铝套加工变形的方法

中航工业南方航空工业公司　易承列

摘要：薄壁零件机械加工变形，是多少年来困扰机械加工行业的难题，在生产实践中，采用合理的加工方法是解决问题的关键。本文针对在加工中的变形问题，从几个方面针对出现问题的原因进行了分析，提出了在批量加工中解决薄壁零件加工变形的方法。

关键词：薄壁变形　夹紧力　误差　切削力　内应力

引　言

薄壁零件机械加工变形，是多少年来困扰机械加工行业的难题，在生产实践中，薄壁零件易变形的表现形式是多种多样的，既有体积和尺寸的胀大和收缩变形，也有弯曲、扭曲、椭圆、翘曲等畸形变形。而产生变形的原因也是多种多样的，有零件的形状结构、材料本身的内应力、热处理以及加工过程中的夹紧力、切削力和切削热等。

由于薄壁零件的这些特性，在批量生产时必然造成质量不稳定和生产率不高等问题。如何制订合理的加工工艺规程，采用合理的加工方法是解决问题的关键。

本文论述的是在大批量加工美国 GE 公司外委产品薄壁铝套零件过程中，采用合理的加工方法，解决这种零件薄壁变形时的问题。

一、提出问题

1. 产品介绍

如图 1 所示，该零件是我单位在转包生产中为美国 GE 公司加工的一种薄壁铝套零件。这种产品每年的产量约为 30000 件，材料牌号为 ZAlSi10Cu3Mg1，抗拉强度 >214MPa，屈服强度 >193MPa，伸长率 >1%，硬度 90 ~ 120HB，毛坯为挤压铸造的管料，热处理状态为 T6。根据图样分析，零件的截面变化较多，厚薄不均匀，最薄处壁厚只有 4.3mm 左右，右端内、外圆尺寸公差为 0.02mm，同轴度为 0.05mm，表面粗糙度 R_a 为 0.8μm。右端有一宽槽，尺寸公差为 0.12mm，对外圆的对称度为 0.1mm，表面粗糙度 R_a 为 3.2μm。

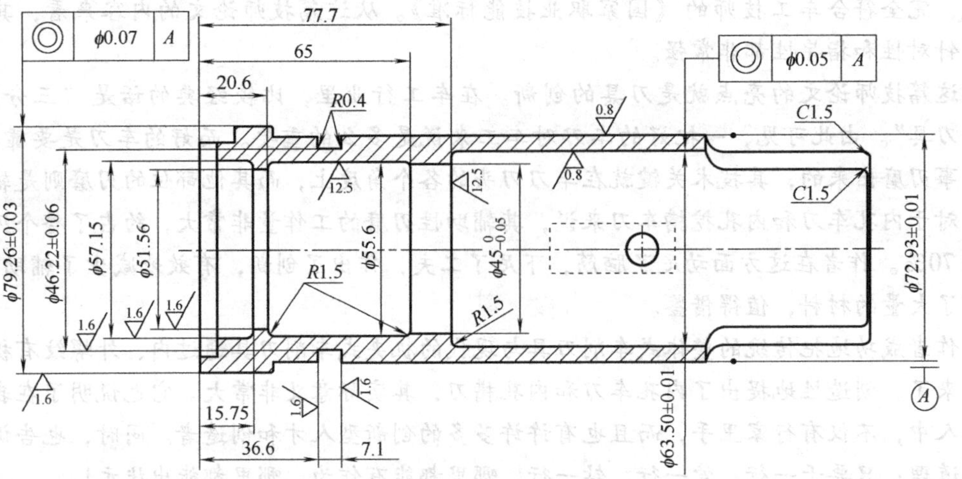

图 1 美国 GE 公司的薄壁铝套

2. 零件样件分析

零件右端外圆（ϕ72.93 ±0.01）mm，内孔（ϕ63.5 ±0.01）mm，薄壁长度约 130mm。特别是在孔口处有一对称开槽，用内径指示表对槽口处孔口进行测量，两手指轻压外圆表面，指示表的指针就有 0.06mm 左右的变化。由此可见，零件宽槽处的刚性很差，由于零件的精度要求较高，如何在最后精加工中保持较高的加工效率，同时减少变形，保证右端内外圆精度成为该零件加工的关键。

薄壁套最后加工工序为精车，下面就该工序在加工中容易产生变形的原因和解决的方法进行分析。

产品试制时，我们在精加工中首先采用了经验的加工方式，先精车内孔，再精车外圆。

加工后在机床上进行测量，内外圆的尺寸精度、形状精度和表面粗糙度在槽口以内合格，但在槽口处却产生了 0.05mm 的圆度误差，且表面有振纹。卸下零件后再进行测量，槽口处的圆度大于 0.06mm，靠近 ϕ79.26 外圆的地方也产生圆度超过 0.02mm 的变形，且变形不规则。内外圆的最外端有逐渐收口的现象，加工出来的零件满足不了图样的技术条件。

为了分析原因，又连续加工 10 件产品，检测结果与首件基本一致。

通过对 10 个零件的仔细测量，得到的数据见表 1，零件的槽口如图 2 所示。

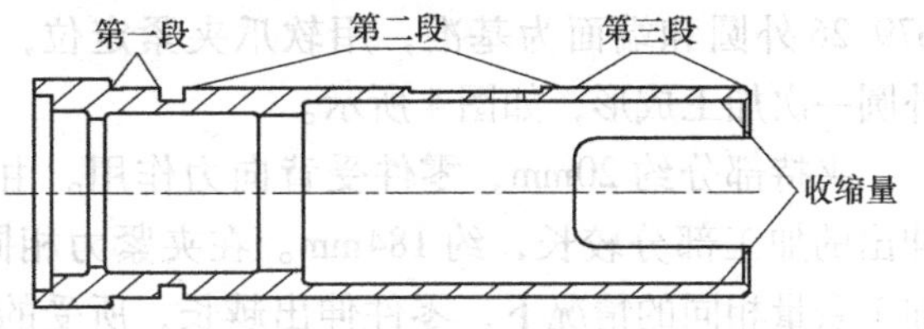

图 2　零件的槽口

表 1　10 个零件的检测数据表

零件序号	第　一　段	第　二　段	第　三　段	右端的收缩量/mm
	圆度误差/mm	圆度误差/mm	圆度误差/mm	
1	0.02	0.005	0.04	0.015
2	0.025	0.003	0.055	0.02
3	0.02	0.003	0.05	0.02
4	0.025	0.004	0.05	0.02
5	0.015	0.004	0.045	0.02
6	0.02	0.005	0.05	0.02
7	0.02	0.005	0.05	0.02
8	0.025	0.004	0.06	0.025
9	0.02	0.004	0.06	0.025
10	0.02	0.004	0.05	0.02

产生缺陷的部位主要在零件的宽槽处，产生缺陷的形状如图 3 所示，虚线为理想形状，阴影部分为实际形状。从试加工后所测得的数据可以看出加工所产生的变形量与零件的形状基本对应。而机床本身的精度对零件几何精度的影响，基本可以忽略不计。

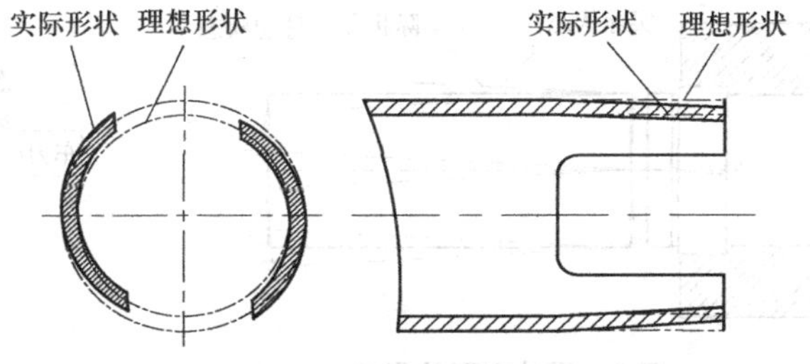

图 3　零件缺陷对比

二、分析薄壁处变形的主要因素

根据上述对零件的分析结论，在加工中，影响加工精度的主要因素有零件本身结构，即 ϕ72.93 处的薄壁因受切削力作用生成的加工中变形，以及夹紧工件后的夹紧力、切削力、原材料本身的内应力等所造成的加工后变形，以下就其影响的重要程度进行分析。

1. 夹紧力对加工工件的影响

从图 1 可以看出，零件为轴套类薄壁件，其各项精度要求较高。且产品批量大，生产率要求高。

在零件的加工过程中，夹紧力对零件的变形是关键因素。夹紧方法不当，加工时各加工部位产生的切削力可直接导致零件变形超差，切削应力和夹紧力导致松开后零件产生再次变形。

根据零件本身结构，该零件不适合以往常用的轴向压紧、用心轴装夹等方法，只能以

ϕ79.26 外圆和端面为基准，用软爪夹紧定位，内外圆一次加工成形，如图 4 所示。

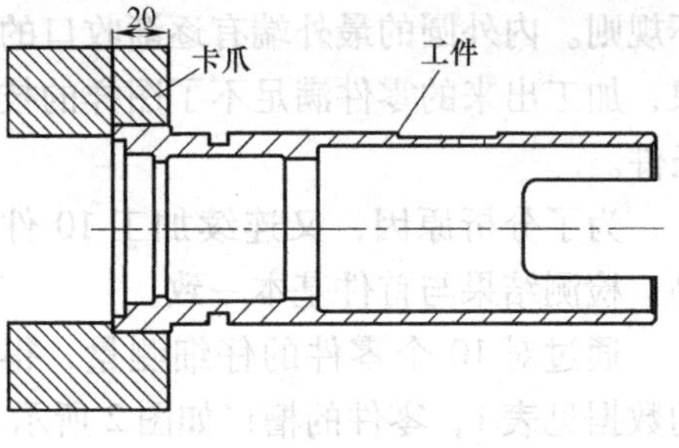

图 4　零件的原装夹方式

夹持部分约 20mm，零件受背向力作用。由于伸出的加工部分较长，约 184mm。在夹紧力相同、加工余量相同的情况下，零件伸出越长，所受的切削力就越大。为了在加工过程中不使零件松动，夹紧力必须大于切削力，所以它比一般常规的薄壁零件的夹紧力要大。

在半精车时，由于加工余量较多，切削力增大，夹紧力也必须增加。增加夹紧可直接导致零件的夹持部位产生微小变形，精车时零件装夹的方式与半精车时相同，使夹紧力分布不均匀，更加剧了零件的变形，难以满足图样的几何精度和尺寸精度。

2. 零件本身结构对加工工件的影响

零件本身结构对加工工件的影响主要有两个因素。

其一，由于夹持部分较短，伸出部分较长，而且靠近卡盘处有一个 7.1mm 宽的环槽，槽底部壁厚只有 4.3mm，使零件的质量分布不均匀，环槽部的强度较弱。旋转时，随着转速的不断增高，零件最远端的扭矩不断增大，当超过环槽部所能承受的扭矩时，零件会抖动，如图 5 所示，严重地影响了零件的加工。

其二，零件右端的宽槽部位在加工时，由于是断续切削，加上零件的刚性很差，在切削力的影响下，进刀瞬间会产生“让刀”现象，出刀瞬间会产生“回弹”现象，如图 6 所示。

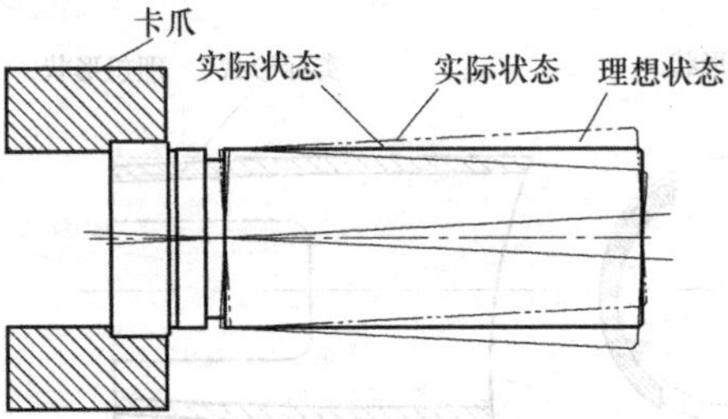

图 5　零件变形的影响

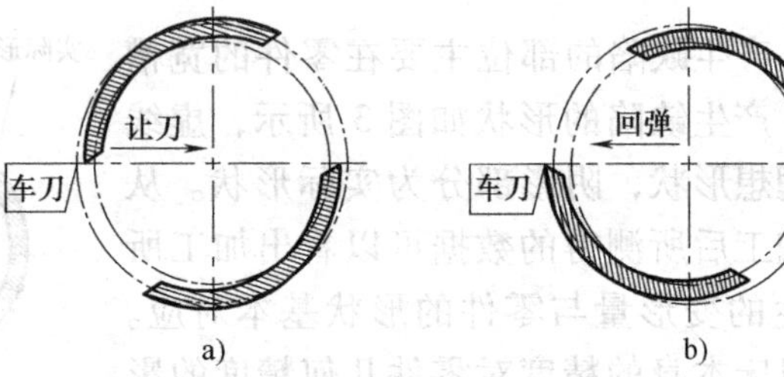

图 6　“让刀”变形的现象

a）进刀时　b）出刀时

因此造成背吃刀量不断变化，使切削力不均匀，严重时还会引起“振刀”现象，对零件的加工精度产生严重影响。

3. 切削力对加工工件的影响

车削加工时，在刀具与工件接触处及其附近部位会产生塑性变形，不可避免地在工件表层产生残余应力。加工中使零件产生变形的力主要是背向切削力，它与刀具和切削用量有直接的关系，切削用量的选择直接影响零件的加工精度和表面质量。

从理论上讲，选用小的背吃刀量、进给量和车削速度能够很好地保证零件的加工精度，但表面粗糙度与车削速度有很大的关系。为了保证产品质量，提高生产率，满足批量生产的需求，合理地选择切削用量尤为重要。

4. 材料本身的残余应力对加工工件的影响

金属材料经过各种加工，必然会产生内应力。严格地讲，金属材料中没有内应力的情况几乎是不存在的，即使是通过时效处理，也只能减少金属材料中的内应力。

5. 切削热对加工工件的影响

铝的线胀系数 $\alpha = 23.6 \times 10^{-6}$℃，温度每升高1℃，零件直径方向的变化量为 $72.9\text{mm} \times 23.6 \times 10^{-6} = 0.0017\text{mm}$。由此可见，温度的变化对零件尺寸影响非常大，因此也可以看出切削热对工件加工的精度有直接影响，所以要选择合理的切削用量，合理的切削刀具，提供好的散热条件，减少切削热的产生。

三、解决方法

综合以上的原因，我经过多次反复的试验，找到了解决问题的办法。

1. 消除夹紧力对加工工件的影响

装夹方式由手动装夹改为液压装夹，在软爪上想办法，尽量使软爪的夹持面与工件的表面接触接近100%，并使液压卡盘三爪的夹紧力保持一致。

在修软爪时，首先将软爪安装至合适位置，将液压卡盘的压力调到零件加工时适合的压力，再将软爪的内表面车光车圆。取一个尺寸合适的圆形块用软爪夹紧，注意留出夹持零件的位置，将夹持部位车至（ϕ79.29 - 0.05）mm，深度20mm，软爪内端面必须与内孔垂直。特别要注意卡爪内孔的尺寸，过大或过小都会影响零件的形状精度，特别是过大时，卡爪与零件只有三条线接触，加工中非常容易出危险。图7所示是卡爪内孔尺寸过大和过小时卡爪内表面与工件表面接触的情况。

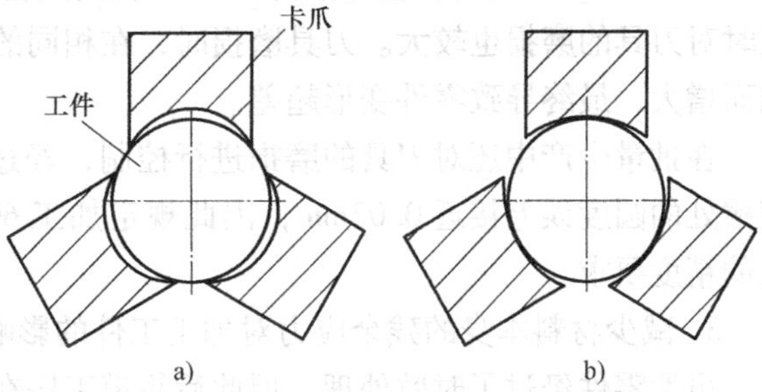

图7　内表面与工件表面接触的情况

a）内孔过小　b）内孔过大

经试加工，在机床上对图2所示零件的第一段和第二段进行测量，圆度误差0.003mm，卸下零件后再进行测量，圆度误差0.005mm。

2. 解决零件本身结构和切削力对加工工件的影响

（1）切削用量的影响　在加工中针对宽槽处断续切削产生的“让刀”和“振刀”现象，经充分考虑在满足后续工序加工要求的前提下，将半精车时所留的加工余量减少。通过反复试验，余量只留0.2mm，采用专用车铝制件的刀具。

选用合适的夹紧力、较小的背吃刀量和0.1mm/r的进给量，分别以300r/min、600r/min、1200r/min的转速，各加工了3个零件，测量右端宽槽部位，得出三组数据，见表2。

从表2中的数据可以看出车削速度对零件加工质量的影响，考虑到生产率，车削速度选用600r/min左右较为合适。

通过表2确定合理的切削用量进行小批量加工，车削速度600r/min，进给量0.1mm/r。采取多次车削的方式，减小背吃刀量，充分降低切削力对零件变形的影响。车内孔留0.04mm余量→车外圆留0.04mm余量→将外圆加工至图样尺寸→将内孔加工至图样尺寸。在加工过程中必须充分冷却，消除切削热在加工中对零件精度的影响。

表2　车削速度对零件加工质量的影响

转　速	300r/min		600r/min		1200r/min	
序　号	圆度误差/mm	表面粗糙度 R_a/μm	圆度误差/mm	表面粗糙度 R_a/μm	圆度误差/mm	表面粗糙度 R_a/μm
1	0.005	0.8	0.008	0.6	0.02	1.6
2	0.004	0.8	0.006	0.5	0.018	1.5
3	0.004	0.8	0.006	0.5	0.018	1.5

（2）零件缺口处的影响　经过对零件检测，宽槽处的圆度误差≤0.01mm，但在宽槽处由于“让刀”产生“回弹”，还有轻微的“收口”现象。通过对加工程序的优化，有意识对宽槽处内外圆的加工尺寸进行补偿，回弹后，内外圆的尺寸在加工长度上保持一致，完全符合图样的要求。

（3）刀具磨损的影响　在批量生产中还必须注意刀具的磨损，该零件的材料牌号为ZAlSi10Cu3Mg1，硅的质量分数为10%，提高其值是为了提高零件的耐磨性能。反之，在加工时对刀具的磨损也较大。刀具磨损时，在相同的切削条件下，切削力会随着刀具磨损的增加而增大，最终导致零件变形超差。

在批量生产中还对刀具的磨损进行控制，经过跟踪检测，加工70件左右时，零件右端宽槽处的圆度误差接近0.02mm，因此规定加工60件零件后必须更换刀片，以满足零件加工的精度要求。

3. 减少材料本身的残余应力对加工工件的影响

虽然零件经过了时效处理，但此后每道工序在加工中都会产生内应力。为了提高零件的加工精度，在转工过程中必须对零件作好标志。转下工序的时间要超过24h，特别是转精车工序的时间必须超过48h，使零件内应力得到充分释放，最大限度地减少材料内应力对零件精度的影响。

通过以上措施的实施，加工出来的零件符合图样的技术要求，而且效率高，加工质量稳定，完全满足了批量产品生产的需求。

四、参考文献

[1] 机电部. 车工工艺学 [M]. 北京：机械工业出版社，2008.
[2] 贾恒旦. 车工技能 [M]. 北京：航空工业出版社，2008.

点评

这是一篇车工技师论文，作者是一名经验丰富的车工，长期从事车工工作，他的技师论文选题就是来自他自己从事的职业领域。是自己亲自经历，并亲自解决的转包美国GE公司产品中一个比较棘手的技术型难题。

该技师论文主要是围绕车工批量生产中的实际问题，即解决批量生产薄壁铝套加工变形的问题，展开了分析和讨论。一个产品要进行大批量的生产，首先就要进行少量产品的试生产，只有在试生产成功后，才能进入大批量生产。因此，进行小批量试生产的过程对企业来说是非常重要和非常关键的。也即是把产品图样转化为实际产品的重要环节。

该过程实际就是技师申请者从中寻找、发现、提出技术问题的一个良机。因为在产品小批量生产过程中，就有可能会出现的各种各样的技术问题，有些技术问题很容易就解决了，另外一些技术问题过了一段时间也解决了，剩下的技术问题就是一些难题和难点了。而解决这些技术难题，排除批量产品生产中的技术难点，就是技师申请者的用武之地，也是我们技师论文写作的选题范围之一，解决了技术难题，攻克了技术难关，技师论文就有了素材。

该技师论文的作者针对铝制产品材料受加工高温变形的特殊性、产品薄壁结构的特殊性，采取了一系列的有效措施，避免了产品在车削加工中的变形，解决了产品批量生产的技术问题。该技师论文能以翔实的产品研发数据，对解决技术问题进行了有效的论证，具有较强的说服力。不足之处是技师论文的重心不够突出。

三、铣工技师论文

（一）车窗锁片45°倒角装夹方法的改进

车窗锁片45°倒角装夹方法的改进

西安航空制动科技有限公司　刘宽军

一、提出问题

某工程车的车窗锁片体积小、厚度薄，在加工三处45°倒角时，装夹极不方便，若采用常规的单件加工方法，不但费力费时，而且质量稳定性和加工进度都很难保证。为了抢占市场，提高产品质量和生产率，就需要我们改进装夹方法。

二、分析问题

从产品零件图样（图1）可知，由于该车窗锁片体积小，厚度薄，且选用难加工的3Cr13不锈钢为生产材料，在加工三处45°倒角时，常规的加工方法有3种。

1）机用虎钳转角度加工法。采用这种方法时，需将机用虎钳旋转45°，并且装夹次数较多，加工效率低。

2）利用角度刀加工法。角度刀加工时，产品两侧的倒角无法清根，导致与图样尺寸不符，而且装夹次数多，加工效率低。

3）数控铣床加工法。采用数控铣床加工时，一件产品可以一次加工完，但采用数控加工成本高，不适合。

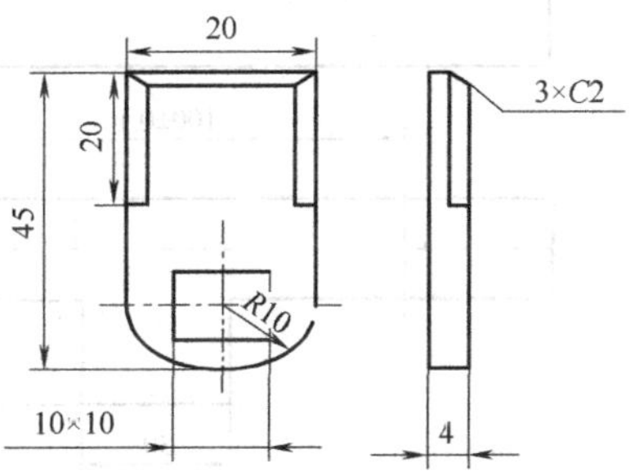

图1　产品零件图样

三、解决问题

由于该产品批量大，时间紧，采用以上方法均不适合。为提高产品质量和生产率，特自行设计和制造了铣削装夹用的二级工具，采用该工具后，不仅装夹容易、方便，产品尺寸稳定，同时大大提高了生产率。

1. 二级工具的设计分析

设计铣床二级工具时，要考虑以下几个方面。

1）保证被加工面对基准面以及刀具的正确位置。

2）保证工件装卸方便迅速。

3）保证工件夹紧合理可靠。

4）保证刀具和量具能方便地接近被加工表面和检测部位。

5）保证二级工具有足够的刚性，防止工件变形和加工过程中产生振动。

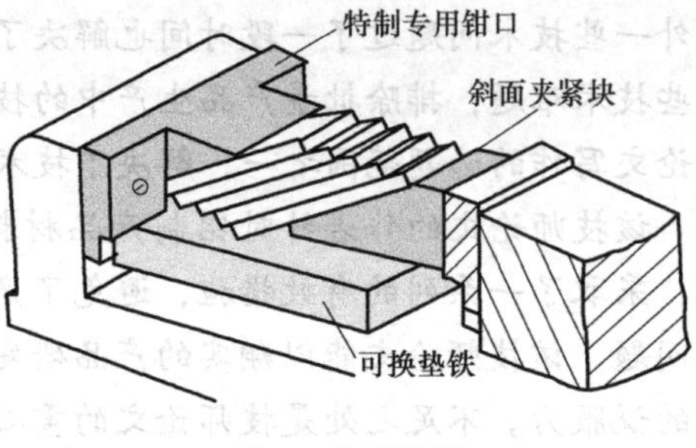

图2 夹紧效果

6）保证操作者使用安全。

按照铣床夹具的设计要求，我设计了下面的铣床二级工具，其夹紧效果如图2所示。

2. 用二级工具加工锁片倒角的加工过程

（1）换装钳口　将自制的专用异形钳口（图3）换装在已拆下固定钳口的固定钳口上。

（2）装夹工件　每次可将5～6件工件插入异形钳口铁1和斜面夹紧块2之间，并将工件侧面紧贴定位销3，底面与置于机用虎钳导轨上的可换垫铁4相接触。当驱动活动钳口时，即可通过专用斜面夹紧块将多件工件与工作台面呈45°同时夹紧。为防止斜面夹紧时工件向上滑动，在专用斜面夹紧块的上端设计了一个卡槽，如图4所示。此时只要采用直径大于20mm的立铣刀，即可对高出钳口的工件上端进行$C2$的倒角。

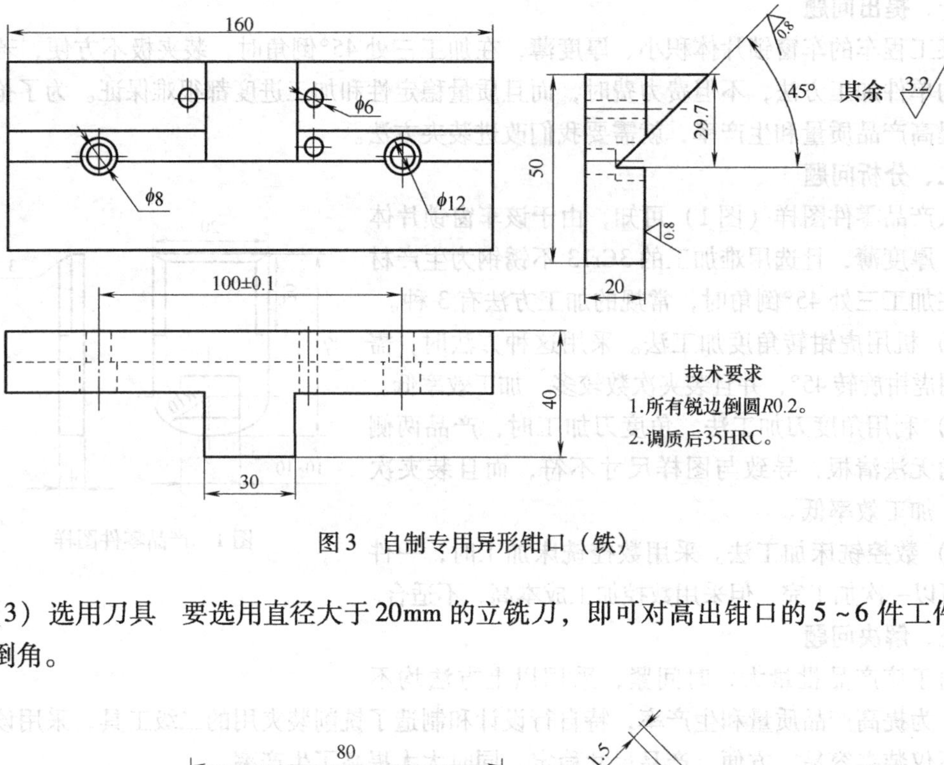

图3 自制专用异形钳口（铁）

（3）选用刀具　要选用直径大于20mm的立铣刀，即可对高出钳口的5～6件工件上端进行倒角。

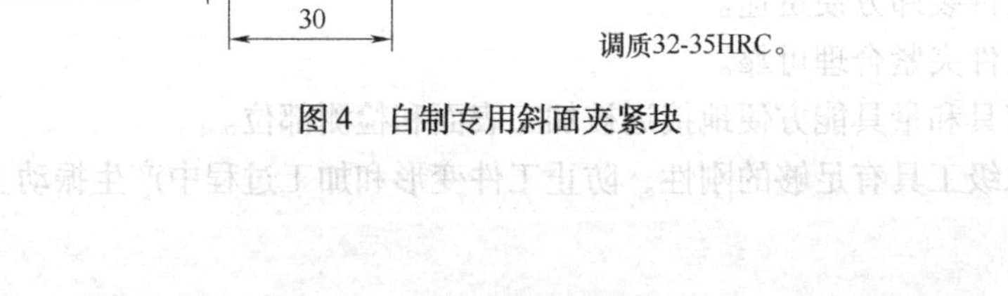

图4 自制专用斜面夹紧块

（4）对工件两侧进行倒角　对工件两侧进行倒角时，有所不同。

1）需要将可换垫铁的高度加厚18mm左右，将工件顶端紧贴定位销3，再将工件以同样方法夹紧。

2）需要调整铣刀位置，以保证倒角长度20mm即可。

3）需要插入一根定位销。在加工端面倒角时，因为工件的下端为圆弧，与可换垫铁接触时，只能限制一个自由度，故应在固定钳口的定位孔中，插入两根定位销。铣侧面时，只需插入一根定位销，定位销3可在钳口两侧调换位置，以适应工件两侧进行倒角时的定位，夹具的结构，如图5所示。

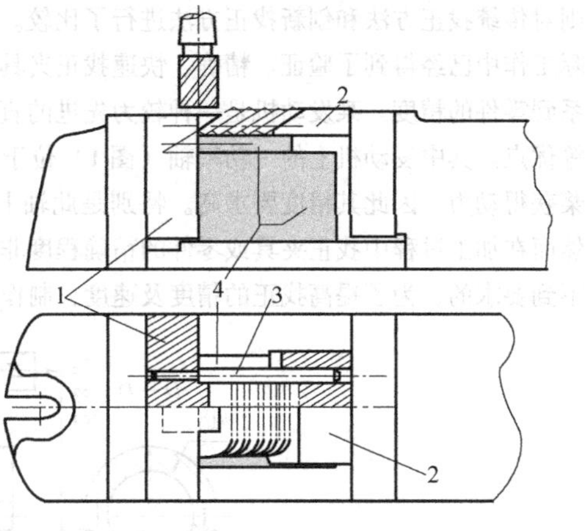

图5　夹具的结构

1—异形钳口　2—斜面夹紧块

3—定位销　4—可换垫铁

四、效果

通过使用铣床二级工具，对加工方法进行改进，有效地使锁片装夹容易、方便，产品尺寸一致稳定，有效地解决了加工效率低的问题。在首批200件小批量的试加工中，一次性交检合格率达到了100%，在批量生产中，产品一次性交检合格率也达到了100%，并且工作效率较以前的方法提高了5~10倍。为此，得到了单位领导的好评。

五、致谢

在我进行车窗锁片倒角加工技术改进的过程中，西安航空制动科技有限公司模具厂张荣亲自帮我排忧解难；贾恒旦教授、王万鹏工艺员以及年国庆师傅等同志给予了热情帮助和及时指导，在此，我一并表示感谢。

六、参考文献

[1] 陈志毅．铣工工艺与技能训练［M］．北京：中国劳动社会保障出版社，2007.

[2] 吴国洪．铣工技能［M］．北京：航空工业出版社，1999.

点评

这是一篇铣工技师论文，作者本人就是一名经验丰富的铣工，长期从事铣工工作，他本人写的技师论文内容是铣工职业领域的，其技师论文的选题来自日常的工作任务之中。这种针对车窗锁片45°倒角工件装夹方法的改进是一种特定装夹方法上的革新和创新。

从作者设计出的车窗锁片45°倒角简易夹具的思路来看，该夹具简单、巧妙、实用。作者很好地利用了倒角与斜面之间的联系，改造、革新了铣床上机用虎钳的钳口，就是这样小小的一改，不但使产品的质量有了保证，而且其工效也明显地提高了5~10倍。不足之处：技师论文写作还不够规范，缺少摘要和关键词。

（二）精确、快速找正的表座

精确、快速找正的表座

中航工业南方宇航科技有限公司　吴乐明

摘要：为了解决铣削工件找正工作效率低、精度不容易保证的问题，创新找正方法是十分必要的。本论文则对传统找正方法和创新找正方法进行了比较。结果表明，创新后的找正方法明显优于传统方法，并在实际工作中已经得到了验证。精确、快速找正夹具或零件是机械加工过程中一项必不可少的过程，也直接关系到零件的精度。某发动机是一种较为先进的直升机动力装置，它具有体积小、重量轻、功率大、耗油少等优点。其中发动机上的一功率轴（图1）位于整个发动机的末端，主要作用是传递扭矩，使飞机的螺旋桨获得动力，因此其精度要求高。特别是此轴上的几何公差要求严，例如两键槽的对称度只有0.035mm。然而在加工过程中找正夹具或零件的精确程度非常重要，如果用普通的表座和方法来找正夹具及零件是达不到要求的，为了提高找正的精度及速度，制作一个专用的找正表座来解决此问题。

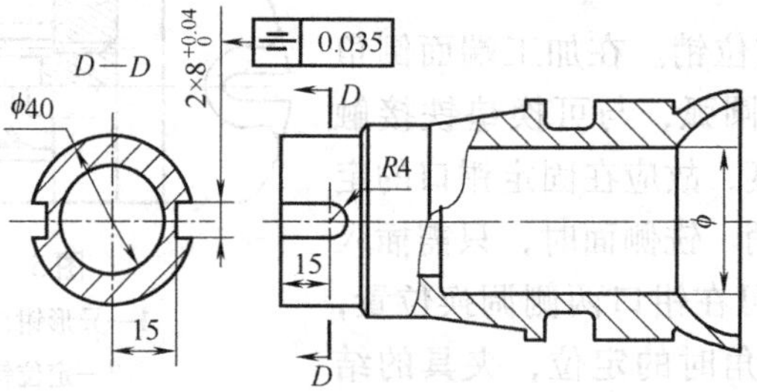

图1 功率轴

关键词： 精确 快速找正 创新表座

引 言

随着国家对航空工业的高度重视，航空发动机的质量至关重要，对于航空发动机功率轴的机械加工而言，它的精度要求也就要求特别高。它的作用是，当发动机工作时，在可燃气体离心气机的作用下进入燃烧室，经喷油燃烧后，热能转化为机械能，此机械能带动燃烧发生口，涡轮和自由涡轮旋转，涡轮再带动蜗杆，经过二级减速，最后通过功率轴将运动传递出去。可见功率轴主要作用是传递扭矩，使飞机的螺旋桨获得动力，以实现传递动力的作用。在加工过程中保证加工精度非常关键，而怎样保证，就与加工前找正零件有很大关系。如在立式铣床上加工此功率轴上的键槽，因键槽的对称度要求很高，如果用普通表座固定在铣床主轴上对功率轴进行找正加工，就很难保证其精度，且效率低。

一、用传统方法找正

1. 普通表座法

用普通磁性表座固定在铣床的主轴上，对零件进行找正，如图2和图3所示。

图2 安装磁性表座

图3 使用指示表对零件进行找正

采用这种方法进行找正，操作者需要反复扳转铣床的立铣头，使指示表在零件两边侧素线上的读数一致。这对于技能等级较低的技术工人来说，需花费较长时间，而且找正的精度很难达到零件图样对称度为 0.035mm 的要求。

2. 试切法

用试切法找正零件，是在轴上加工一个与铣刀等宽的槽，再观察并调整铣刀使其处于槽中间。采用这种方法找正，铣削加工零件时速度快，但精度低，只适宜加工精度要求不高的零件，如图 4 所示。

3. 心轴法

在铣床主轴上，夹一根心轴通过移距进行找正零件，用这种找正方法加工零件时，对刀的误差大，移距也有误差，最终也会造成找正精度达不到要求，如图 5 和图 6 所示。

图 4　试切法找正

图 5　心轴法找正侧素线

图 6　心轴法找正上素线

二、用创新表座找正

1. 用创新表座的找正方法

用自制的创新表座找正时，把表座上的两个指示表都压在通过铣床主轴中心线的心轴上，使两个指示表的读数一致，并将指示表的指针都调至零位，如图 7 所示。然后卸下中间的心轴，调整机床，使两个指示表都压在需要铣削加工的零件上，如图 8 所示。再调整使两边指示表的读数一致，找正工序很快就结束了。创新表座结构图如图 9 所示。

图 7　用创新表座找正心轴

图 8　用创新表座找正零件

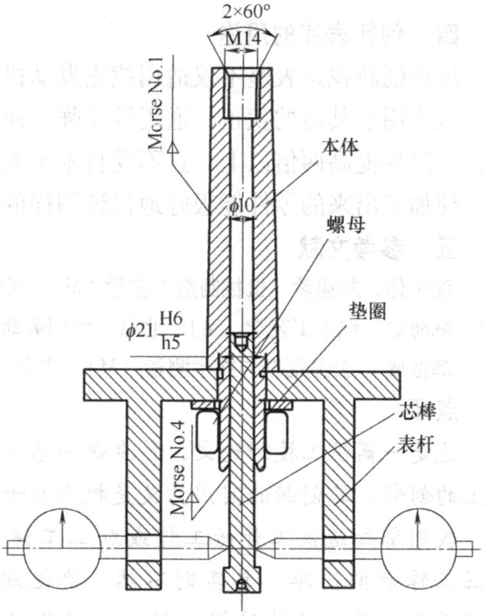

图 9　表座结构图

2. 使用创新表座的优点

用这种方法找正零件，简单易学，且不受技能等级的影响，这样能使任何等级的技术工人都能以精确、快速的方法来找正零件，使加工出来的零件能满足产品图样的技术要求。

三、创新表座的其他作用

1. 用传统找正法找正零件的端面

（1）用普通表座找正

采用传统的指示表找正方法找正零件端面时，对工人的技能要求较高，效率低，且移距时容易出错，如图 10 和图 11 所示。

（2）用心轴对刀法　该方法与心轴法近似，对好刀后只需移一个刀具半径，用这种方法对刀有误差且移距误差大。所以对于要求高的零件就无法保证。

2. 用创新表座找正

把创新表座上的指示表压在通过主轴中心的心轴上，并将指示表的指针调至零位，如图 12 所示。然后卸下中间的心轴，调整机床使指示表压在端面上，如图 13 所示。但中间要加一块厚度为心轴直径 1/2 的垫块，再调整使指示表的读数与对表时的读数一致。

图 10　指示表找正

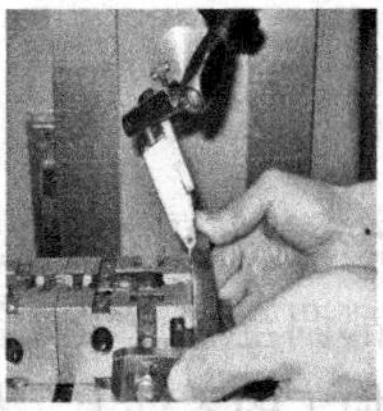

图 11　找正中的调整

图 12　用创新表座找正心轴

图 13　用创新表座找正零件的端面

四、创新表座的用途

这种创新找正表座不仅适用找正发动机的功率轴，还能用于其他各种轴类零件的中心找正，也能用于其他的找正，通用性较强。通过使用普通表座与创新表座的对比，在找正的效率上，至少提高两倍以上，且不受技术工人技能高低的影响，都能实现精确、快速地找正零件，使加工出来的零件能很好地保证图样的技术要求。

五、参考文献

[1]　沈中伟，刘锡珍．机械制造工艺学［M］．天津：天津大学出版社，1997.

[2]　陈海魁．铣工工艺学［M］．北京：中国劳动社会保障出版社，2005.

[3]　薛彦成．公差配合与技术测量［M］．北京：机械工业出版社，1999.

点评

这是一篇铣工技师论文，作者是一名年轻有为的铣工，他的技师论文选题是铣工找正方法上的创新。其创新的实用意义是把原本十分复杂、烦琐的找正工作简单化了。

我们都知道铣工开始工作或加工工件前，就要对工件或夹具进行找正。这项基本的找正工作看似简单，其实则不然。要把规定的工件或夹具找正、找好、找准、找精确，确实需要花费一定的时间和精力，操作者还要有一定的技术水平和找正方面的基本功。采用传统的找正方法，操作者是否有这方面长期经验的积累或熟练程度决定着操作者找正速度的快慢。

作者通过创新，设计、制造出一个简易的工装表座，把这个创新表座装在铣床的主轴上。通过使用创新的表座，改人为找正方法为工具找正方法，即使用两个指示表进行一次性的对称找正法，大大地提高了找正的效率和找正的效果，是铣工找正方法上的一种创新，值得学习、借鉴。不足之处：只是讲了使用方法，没有谈创新思路。

（三）锥形喷头螺旋槽的加工

锥形喷头螺旋槽的加工

三一重工　刘　虎

摘要：本文介绍了在车削加工已完工、材料为H62的锥形零件上，通过采用合理的装夹及加工方法，并选择合理的切削参数，铣削加工30mm的六方和一条宽为8.3mm的螺旋槽，保证螺旋角为12°，导程为12.5mm，解决了在普通铣床上用分度头侧轴交换齿轮法加工小导程螺旋槽的难题。

关键词：铣削加工　螺旋槽　交换齿轮

引　言

随着科技技术的进步，数控技术的发展日新月异，在机械行业更是得到了广泛的应用。在成形面、复杂几何图形、曲面及模具加工方面，数控加工在精度和效率方面有很大提高。在加工难度方面，对操作技术工人的要求相对较低，为了应对生产的各种状况，比如小批量或单件生产，要提高产品质量，就必须提高操作者的技能和分析解决生产实际问题的能力。

一、提出问题

螺旋槽的加工，如果采用四轴联动的加工中心，加工起来就非常容易。但在普通机床还大量存在的条件下，从经济性、适用性等各方面来看，采用普通铣床加工螺旋槽，还是最佳的选择，其生产成本就要低很多。这就要求解决如何在普通铣床上加工螺旋槽的技术难题。

在生产实际中，要加工一批锥形喷头铣螺旋槽的工件，如图1所示。在没有工装，交换齿轮数也未知，而且生产周期较短，又没有先进的数控设备的条件下。上道工序车削加工完成，工件要求在型号为B1-400K的立式铣床上加工，需要铣好30mm的六方和一条宽为8.3mm，导程为12.5mm的螺旋槽。

二、分析问题

1. 怎么样加工螺旋槽

根据螺旋线的形成原理，铣削螺旋槽时，除了必须使工件做等速转动外，还必须使工件同时做匀速直线运动。它们的关系是工件匀速转动一周，工作台带动工件等速直线移动一个导程。工作台的移动和工件的转动速比关系是通过分度头侧轴和铣床纵向丝杠之间装上交换齿轮来实现的。

2. 加工螺旋槽的装夹方式

如果直接采用自定心卡盘装夹工件，则立铣刀可能会铣削到夹具，考虑到分度头与自定心卡盘和铣刀会发生干涉，需要车削一个定位螺钉专门用于工件的装夹定位，用来固定工件。

3. 计算和配制交换齿轮

准备用分度头侧轴交换齿轮法配制交换齿轮，根据铣削螺旋槽交换齿轮比i的计算公式

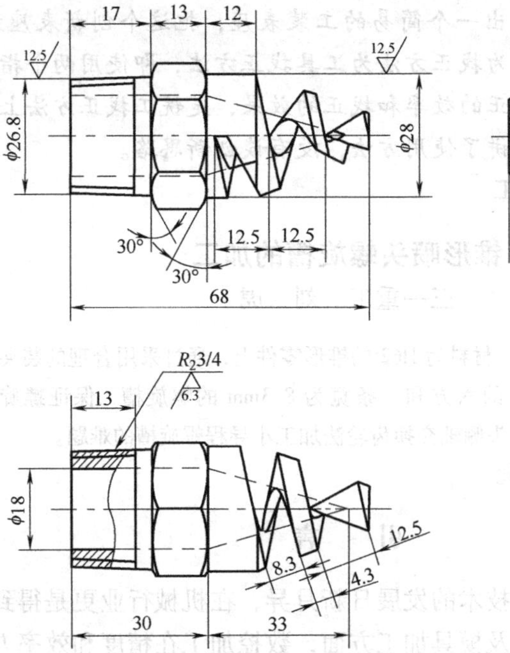

图 1　锥形喷头工件

$$i = Np_{丝}/p_z = z_1z_3/(z_2z_4)$$

式中　N——分度头定数，这里 $N=400$；

$p_{丝}$——机床纵向丝杠螺距（mm），这里 $p_{丝}=6$mm，而且是右螺旋；

p_z——工件导程（mm），这里 $p_z=12.5$mm；

z_1z_3——主动交换齿轮齿数；

z_2z_4——从动交换齿轮齿数。

计算得出 $i=40\times6/12.5=19.2$，显然用 2 组交换齿轮达不到 19.2 的传动比。对于 $p_z<17$mm 小导程的螺旋槽，一般是用分度头主轴交换齿轮法来加工。凭借以往的经验，考虑到要再增加一组交换齿轮来增大传动比。经计算得出 $(100\times90\times40)/(25\times30\times25)=19.2$，符合交换齿轮要求。

三、具体操作步骤

1. 铣六方

在分度头上，直接夹住 ϕ28 长 12mm 的一段圆柱面，铣出对方为 30mm 的六方，刀具选用 ϕ30mm 立铣刀，主轴转速为 375r/min。

2. 安装工件

铣六方的同时，定位螺钉已准备好，用长度为 120mm，直径为 ϕ35mm 的 45 钢圆钢车好外圆 ϕ34mm。一端车一内螺纹 $R_2$3/4，保证内孔、外圆的同轴度不大于 0.03mm。用分度头三爪夹紧定位螺钉，把锥形喷头旋入、拧紧并调整好伸出部分长度。在保证铣刀不碰到三爪的前提下尽量使伸出部分短些，这样铣削时刚性比较好，振动也较小。调整好后定位螺钉伸出三爪部分长度为 40mm。松开分度头基座上部靠主轴后端的两个螺母，把分度头向上仰起一角度 12°，并予以紧固。

3. 选择铣刀

槽宽8.3mm，选用ϕ8mm键槽铣刀，调整主轴转速为750r/min。工件利用定位螺钉装夹，伸出部分较多，刚性不好，向下钻铣时，振动会比较大。若先把铣刀底部切削刃对称磨成118°，像钻头一样，把横刃磨短，并使钻心处的前角增大。这样进给力和挤刮现象显著减小，定心作用也可改善，钻削时平衡性增大，工件的抖动会减小。

4. 配置交换齿轮

根据传动比的计算，需要用六个齿轮z_1、z_6，齿数分别为100、25、90、30、40、25。把$z_1=100$的齿轮用心轴和键固定在纵向工作台右侧丝杠上，$z_2=25$，$z_3=90$的齿轮固定在交换齿轮架同一心轴上，$z_4=30$，$z_5=40$也固定在交换齿轮架同一心轴上，$z_6=25$固定在分度头交换齿轮轴上。调整交换齿轮架和齿轮架位置，使z_1连接z_2，和z_2同一心轴的z_3带动z_4，和z_4同一心轴的z_5连接交换齿轮轴上的z_6，保证齿与齿之间啮合约2/3。固定交换齿轮架，在齿轮上适当的加上润滑油。

5. 检验螺旋方向和行程

装好交换齿轮后，松开分度盘紧固螺钉，摇动分度手柄带动分度盘一起转动。检查螺旋方向，方向与所要求的方向一致，不需再加中间轮来改变。工作台纵向移动$2\times12.5\text{mm}=25\text{mm}$时，工件转两圈，即分度手柄摇80圈，与图样吻合，达到设计要求。

6. 调整铣削位置

拔出分度手柄插销，摇动横向丝杠，用试切法找到工件的中心，使铣刀的中心和工件的中心重合，锁紧纵向工作台手柄。锥形喷头顶部单薄，离夹具位置远。为减小振动使铣削平衡，要从远离分度头的锥形工件尖端向三爪方向铣削。摇动纵向工作台，使铣刀左侧面离锥形工件端面距离为$[68\text{mm}-30\text{mm}-(2\times12.5\text{mm}+8.3\text{mm})]/2=2.35\text{mm}$，记好刻度，并锁紧横向工作台。

7. 进行铣削

把分度手柄插入附近的孔圈中，起动机床，摇动立铣头手柄，匀速向下进刀5.5mm，保证铣刀底部通过工件的中心，然后将立铣头紧固手柄锁紧，松开横向工作台紧固螺钉，打开切削液，使之对准下刀点冲洗。摇动分度手柄，缓慢均匀地进行铣削。工件转动两圈，即分度手柄摇过80圈后，第一次铣削完成。松开立铣头锁紧手柄，将铣刀完全退出，分度手柄作反向摇动，使铣刀退回到起始位置，消除间隙后拔出分度手柄插销，摇动纵向工作台移动0.3mm，然后将分度手柄插入孔圈，同上步骤一样再次铣削，这样槽宽8.3mm的尺寸就达到了。

8. 检验工件及质量分析

加工完毕，去飞边。工件的表面粗糙度方面要求不是太高，螺旋槽两侧面光滑，铣刀纹路均匀，无振纹，无让刀和深啃现象。工件旋向与图样一致，槽宽8.3mm，4.3mm的尺寸也符合图样的要求。螺旋槽完整的旋了两圈，导程为12.5mm，完全达到了设计需要。

四、加工时的注意事项

1）加工螺旋槽时，分度手柄定位销要插入孔盘中，使工件随着纵向工作台的进给而连续转动，此时应将分度头主轴锁紧手柄和孔盘紧固螺钉松开。

2）铣螺旋槽时，分度头的传动系统，尤其是蜗杆副，应加足润滑油，以减少磨损。各个交换齿轮间应保持一定间隙，切勿过紧或过松。

3）分度头要安装在工作台适当位置，使加工时不受行程的限制。

4）选择交换齿轮后，主动轮和从动轮的位置一定要正确地安装，主动轮装在机床丝杠上，从动轮装在分度头侧轴上。另外根据螺旋槽的螺旋方向和工件的进给方向，还要考虑是否添加中间轮来改变旋向。

5）调整分度头主轴的仰角时，应先松开基座主轴后部的螺母，再略微松开基座主轴前部的内六角螺钉，将角度扳好后，先紧固前部的内六角螺钉，再扳紧后部的螺母，否则会使分度头主轴位置的零位走动。

6）分度时，分度手柄上的定位销应慢慢地插入孔盘，切勿突然撒手，而使定位销自动弹入，以避免损坏分度盘的孔眼。在摇动过程中，摇动速度应尽可能均匀。如果错过了预定位置，不能直接摇回预定孔位，应将分度手柄退回半圈以上，然后再按原方向摇到规定位置。

7）铣削时，起点和终点的刻度盘应做好标记，均应在消除了传动系统的间隙后的位置算起，以免产生复位误差；铣刀在始、终点位置应尽量缩短铣削停留的时间，以免铣刀在始、终点铣出有凹陷的圆弧面。

8）由于铣削的螺旋槽导程小，交换齿轮的速比较大，不宜采用机动进给切削，最好采用手动进给。

五、结束语

用该方法在普通铣床上加工螺旋槽大约花费10min时间就可完成，只需计算和配置好交换齿轮，准备简单的定位螺钉和普通的铣刀即可。生产率也很高，其成本是数控加工成本不能相比的。为了提高生产效益、严格控制制造成本、提高操作者的技能和不断培养操作者分析和解决生产实际问题的能力都有实际意义。本文提出的在普通铣床上用分度头侧轴交换齿轮法加工小导程螺旋槽的方法和步骤，也可进行推广和使用，可为加工同类产品提供参考价值。只有不断地充实和提升自己，才能成为一个对企业对社会有用的高素质技术工人。

六、参考文献

[1] 周开勤. 机械零件手册［M］. 北京：高等教育出版社，1933.

[2] 钟毅芳，吴昌林，唐增宝. 机械设计.［M］. 3版. 武汉：华中科技大学出版社，2003.

[3] 陈宏均. 铣工操作技能手册［M］. 北京：机械工业出版社，2004.

[4] 钱昌明，张晓芳. 铣削加工禁忌实例［M］. 北京：机械工业出版社，2005.

点评

这是一篇铣工技师论文，作者本人是一名经验丰富的铣工，他的选题是在铣工职业中就属于有一定技术难度的工件，具体到锥形喷头上铣削螺旋槽又在原有的难度基础上加了砝码，给加工操作者增大了许多难度。因为工件并不是很大，一端有内、外锥度的管螺纹，中间有通孔。加工螺旋槽的一端有锥度，并要在锥度上铣削螺旋槽，如果不注意到各种加工上的细节问题，就有可能会出现各种质量问题。这个选题内容和难度已经达到了技师论文选题的要求，完全符合铣工技师《国家职业技能标准》。

该技师论文在锥形喷头螺旋槽工件的加工操作方面写得比较详细，条理性强，加工产品的注意事项写得比较好，指导性和可操作性强。不足之处：分析问题部分过于简单，文字使用还欠规范。

四、磨工技师论文

电主轴超精密磨削加工

电主轴超精密磨削加工

中航工业南方航空工业有限公司　陈继兵

摘要：本文针对电主轴精度要求高，加工难度大的特点，以及超精密磨削电主轴过程中容易出现的问题，进行了分析，提出了如何加工出高精度电主轴的方法。

关键词：电主轴　高精度　磨削加工　方法

引　言

机床主轴是机床的主要部件，传统机床的主轴是通过电动机的传动装置，带动其主轴旋转而工作的。而电主轴则是电动机内装式主轴的简称，其主要特点是，将电动机置于主轴的内部，通过驱动电源直接驱动主轴进行工作，实现了电动机、主轴一体化的功能。它具有结构紧凑，机械效率高，噪声低，振动小，回转精度高的优点。其回转精度一般小于0.001mm，且具有很高的动静刚度，远高于由多联滚动轴承支撑的主轴。

电主轴运行平稳，没有冲击。电主轴轴颈的直径一般为$\phi 40 \sim \phi 120$mm，其最高转速可达到22000r/min，电主轴轴颈的线速度可达到50m/s以上，能够使电主轴的寿命得到延长。因而在现代的数控机床中，应用越来越广泛，也特别适用于各类磨床、精密镗床、精密车床等高精度机床。在国外，电主轴应用已经非常广泛，在国内由于受技术和加工设备的影响，制造水平与国外仍有一定的差距。

一、提出问题

电主轴的镗头（图1）是加工汽车活塞销孔专用数控机床上的电主轴，也是该设备最关键的零件。以前该部件全部从国外进口，价格较高，为了降低机床的制造成本，提高市场的竞争力，决定采用国产电主轴替代进口的电主轴，并委托我单位为其试制、加工。能否试制成功，将直接关系到双方能否进一步合作。

1. 电主轴的技术参数

电主轴直径为$\phi 90$mm，电主轴外圆的圆跳动为0.0015mm，轴向圆跳动为0.002mm，两轴颈的圆柱度为0.002mm，表面粗糙度为$R_a 0.025\mu m$。由此可见此主轴的精度要求非常高。

2. 现有磨床的情况

用于加工此电主轴的机床是一台20世纪70年代上海生产的超精密外圆磨床，由于此前还从未加工过精度要求如此高的电主轴，我在加工过程中就格外注意，把机床的各种参数都调整到了最佳。但第一次试制加工后，其结果并不理想，两轴颈的全跳动最大处竟达到了0.004mm，而图样上规定值是跳动为0.0015mm，两者之间的差距就较大。加工出来电主轴的表面粗糙度值为$R_a 0.1\mu m$，而图样上规定值是表面粗糙度值为$R_a 0.025\mu m$，并且电主轴的表面还有很细小的波纹，根本达不到图样所要求的精度。

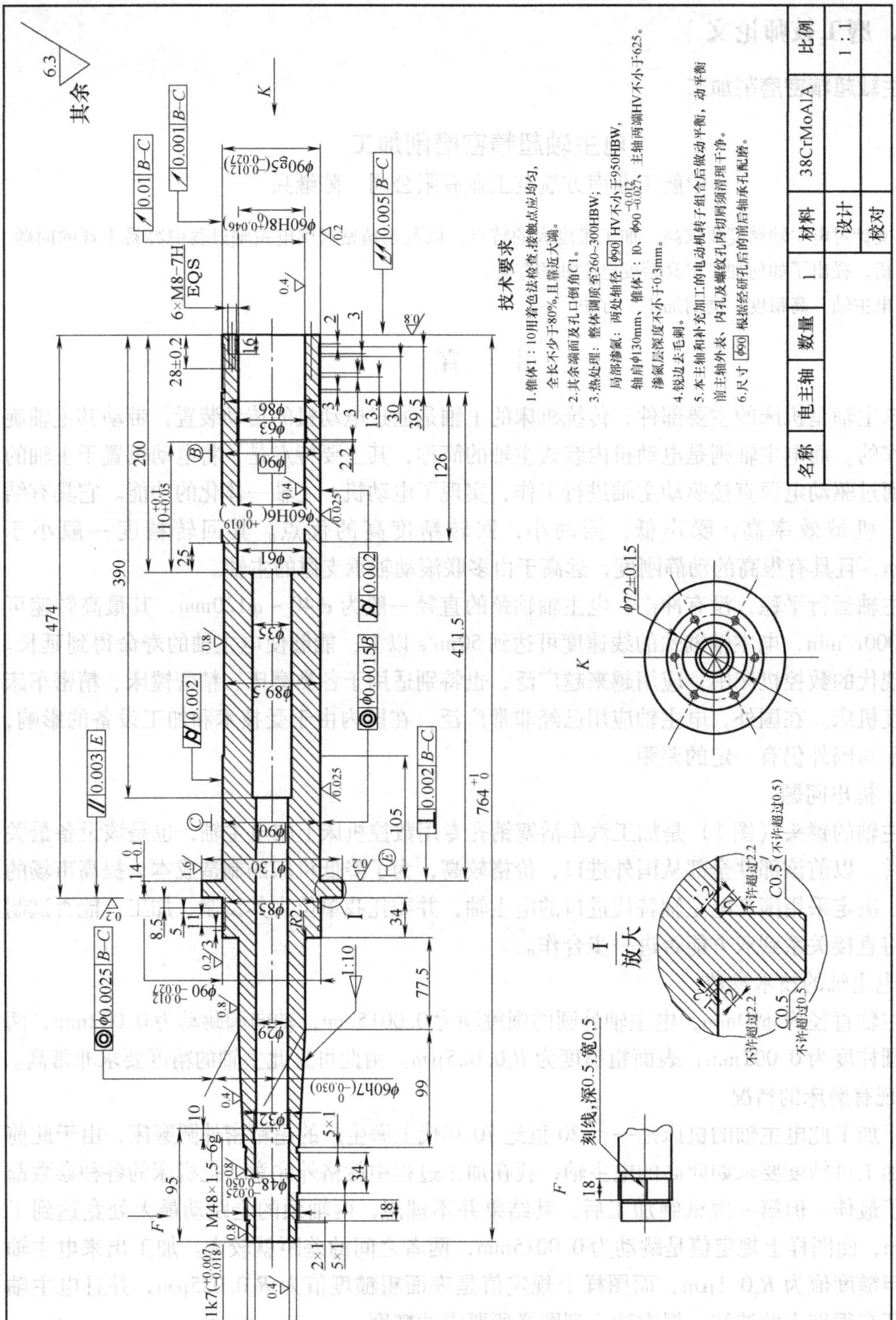
其余 6.3
技术要求
1.锥体1：10用着色法检查,接触点应均匀,全长不少于80%,且靠近大端。
2.其余端面及孔口倒角C1。
3.热处理：整体调质至260~300HBW;
局部渗氮：两处轴径 φ90 HV不小于950HBW,
轴肩φ130mm、锥体1：10、φ90−0.012 −0.027、主轴两端HV不小于625。
渗氮层深度不小于0.3mm。
4.锐边去毛刺。
5.本主轴和补充加工的电动机转子组合后做动平衡，动平衡前主轴外表、内孔及螺纹孔内切屑须清理干净。
6.尺寸 φ90 根据经研孔后的前后轴承孔配磨。
名称
电主轴
数量
1
材料
38CrMoAlA
比例
1:1
设计
校对

图1 电主轴的镗头

二、分析问题

我根据多年积累的加工经验，对电主轴加工过程中出现的问题进行了认真的分析，得出问题的产生，主要有以下几个方面的原因。

1）中心孔不圆，造成电主轴的两轴颈产生跳动和椭圆。

2）机床主轴精度有问题，其刚性不好，造成电主轴的表面会有很细小的波纹。

3）机床头架主轴的拨盘跳动过大，造成其传动不平稳，使电主轴的两轴颈产生跳动。

4）砂轮没有完全达到平衡，就产生了细微的振动，造成了电主轴的表面有很细小的波纹。

5）机床的液压油很长时间没有更换，可能已变质，造成工作台运行时不够平稳，使电主轴的圆跳动和表面粗糙度达不到图样的要求。

6）机床的切削液含有杂质，造成电主轴和表面粗糙度达不到图样的要求。

7）受工作场地周围环境的影响，加工电主轴时产生振动，使电主轴的圆跳动和表面粗糙度达不到图样的要求。

8）由于此电主轴为中间空心的电主轴，且截面变化较大，厚薄不均匀，材料本身的内应力和加工时产生的应力对零件的精度影响也非常大。装夹时，顶尖的力度调整不当，也会使电主轴和两轴颈产生圆跳动。

三、解决问题

1. 检查和调整机床

经过对机床进行检查，发现机床主轴与轴瓦的间隙偏大，机床头架主轴拨盘上的轴承跳动超差。在机修工人的协助下，调整了机床主轴与轴瓦之间的间隙，更换了拨盘上的轴承和机床的液压油，使机床的性能处在最佳状态。

2. 加工前的准备工作

在加工之前，我对砂轮重新进行了平衡调整，对切削液进行了更换，对电主轴的中心孔进行了反复的研磨。装夹电主轴时，为了防止瞬间的传动不平稳，把拨盘上的拨杆与主轴上的夹头用细铁丝紧固。

3. 出现的问题及处理方法

1）在加工中，不断地调整顶尖的力度，使之处于最佳状态。加工后，经检查，电主轴的径向及轴向圆跳动小于或等于 0.0015mm，电主轴的两轴颈的圆柱度小于或等于 0.002mm，表面粗糙度值小于或等于 R_a0.05μm。

2）调整了打磨砂轮的方式。通过观察，电主轴的表面并没有发现波纹，造成表面粗糙度不合格的原因是电主轴的轴颈表面有几条非常浅的间断性划痕。经过仔细分析，确认是由于砂轮上细小的砂粒瞬间脱落时，造成了轴颈表面擦伤。对于零件的表面粗糙度值稍高时，一般人仅凭肉眼是看不出来的。我经过反复试验，在最终一次的磨削中，使用小竹片打磨砂轮，使细小的竹屑，填满了砂轮表面的气孔，阻止了砂粒的脱落。

3）进行表面抛光。最后用石墨砂轮对电主轴轴颈的表面和端面进行抛光，完成对电主轴的超精密加工。

经最终检查，电主轴径向及轴向圆跳动小于或等于 0.0015mm，两轴颈的圆柱度小于或等于 0.002mm，表面粗糙度值小于或等于 R_a0.01μm，完全达到了图样的设计要求。

四、效果

该零件交付给用户后，经装机试机检查，电主轴的回转精度小于0.001mm。用该主轴装配出来的专用机床，试加工产品孔的圆度小于或等于0.001mm，表面粗糙度值小于R_a0.1μm，最高达到R_a0.06μm，完全满足了用户的要求，达到国外同类产品的水平，用户非常满意，为双方进一步的合作奠定了基础。

五、结束语

通过加工该零件，我对加工高精度的电主轴有了更深的理解，积累了更多的经验。精密主轴的加工关键是最后一道超精密磨削工序，要从工件表面切削去一层小于或等于工件最后精度等级的表面层。因此，要实现精密或超精密的磨削，首先要减少磨粒单刃切除量，而使用微细或超微细微粉的磨粒是减少单刃切除量的最有效途径。另外，机床本身的精度、周围的环境和合理地选择切削液也非常关键。在加工过程中还应注意顶尖的力度，过紧时，零件发热会产生弯曲变形，使零件的跳动超差；过松时，会使零件的圆度超差。在磨削过程中，要随时注意检查零件的相互跳动和零件的圆度，并及时调整。此外要注意切削液的过滤系统是否完好，保证切削液不含杂质。在最终精加工时，要注意周围的振动源，尽可能在周围的设备都停止工作后，再进行最终的精加工。只要我们只要注意了以上这些因素，使用旧磨床也能加工出超精密的电主轴。

点评

这是一篇磨工技师论文，作者是一名经验丰富、长期从事磨削工作的技术工人，他的技师论文选题就是来自企业承接外来新产品的试制工作。作为试制产品，对技术工人的技术要求是比较高的。这种高要求不仅仅是体现在对技术工人操作上的要求，而且在某种程度上还要求操作者对试制产品过程中出现的各种技术问题进行解决，要具有较强的分析、解决技术问题的能力。这个试制产品过程的本身，就是考核、考查技术工人实际应用能力水平高低最好的标准。作者使用旧磨床也磨削出了超高精度的电主轴，就说明了作者已经具有较强解决实际问题的能力。这篇技师论文的亮点是“在最终一次的磨削中，使用小竹片打磨砂轮，使细小的竹屑，填满了砂轮表面的气孔，阻止了砂粒的脱落”。这个细节的描述，非常关键，为这篇看似十分普通的技师论文增色不少，也是作者在工作实践中，使用了常人想不到的妙招。不足之处：技师论文按规范是不需要写感想或体会的，另外是缺少参考文献。

五、工具钳工技师论文

（一）能够摆脱冲床束缚的冲模

能够摆脱冲床束缚的冲模

中航工业陕西航空制动科技有限公司　鱼志刚

摘要：为了解决我公司长期使用老的标准结构模具，生产成本过高、周期长、质量不稳定的技术问题，针对老标准中小型冲模的结构，结合自己多年从事模具生产的经验，设计出了一套能够不受旧冲床上滑块导向精度的影响、且生产成本较低、易于制造的冲模，并得到了生产实践的验证。

关键词：摆脱　通用　内导柱　模芯　模架

引　　言

模具是现代工业使产品实现高效、高质量、规模化生产必需的关键装备。如今轻工业产品90%以上，重工业产品40%～60%都实现了用模具生产。它是能够用相对较低的成本高效生产出高质量产品的唯一途径。模具通常分为冲模和型腔模。我公司从20世纪60年代后期，模具结构逐渐形成标准化，这种标准一直沿用至今，已不能适应时代的发展。

一、提出问题

随着市场经济的到来，市场对模具的生产周期要求越来越短，成本越降越低。如何能找到一种最经济实用的冷冲模具结构，成了许多冷冲模具制造者和设计者的心愿。如图1所示，这种传统结构模具的生产效率低、成本高、周期长、质量不稳定，已成为严重制约我公司生产发展的重要因素之一。在我公司冷冲产品中，大多数是非标准尺寸、小零件、中等批量、质量要求较高的产品，其品种就有上百个之多，又是常年供应。以前使用的模具结构占绝大多数，而且每个品种的产品都要做几套模具，每套模具的制造平均价格4000～5000元。所以上百个品种的模具成本均较高。

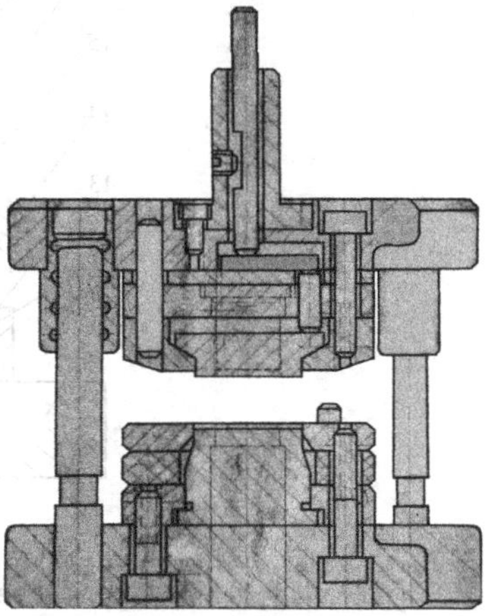

图1　传统的冷冲模具的结构

二、分析问题

传统的模具有以下缺点。

1）制造周期较长，无法在工期较紧的情况下，灵活地调整生产，保质保量地完成任务。

2）当上模或下模零件纵向累积数目较多时，平行度累积误差较大，模芯边缘易压伤。

3）受冲床上滑块导向精度的影响，易使模具导柱和导套磨损加剧。

4）卸料板无导向保护，在凸凹模或凸模较小的情况下，会干涉到凸凹模或凸模。

5）上、下模是分别定位的，定位误差较大，装配时难度也不小，一次合格率较低。

6）在零件尺寸的大小或形状发生变化时，整套模具需全部重制，浪费较大。

此类传统模具结构的制造、装配要点比较多，传统模具的装配质量好坏全凭装配者个人的责任心，其返修率比较高。另外，模具在工作中，还受到冲床滑块导向精度的影响。

三、解决问题

1. 针对以上传统模具存在的问题，我自行创新、设计了一套较为通用的冷冲模具结构，如图2所示。

其动作顺序为：冲床带着模柄1下行→行程复位弹簧14被压缩→材料被压紧→凸模3和卸料力调节螺母4下行，卸料弹簧5被压缩→冲切材料→冲切完成，冲床上行→凸模3在卸料弹簧5、卸料导向套16的作用下，从材料中卸出，退至回程限位件17位置→上模在行程复位弹簧14作用下，继续上行，直到被垫片7顶住→模柄1与凸模3分离，冲制产品的循环工作完成。

2. 创新后冷冲模具的特点

1）凸模上半部分与卸料力调节螺母采用螺纹配合，可方便调节卸料力的大小。

2）卸料弹簧的弹力远大于复位弹簧的弹力，因为行程复位弹簧只用于支撑上模的质量。

3）行程调节螺钉可调节卸料导向套与凹模之间的距离。

4）模柄和垫板是为保护冲床上滑块工作面而特意设计的，可作为冲床附件保留。凸

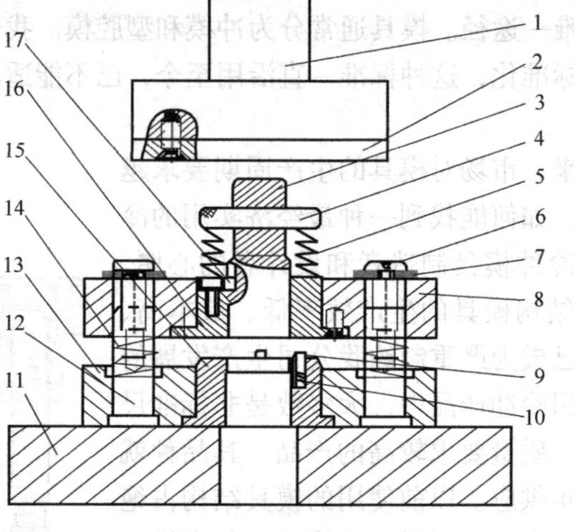

图2 创新后的冷冲模具结构

1—模柄 2—垫板 3—凸模 4—卸料力调节螺母 5—卸料弹簧 6—行程调节螺钉 7—垫片 8—导向夹板 9—浮动挡料销 10—浮销弹簧 11—模板 12—内导柱 13—凹模夹板 14—行程复位弹簧 15—凹模 16—卸料导向套 17—回程限位件

模、卸料力调节螺母、卸料弹簧、浮动挡料销、浮销弹簧、凹模、回程限位件和卸料导向套作为模芯部分，其余则为模架部分。

5）模芯部分可根据所需产品的尺寸灵活加工即可，模板则可随工序内容有所变化，如图3所示。

6）导向夹板和凹模夹板配合加工，就可确保导向准确，上、下模镶块位置一致。镶块孔可制作成统一规格，上、下制作成同一尺寸。

7）采用这种创新结构的模具，就能彻底解决旧冲床因为导向精度不够，而引起的冷冲模具导向件磨损的技术问题，并可延长模具的寿命。

8）这种结构的模架采用了内导柱方式，把原来导柱与模芯的定位销合二为一，消除了人为因素造成的定位不准、质量不稳定的缺陷，且拆装方便。

9）这类结构模具的加工成本比传统结构模具的加工成本要低50%以上，节省加工和返修时间。当零件的尺寸和样式发生变化时，只需更换模芯部分即可。

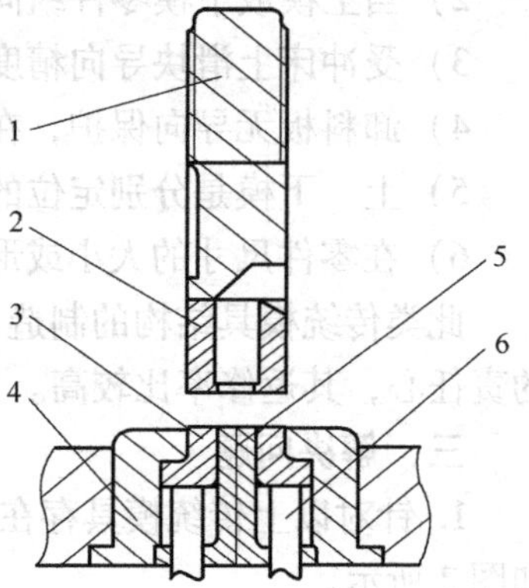

图3 创新后的模芯部分

1—凹模 2—凸凹模镶块 3—顶料器 4—凹模 5—顶杆 6—凸模

10）这类模具的结构特别适合于2mm以下薄板料、形状简单小零件的冲孔、落料、浅拉伸成形等工序。根据产品大小，也可以使这类结构的模具与相对应的产品形成系列化、标准化。

四、感谢

在我进行技师论文写作过程中，得到了中航工业人力资源部贾恒旦的真切指导，在此表示由衷的感谢。

五、参考文献

[1]　梁延．冲压过程中废料的处理［J］．模具工业，1999（9）：25-28.

点评

这是一篇工具技师论文，作者是一名经验丰富的工具钳工，长期从事冷冲模具制造、装配工作，并对传统的冷冲模的结构有相当的研究。他结合企业冷冲设备比较落后、相似结构的冷冲产品比较多、需配套的冷冲模具比较多，冷冲模具重复生产又跟不上企业生产进度的现状，设计了小型冷冲模具的结构，取得了比较好的实际效果，已在企业的生产中得到了推广。这也是这篇技师论文的亮点所在，其亮点就亮在创新上，创新点增加了论文的科技含量。

从他的技师论文里，我们可以看到，他设计的冷冲模具结构是比较新颖、简单。他充分地利用了现有模架的功能，在更换产品时，只需要简单地更换其模芯，就可以重复地使用。而且模芯的结构非常的简单和小巧，其材料非常少，便于快速制造，符合现代简捷生产的理念及低碳节约经济的要求。

这篇技师论文对同行及关注这一职业的技术人员、技术工人有一定的指导意义和启发作用，只有更多的人加入创新队伍，才能使中国制造尽快成为中国创造。

（二）提高钻孔位置精度的方法

提高钻孔位置精度的方法

株洲南方航空高级技工学校　冯令辉

摘要： 钻孔是钳工常用的基本操作技能之一，也是钳工实习教学的重点和难点。在钻床上钻出一般精度的孔很容易，但要钻出精度较高的孔确非易事。钻孔除了要保证孔的尺寸精度和形状精度以外，其位置精度也非常重要。利用普通钻床设备钻孔，并要保证较高的位置精度就更不容易了。我根据多年的教学实践，针对如何提高钻孔精度这一问题，总结了一些具体的改进措施。

关键词： 钳工实习　钻孔　位置精度　高技能训练

引　言

随着科学技术的不断发展，在批量生产中，一般都是由合格的钻模或精密镗床来保证钻孔的位置精度。但在小批量或单件生产及修理工作中，在缺少精加工设备的条件下，往往要利用精度低于孔加工精度要求的普通钻床设备，并借助辅助手段和工艺装置来加工，从而保证钻孔的位置精度。近年来，省、市有关部门组织的专业技能操作竞赛中，已将普通手工钻孔的位置精度要求提高到小于 ±0.02mm，这个精度相当于数控设备的要求，这说明社会对高技能人才的要求也越来越高。因此，在钳工实习教学中，有必要加强技工学校学生钳工钻孔操作技能和技巧的训练，它是提高教学质量，满足社会需求的重要保证。

一、提出问题

过去，学生在钻孔操作训练中，针对钻孔位置精度的控制，一般都是采取以下两种方法。

1）对于钻孔的位置精度要求高的工件，学生在操作训练中，往往是通过一般的划线→钻样冲眼→定心→钻孔这四个环节来完成。通过对工件的（评分）检查、评分，约60%的工件的位置孔不合格，其中30%左右的工件的位置孔误差较大，15%左右的工件的位置孔完全就是废品。

2）对于钻孔的位置精度要求较高的工件，一般采用修孔的方法。就是通过划线→钻样冲眼，再通过定心→钻中心定位孔的方法，在孔的中心位置，钻出一个ϕ5mm左右的定位孔，然后用游标卡尺测量，检查孔的中心位置是否符合图样的技术要求。如果合格，就直接扩孔，再铰孔至所需要的尺寸；如果有误差，就必须根据误差的大小按图样的技术要求，用整形小圆锉对孔进行修锉，再用麻花钻头进行扩孔。这样，通过钻孔→测量→修孔→测量→扩孔这五个环节来保证孔的位置精度。采用这种方法后，合格率有所提高，顺利的话一次完成，有时也要反复多次，但扩出来的孔仍然有不能满足工艺要求的现象。

二、问题分析

采用上述两种方法钻孔，前者操作简单、方便，但它只能适应于初级工或中级工的实习教学。一旦过渡到高级工，钻孔的位置精度的要求就会越来越高，如果继续采用这种方法钻孔，其孔的位置精度是没有保证的，即使勉强地达到了要求，那么合格率也是非常低的。如果从划线到钻孔这四个环节中，设备、工具、量具精度有质量问题的话，那合格率就无从谈起。而后者钻孔的位置精度基本上是可以保证的，但过于烦琐，而且时间长，速度慢。如果从划线到钻孔这四个环节中，任意一个环节出现了问题，同样钻孔的质量也会受到影响，即使勉强可以保证，所消耗的时间也会很长，更谈不上工作效率了。

三、解决问题

那么，如何能更好地提高高级工学生的钻孔水平，达到较高的位置孔的精度，我们从以下几个方面采取了措施。

1. 设备选择

根据工件的形状、大小及钻孔孔径的大小，选择一台精度相对较高，稳定性较好的钻床设备，这是首要条件。如果钻床设备的精度较差，其主轴的稳定性不好的话，要想加工出精度较高的产品，这对于精度要求较高的孔来说，几乎是不可能的。

2. 准确刃磨钻头

要想提高钻孔的位置精度，必须保证麻花钻头的几何形状和角度符合要求，这是关键之一。这就要求学生必须熟练地掌握手工刃磨麻花钻头的方法。由于麻花钻头的几何形状和角度比较抽象，学生很难理解，这是钳工实习教学中的一个难点，解决这一难点，应从以下几方面着手。

1）对照麻花钻头这种实物，反复给学生进行讲解，而不是急于让学生去刃磨麻花钻头。让学生基本掌握麻花钻头的几何形状和角度后，再通过目测的方法，让学生反复观察120°、60°、10°~14°、55°等特定角度，同时制作出角度检验样板，供学生观察使用，让学生对麻花钻头的几何形状和角度有一个充分的理解和认识，最后再进行刃磨麻花钻头的练习。

2）在学生具有感性认识和理性认识的基础上，对麻花钻头的刃磨方法和要领进行反复讲解和操作示范，让学生加强理解和记忆，做到刃磨麻花钻头时，心中有数。

3）根据麻花钻头的切削原理，刃磨麻花钻头后的检查项目有两主切削刃顶角$2\phi=118°\pm2°$；两切削刃长短、高低对称一致；后角$\alpha=10°\sim14°$；横刃转角$\psi=50°\sim55°$，以确认是否合格。

4）对于位置精度要求较高的孔，其麻花钻头还必须在标准麻花钻头的基础上进行修磨，其修磨要求如图1所示。

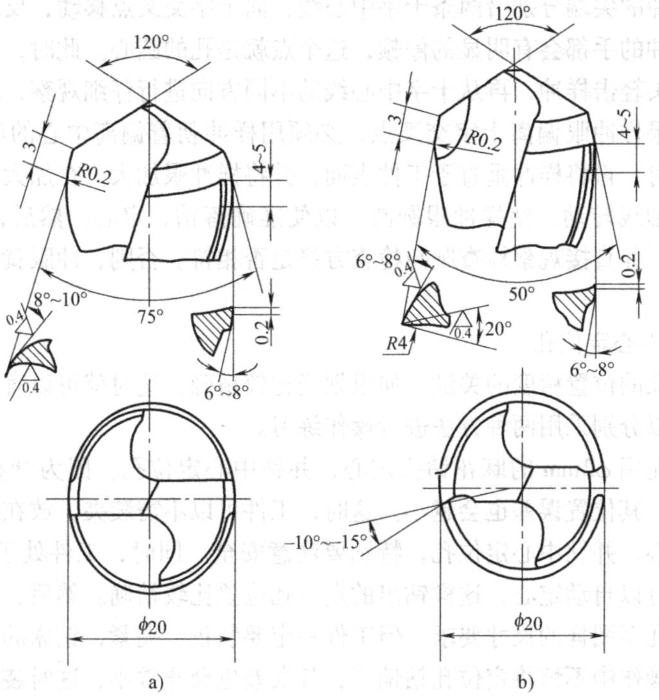

图1　钻削精孔的麻花钻头

a）钻削铸铁的精孔麻花钻头　b）钻削钢材的精孔麻花钻头

① 磨出麻花钻头的第二顶角50°~75°，新切削刃长度为3~4mm，并将麻花钻头的外缘钻角处用磨石磨出0.3~0.4mm的圆弧刃，以改善孔壁的表面粗糙度，麻花钻头的切削刃必须对称。

② 磨出麻花钻头的刃带或磨出麻花钻头的负后角6°~8°，并保留棱边宽0.1~0.2mm，修磨长度为4~5mm，以减少摩擦。

③ 磨出麻花钻头的刃倾角，一般为10°~15°，使切屑流向未加工面。

④ 麻花钻头的后角不宜过大，一般 $\alpha_o=6°\sim10°$，以免产生振动。

⑤ 用磨石磨光麻花钻头的切削刃的前刀面和后刀面。

这样，学生通过不断地刃磨→检查→试钻→修磨→分析，老师同时加强巡回指导，保证麻花钻头的刃磨精度，从而使学生熟练掌握手工刃磨麻花钻头的正确方法。

3. 掌握方法，提高精度

划线钻孔的位置误差一般在0.2mm左右，麻花钻头越大，其误差也就越大。如果要提高划线精度，样冲眼应钻好、钻准，钻孔方法又好，可将孔的位置误差控制在0.1*mm*以内。麻花钻头越小，其位置误差还可减小。具体方法如下。

1）采用精度较高的划线游标高度卡尺，并且划线刀口一定要锋利。按照图样的技术要求，划出孔的十字中心位置线，要求尺寸准确，线条清晰，而且要细。线条越细，精度越高。同时，划出检查方格，以便钻孔时检查或找正钻孔位置。

2）准确地在孔的十字中心线上钻样冲眼。这是一个很关键的技艺，也是保证钻孔位置精度的重要环节。样冲一定要磨得圆而尖，最好利用*M4*～*M5*丝锥的尖端作为样冲。在钻样冲眼前，先将样冲的尖端分别沿两条十字中心线，向十字交叉点移动，反复几次，每次移到交叉点时，握样冲的手都会有明显的停顿，这个点就是孔的圆心。此时，可将样冲垂直于工件表面，先用榔头轻击样冲，再从十字中心线的不同方向进行仔细观察，看样冲眼是否偏离十字交叉点。如果样冲眼偏离十字交叉点，必须用样冲朝着偏离中心的反方向进行找正补救。确定无误差时，再将样冲垂直于工件表面，并将样冲眼加大，在加大样冲眼的同时，样冲必须沿自身的轴线转动，使样冲眼圆滑，以便准确落钻、定心。然后，再以样冲眼为圆心，划出检查圆，并直接观察检查圆与检查方格是否相符。否则，冲眼就有误差，需再进行补救。

4. 定心并钻中心定位孔

这也是保证孔的位置精度的关键。如果划线比较精确，这时就可以直接定心，并钻中心定位孔。这时可以分别采用两种方法进行操作练习。

第一，直接先用ϕ2mm的麻花钻头定心，并钻中心定位孔。因为麻花钻头越小。其定心效果就会越好，其位置误差也会越小。这时，工件可以不需装夹，放在钻床的工作台上用手压住，直接定心，并钻中心定位孔，特别要注意安全。同时，工件处于浮动装夹的状态，钻孔时麻花钻头可以自动定心，这样钻出的定位孔位置比较精确。然后，再将工件装夹在机用虎钳上，并扩孔至图样的尺寸要求。但工件一定要装正、夹紧，钻床的转速也一定要选择得合理。如果在操作中不慎将定位孔钻偏了，其误差也会非常小，这时装夹扩孔时，找正也比较容易。因为麻花钻头的缺点是钻心处切削性能较差，如果不先钻定位孔，孔一旦钻偏后，再找正就较困难。而先钻定位孔，麻花钻头的钻心处不再切削，只是切削刃切削，故找正比较容易。找正可用锪孔钻进行锪孔。锪孔时，将工件向孔位置偏移的方向施加推力，使孔位移反向的孔壁紧靠在麻花钻头的切削刃上，待将偏移量缓慢切削修正后，再将孔加工到所需的尺寸。

第二，将M4～M5的丝锥或具有同轴度较高带锥的小顶尖装夹在钻床上的钻夹头上。起动钻床，使小顶尖的针尖对准工件上的样冲，并慢慢地施加压力。这时，原有的样冲眼就会加深，并且非常圆滑。然后，再换上ϕ2mm的麻花钻头，采用前一种方法定心，并钻中心定位孔，最后扩孔至图样的要求。这样，一般情况下孔的位置精度合格率也非常高。

5. 进一步改进

采用上述方法钻孔，虽然位置精度的合格率非常高，但不合格的现象也难免存在，针对这种现象，我们采用以下方法对学生进行训练。

1）先钻铰孔，控制好孔的尺寸精度和形状精度，孔的位置精度可通过修锉与它相对应的边来保证。采用这种方法钻孔，与孔中心位置相对应的边必须留有加工余量，并且可以加工。例如，加工如图2形状的工件。工件外形属自由公差，并且有加工余量。为了更好地控制孔的中心位置，划孔的中心线时，有意识地将孔的中心到边的尺寸公差加大0.08mm左右，如图3所示。然后再按照上述的钻孔步骤，将孔加工到图样的要求。最后，再通过修锉相应的平面，来保证孔的中心位置。

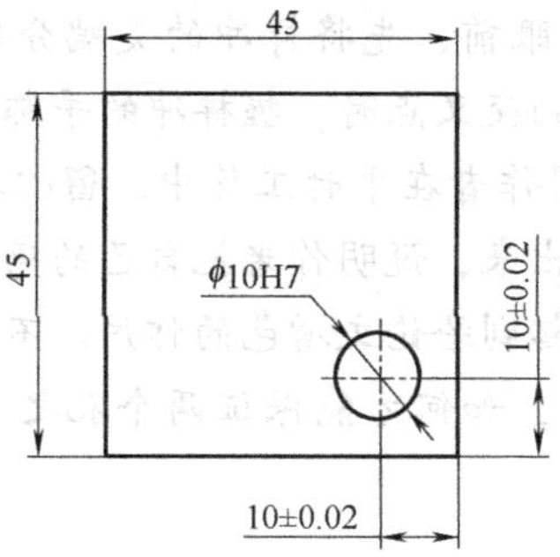

图2　图样的要求

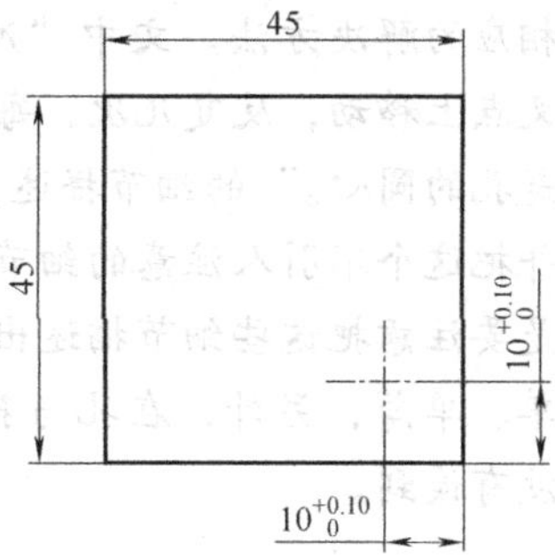

图3　划中心线的要求

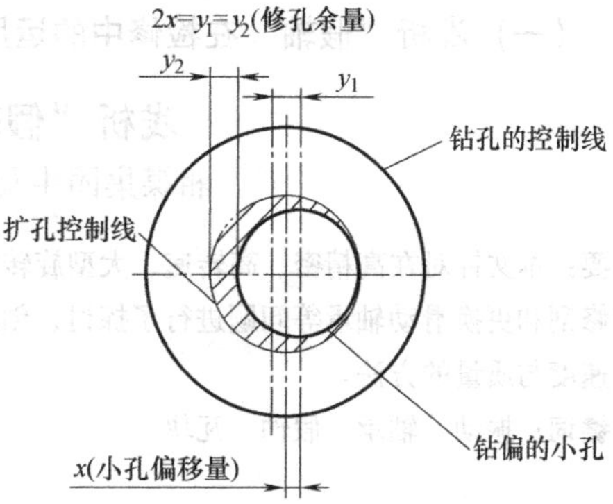

图4　修孔位置及余量

2）当与孔的中心位置相对应的边不能加工时，按照正常的划线→钻样冲眼→定心→钻中心孔的步骤进行。钻出的中心孔偶尔有误差时，可先将孔扩大至ϕ5mm左右，再用小整形圆锉对孔进行修锉。其要点是，向孔位置偏移的反方向进行修锉，如图4所示。修正时，要控制好修锉的余量，其余量是误差的两倍，否则孔的位置精度仍然无法保证。修好孔后，再用扩孔钻扩至图样的要求。这样，孔的位置精度就可以满足要求。

四、结束语

在钳工实习教学中，我通过调整或改善钻孔的操作方法，不仅仅使钻孔的位置精度大有提高，保证了产品质量，同时还降低了劳动强度，减少了操作时间，提高了生产率。这对于技工学校的学生来说，更是学到了一技之长。我们还将探索、研究更多的操作方法，以指导教学和实践，去创造更多的社会价值。

五、参考文献

[1]　黄涛勋．钳工（高级工）[M]．北京：机械工业出版社，2006.
[2]　王志平．钳工[M]．北京：机械工业出版社，1987.
[3]　陈大钧．钳工技能[M]．北京：中国劳动社会保障出版社，1999.
[4]　刘三刚．钳工技能训练[M]．北京：航空工业出版社，1992.

点评

这是一篇钳工技师论文，作者是一名长期从事技工教育的钳工实习教学的指导教师，他选择的技师论文选题是我们钳工在工作中经常要涉及的，如何在孔的钻削中保证孔的位置精度的技术问题。论文提到的训练的方式、方法可供同行参考、借鉴。

说起钻孔，作为工具、机修、装配钳工或机械加工的同行，都是比较熟悉的，而且都能说出个一二三来。但要用手工操作钻削好位置孔，尤其是高精度的位置孔，那就不是一件简单、容易的事情。当然，对于高精度的位置孔，如果是采用工装、夹具或数控类的设备来钻削，是非常简单的。但是在日常的工作中，遇上了大件、急件、试制件、维修件上的高精度的位置孔，短时间里制作工装或夹具来不及，数控设备又没有或无法派上用场时，手工操作钻削位置孔的技能、技巧，就显得十分实用了。如何能掌握这种方法，把这种难事变得相对简单、容易上手，这就是一个技术方法上的问题。作者在他的技师论文中就给出一个比较好的答案，并提出相应的解决方法。文中“冲样冲眼前，先将样冲的尖端分别沿两条十字中心线，向十字交叉点上移动，反复几次，每次移到交叉点时，握样冲的手都会有明显的停顿感觉，这个点就是孔的圆心。”的细节描述，表明作者在平时工作中，留心操作过程中的每一个动作环节，并把这个不引人注意的细节描述出来，说明作者把自己的感受写了出来。技师论文的写作就是要注意把这些细节描述出来，起到给论文增色的作用。不足之处：论文的分析部分过于简单、单薄，另外，在孔与孔之间，如何才能保证两个孔之间位置精度的方法，该技师论文没有谈到。

六、机修钳工技师论文

（一）浅析“假轴”在检修中的运用

浅析“假轴”在检修中的运用

湘煤集团牛马司矿业有限公司　肖　林

摘要：本文针对在高精密、高转速、大型旋转机械设备检修中，因轴承因素引起的振动如何快速排除，如何修刮和更换滑动轴承等问题进行了探讨，创新地研究了在设备检修中，运用“假轴”有效地提高设备检修速度与质量的方法。

关键词：振动　轴承　假轴　瓦块

前　言

随着现代化工业生产的发展，机械设备不断地向着高转速、高精度、大型化、自动化的方向发展，对设备的要求越来越高。同时，要求设备维护工作更加专业、精密、快速。在最短的时间内，优质高效地将设备检修好，成为我们进取的目标。

现代高精密、高转速、大型旋转机械设备运行状况的好坏，一般是以测量轴承上的振动值为标准（轴承振动烈度）的。怎样才能保证其振动值为最小呢？分析振源及产生振动的原因，振动不外乎来自外部原因和设备自身原因。产生振动的设备本身原因主要体现在设备运行参数的突变、转子因素和轴承因素。本文就轴承因素引起的振动，如何快速排除，如何修刮、更换轴承的一些方法，进行了探讨。

一、提出问题

现代高精密、高转速、自动化的大型旋转机械上所使用的轴承均为滑动轴承。其最大的优点是抗振好、运转平稳、寿命长、噪声小。同时，还可以达到较高的旋转精度和刚度。滑动轴承主要分为整体式、剖分式、多油楔式三种。当设备出现了故障，如振动超差时，我们常常首先对轴承部分进行检查、维修或更换。然而，在维修轴承过程中，我们会不时地遇到这样那样的实际问题，而设备检修完毕后，总不能达到正常的运行状态，甚至重新返修。

1）设备检修时因生产需要，检修时间短，检修量大，特别是修理和更换轴承的要求高，技术参数多，时间长。能否采取一些手段和方法，在保证检修质量的前提下，有效减少检修时间？实践证明，最能节约时间的关键环节是缩短修理和更换轴承的时间，采取什么措施能同时满足以上两点呢？

2）在检修或更换轴承时，特别需要对轴承的间隙、过盈进行检查和确认，以保证其数值在技术规范内。以往的经验多采用压铅法、塞尺法，也采用一些测量法。然而在压铅或测量过程中，每个人的手法和经验不同，得出的数值也不尽相同。这些数值到底是否真实，能否经得起检验？即使这些数据是真实可靠的，将轴承装配完毕后试机时，仍可能出现振动值和温度都偏高的现象。

3）在检查轴承接触斑点状况，特别是在检查大型旋轴轴承接触斑点状况时，总需无数次地将转轴吊起，将轴承拿出，修刮轴承的接触斑点，这样做不仅耗时费力，而且对人和设备极不安全，稍不小心就可能造成人身和设备事故。

二、“假轴”的提出

通过多年的实践和经验，本人总结出在高精密、高转速旋转机械的检修中，采用“假轴”可以较好地解决上述问题。

1. “假轴”的概念

所谓“假轴”，就是与设备本体上旋转轴的轴颈有着相同形状和几何尺寸，但公称尺寸有所变化的检修用轴，我们也可将其称之为模拟轴。

2. “假轴”按用途分类

（1）检验用“假轴”　如轴瓦修刮完毕，装入瓦座后，用来检查轴承间隙和各瓦块在轴承座内的装配情况时，所使用的“假轴”称为检验用“假轴”。

（2）检查用“假轴”　用做修刮轴承或检查瓦块弧度情况时，所用的假轴，称为检查用假轴。

3. 假轴按结构分类

1）阶梯“假轴”　在一根检修用轴中，有多个台阶，且尺寸不同的假轴，称为阶梯“假轴”。一般分三挡和五挡两种，如图1所示。

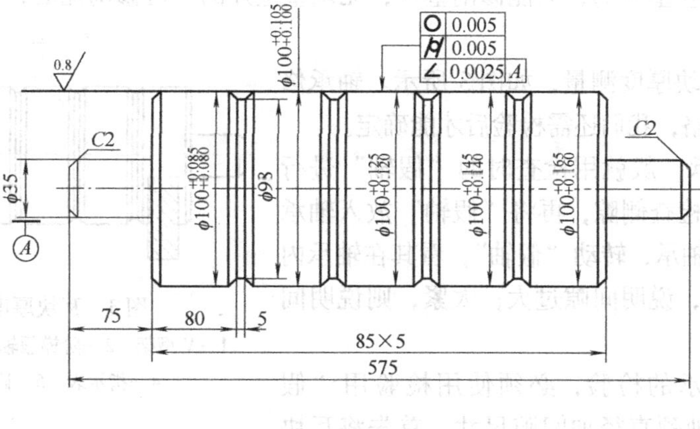

图1　阶梯“假轴”

2）单径“假轴”　单径“假轴”，就是一根假轴上只有一个尺寸的“假轴”，如图2所示。

三、“假轴”的应用

我们在检修中，怎样运用假轴来解决问题呢？

1. 操作方法有了“假轴”，在检修之前，就可以将轴承修刮好，使其接触和各部尺寸都达到技术要求。这就相当于将检修过程中最耗时间的轴瓦修刮工作提前完成，将检修时的劳动量，提前完成很大部分。当检修开始时，我们就直接将轴承更换即可。这样就可以大大地缩短检修时间和减少检修时的劳动量，最大限度地提高检修效率。

(1) 先确定“假轴”尺寸

1) 单径“假轴”尺寸 = 轴径尺寸 + 间隙，其间隙是根据技术要求和设备运行状况所确定的某一间隙数值。

2) 阶梯“假轴”尺寸以单径“假轴”尺寸为中挡值，左、右各加减0.02mm为一挡确定。如一根五挡的阶梯“假轴”，其中挡值为$\phi 80^{+0.07}_{0}$mm。那么，其各挡尺寸分别为$\phi 80^{+0.03}_{0}$mm、$\phi 80^{+0.05}_{0}$mm、$\phi 80^{+0.07}_{0}$mm、$\phi 80^{+0.09}_{0}$mm、$\phi 80^{+0.11}_{0}$mm。

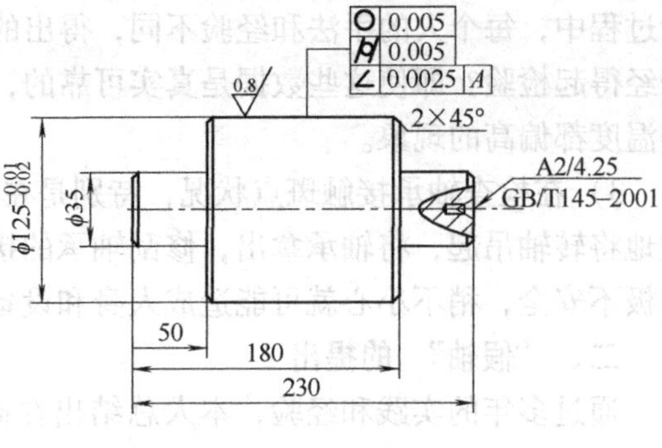

图2 单径“假轴”

(2) 确定“假轴”类型

1) 修刮剖分式轴承时，选用单径“假轴”。

2) 修剖多油楔瓦块式轴承时，一般采用阶梯“假轴”。

(3) 配瓦

1) 修刮剖分式轴承时，采用涂色法直接用“假轴”放入轴承内，边检查、边修刮，直到轴承的接触斑点达到要求，修刮好下半部后再修刮上半部，直至配好整个轴承。

2) 修刮瓦块式轴承时，首先要确定瓦块厚度，其次确定瓦块的弧度。

$$瓦块厚度\ \delta = (轴承座内孔直径\ D - 轴颈直径 - 间隙)/2$$

在轴承中，各瓦块在某一挡“假轴”上的接触斑点较好时，其上一挡就为该轴承各瓦块的运行弧度。修刮瓦块时，就以其为基准使各瓦块的接触斑点均一致。修刮瓦块厚度时，如瓦块后背上有调整垫片的，只能修刮垫片；无调整垫片的，可修刮瓦面，直至把整付轴承修刮好。

(4) 检验　瓦块厚度测量，如图3所示。轴承修配完毕后，是否合格，我们还需检验后才能确定。

1) 剖分式轴承一般就用检查时的“假轴”进行检验。检验时，先检查侧隙，再将“假轴”放入轴承内，合好上、下部轴承，转动“假轴”，看其在轴承内的松动情况。太松，说明间隙过大；太紧，则说明间隙过小。

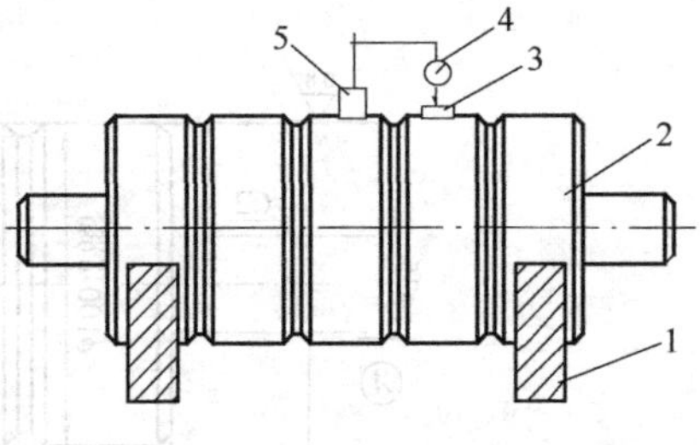

图3　瓦块厚度测量

1—V型架　2—阶梯假轴　3—可倾瓦块　4—指示表　5—磁性表座

2) 瓦块式轴承的检验，必须使用检验用“假轴”，其直径等于轴颈直径加间隙尺寸。首先将瓦块按旋转方向安装好，放入检验用“假轴”，紧固好轴承。然后用手摇动各瓦块的松动情况，各瓦块的松紧必须一致，最后转动“假轴”，以稍用力能转动“假轴”为合格。

2. 产品检查

有时将轴承按要求修配好后，并安装到设备上运行时，设备运行状况不好，轴承的振动值和温度都较高，甚至损坏轴承，造成返修。

这些问题通过多年的实践经验和仔细观察发现，还是由于轴承没有处理和安装好造成的，而原因就是由于轴承制造或长期运行后，塑性变形所造成的，具体归纳可分为如下两种原因。

(1) 原因一轴承座加工后，因其强度不够，当加载过盈时，造成轴承座变形，而使轴承座内孔垂直方向的尺寸变小，而水平位置的尺寸变大。

转子在轴承内高速旋转时，理想运转轨迹为一个圆。如果此时将瓦块都修刮成一个厚度尺寸的话，安装后，就会使轴承的顶隙减小，运行时造成轴承损坏。如果我们采取使用检修用“假轴”，再利用变位瓦的修配方法，就可以解决这一问题。

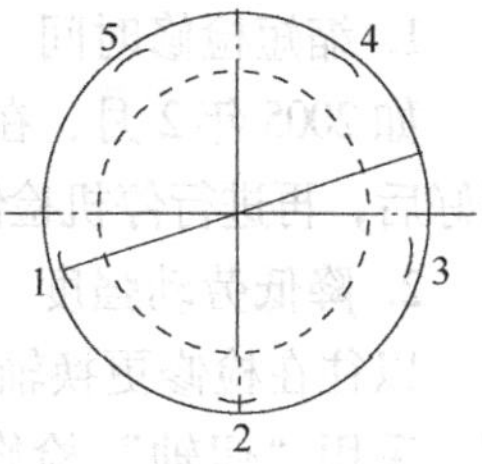

图4　瓦块在轴承座内位置

1）在加载过盈的情况下，测量出轴承座内孔各瓦块位置的尺寸（图4）。

2）以检验用“假轴”的直径为基圆，变形后的轴承座内孔直径为外圆，通过作图法或计算法，即可得出各瓦块的厚度尺寸。

3）使用阶梯检查用“假轴”，在同一弧度修刮出瓦块的厚度。

4）使用检验用“假轴”，检查轴承是否合格即可。

如某轴颈直径为 $\phi50_{-0.01}^{\ 0}$ mm，间隙要求为 0.11 ~ 0.13mm，修配瓦时，取间隙值为 0.11mm。通过计算得知，检验用“假轴”的直径为（49.99 +0.11）mm =50.1mm

检查用“假轴”为五挡阶梯轴，其直径分别为：$\phi50_{\ 0}^{+0.06}$、$\phi50_{\ 0}^{+0.08}$、$\phi50_{\ 0}^{+0.10}$、$\phi50_{\ 0}^{+0.12}$和 $\phi50_{\ 0}^{+0.14}$加载过盈后，测量出轴承座内孔各瓦块位置的尺寸，并作图计算出各瓦块的厚度（表1）。

表1　各瓦块的厚度　　　　（单位：mm）

项目	1	2	3	4	5
内孔直径	$75_{\ 0}^{+0.02}$	$75_{-0.03}^{\ 0}$	$75_{\ 0}^{+0.03}$	$75_{-0.01}^{\ 0}$	$75_{-0.02}^{\ 0}$
瓦块厚度	12.46	12.435	12.465	12.445	12.44

通过检查毛坯瓦块的接触情况，得知修刮瓦块的基准挡为 $\phi50_{\ 0}^{+0.14}$ mm。再利用量块和指示表修刮出各瓦块的厚度，如图3所示。最后用检验用“假轴”检查轴承是否合格。

（2）原因—轴承在加工装配定位时，上、下轴承座错位，或是由于多次检修后，轴承上定位销变形造成的，如图5所示。引起轴承在安装时错位，更有可能是轴承压盖定位不好，检修完后，试机造成轴瓦损坏。针对这种情况，要对轴承座内孔和轴承压盖内孔的错位情况进行检查。首先取出瓦块，将轴承座上的定位销装好、并紧固，用三爪内径千分尺检查其是否有左右错位。如果轴承座的定位是依靠轴承压盖来定位的话，就要检查轴承压盖孔的定位情况，测量检查其是否有左右错位现象，如都有的话，就要使用“假轴”来进行定位修配。

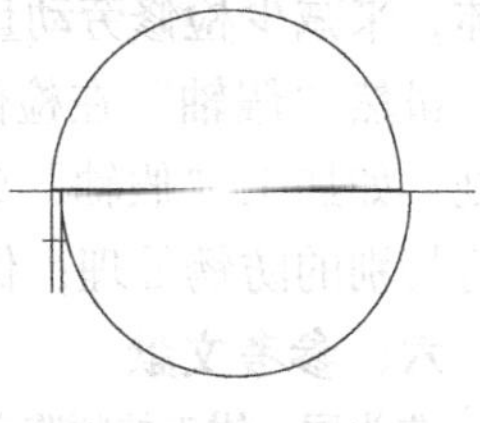
图5　上下轴承定位误差

1）以轴承座定位，检验用“假轴”直径为

$D = d_{内} + (0.01 \sim 0.02)$ mm，式中的 $d_{内}$ 为轴承座对位时的内孔直径。

2）不以轴承座（无）定位，（的）检修用“假轴”直径为

$D = d_{外} + (0.01 \sim 0.02)$ mm，式中的 $d_{外}$ 为轴承座对位时的外径尺寸。

选定“假轴”尺寸后，就可以在不装定位销的情况下，利用“假轴”来确定内孔的位置。通过紧固螺栓，钻铰孔，再重新配定位销来解决问题。

四、效果比较

通过多年的检修实践，体会到使用“假轴”检修高转速、高精密的旋转机械设备，有着显著的效果，主要体现在如下几个方面。

1. 缩短检修时间

如2005年2月，在检修提升绞车天轮滑动轴承时，采用“假轴”，先将需要更换的轴瓦修刮好后，再进行停机检修。采用假轴检修的方法，至少要比以往的检修方法节省1/2的时间。

2. 降低劳动强度

以往在检修更换轴承时，都是将转子吊进、吊出；修刮轴瓦时，也是在检修现场进行修刮。采用“假轴”检修后，用转子轴颈，检查修刮轴承的次数，基本上没有了；检修时，节约了大量的人工劳动。在修配轴承时，检修人员可以不到现场，就将轴承修刮好。同时，也避免了许多安全事故的发生。

3. 提高检修质量

采用“假轴”修配好的轴承，都经过了适配检验，其几何形状和尺寸都达到了较高的精度。因此，检修完的设备，也达到了较高的检修质量。例如，将对某台大型设备的多次检修中，采用“假轴”修配轴承和不采用“假轴”时的效果比较，结果见表2。

表2 两者修配精度的效果比较 （单位：μm）

修配项目	1305/瓦	1306/瓦	1307/瓦	1308/瓦
采用“假轴”	12	13	10	11
未采用“假轴”	24	28	19	22

五、“假轴”的拓展和不足之处

目前，主要是将“假轴”使用在修配轴承上。然而，通过多年的实践和对使用“假轴”原理的分析，同样的理念或思维也可以用在更换和修配旋转机械的各种方面上。如密封时，也采用了“假轴”维修的一些方法，同样也取得了较好的效果。既然使用“假轴”的理念，可以在旋转机械设备的检修上，取得较好的效果。那么，我们是否可以使用其他运动形式的假体，来减少检修劳动量和提高检修效果呢？

虽然“假轴”在检修中，能发挥巨大作用，具有良好的实际效果，但也存在一些不足之处。如加工“假轴”的费用较高，检修成本会随之增加；“假轴”容易生锈，使用后需要进行特别的防锈处理；保管“假轴”也比较麻烦等。

六、参考文献

[1] 朱为国. 钳工技师鉴定培训教材［M］. 北京：机械工业出版社，2009.
[2] 李士军. 机械维护修理与安装［M］. 北京：化学工业出版社，2004.

点评

这是一篇机修钳工技师论文，作者是一名长期从事机械设备维修的机修钳工，其工作经验十分丰富，他对设备维修有自己独到的见解。他的技师论文选题就是机修钳工在设备维修中，经常会遇到的：维修、更换大型高速设备上滑动轴承的工作。由于大型滑动轴承的轴瓦一般是需要根据设备的情况，进行现场刮削、配制。常规的做法是维修、更换滑动轴承，但需要设备停产后，进行刮削、配制，并且需要的大量的时间才能完成。而生产企业的大型设备一旦长时间停产，就意味着企业的生产要受到很大的影响，企业就会为此付出代价，就会要出现亏损。减少或缩短大型设备停产的时间，减少设备的维修、更换滑动轴承的时间，就是为企业赢得了创效的时间，也就是给企业创造了财富。因此，作者在技师论文中提出的“假轴”创新理念和做法是提高设备抢修、维修效率的一种新思路、一种新方法，值得我们学习、参考、借鉴、运用!

这篇技师论文也给我们技师申请者寻找技师论文的选题，或在本职工作中怎么样走创新之路，提供了很好的范例和样本。

（二）铟压团机的故障分析与改进

铟压团机的故障分析与改进

株冶集团公司　彭　强

摘要：文章分析铟压团机液压系统存在的问题，分析了故障原因，提出了改进措施，并提出了维修人员和操作工人如何对液压系统的检修和维护的建议。

关键词：液压系统　故障　措施

引　　言

铟压团机是北京华德液压集团公司，根据我们公司铟产品改扩工程所提技术要求及现场设计的专用压团机。该机是铟系统为完成浸出──→萃取──→置换──→铸阳极──→电解──→铸造成品等工序，而配置的关键设备。压团机正常工作与否直接关系到经过置换后的海绵铟经过水洗后，能否压团，并经电炉浇铸成铟阳极的关键工序。如果海绵铟不能及时压团，就不能浇铸，那么置换出槽后的海绵就会氧化，造成铟产品回收率的下降。而该机又是单一设备，这样就对压团机的使用和维护十分重要，只有降低设备故障，才能保证铟生产工序的连续作业。

一、提出问题

1. 压团机的基本结构和技术参数

（1）基本结构　压团机主要由泵站、控制台和机组组成，压团机结构示意图如图1所示。

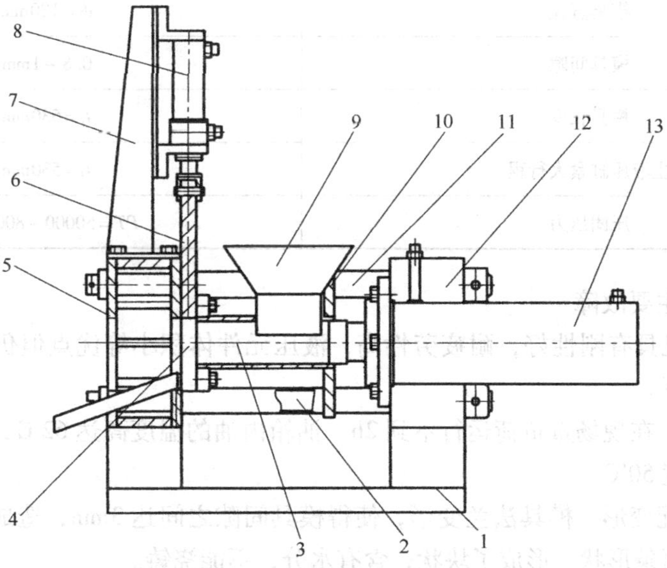

图1　压团机结构示意图

1—底座　2—连接杆　3—模具组件　4、10—支承板　5—前挡块　6—闸板　7—支架　8—副液压缸　9—加料斗　11—隔套　12—后挡板　13—主液压缸

泵站由一台恒压变量柱塞泵向主液压缸供油，一台叶片泵向副液压缸供油，一台齿轮泵用于加换油。油箱采用80L的油箱，箱顶安装了一个回油过滤器。

液压系统由三个回路组成。一是压团回路，控制压团压紧、退模；二是闸板回路，控制闸板升降；三是加油、换油回路，控制加油和换油。控制台采用手动换向操纵机构，如图2所示。

机组采用四柱卧式主机结构，模具和机体一体化。主要由主副液压缸、前后挡板、模具总成、连接杆和支承板等组成。

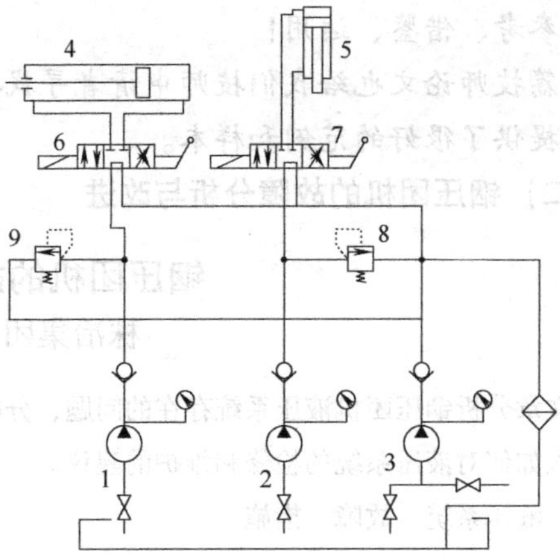

图2　压团机液压系统原理图

1—主液压泵　2—升降液压泵　3—齿轮油泵　4—主液压缸　5—副液压缸　6、7—手动换向阀　8、9—溢流阀

(2) 技术参数（表1）

表1　技术参数

系统最高压力	$p_{max}=21$MPa
系统工作压力	$p_w=16$MPa
系统最大流量	$Q_{max}=118$L/min
系统最大功率	$p=11$kW
模具直径	$\phi=180$mm
模具间隙	0.8～1mm
模具长度	$L=530$mm
主液压缸紧大行程	$L=530$mm
压团压力	$PT=50000$～80000kg

2. 压团机的主要故障

尽管该压团机具有刚性好，耐疲劳性高，液压元件体积小等优点但仍难免出现一些故障，主要故障如下。

(1) 油温高　在现场重负荷运行不到2h，油箱内油的温度高达62℃，超过了液压系统所允许的最高温度50℃。

(2) 模具装配变形　模具法兰变形，使得模具间隙之间达3mm，造成海绵钢从闸板上下、侧挤压出成面条形状，形成了块状，含有水分，不能浇铸。

(3) 液压缸外漏，内壁拉伤　2006年6月压团机油缸外漏非常严重，2006年8月对液压缸总成进行了更换，新液压缸使用不到两个月，发现前法兰液压缸内孔拉伤严重。

二、分析问题

1. 油温方面

（1）油箱太小 一般油箱的容量应是泵每分钟流量的3倍以上，由于受场地的限制，油的容量应等于液压泵每分钟的流量。当系统采用两个以上液压泵工作时，油箱的容量应按几个液压泵每分钟的流量总和来计算。压团机实际油箱的容量仅为80L，而压团机实际工作是两个液压泵。其中，恒压变量柱塞泵的流量为118L/min，叶片泵的流量为23L/min。两个泵的流量之和为141L/min，远远大于80L/min。因此，油的散热面积不足，是液压系统油温升高的原因之一。

（2）油的污染 众所周知，在冶炼生产现场，空气中粉尘含量高，空气中还有各种酸雾和水分等。要使液压油在工作过程中不被污染，最根本的条件是保证液压油与外界隔离。因为液压油是液压系统中的工作介质，液压油是否清洁，直接影响着系统的工作性能和液压元件的寿命。在液压系统常见的故障中，有75%的故障是与液压油不清洁有关的。我们在清洗油箱时，发现液压油污染相当严重，油箱的底部淤积着大量油泥约有30mm厚。

液压系统及液压油没有很好的过滤，外界粉尘、酸碱化合物和水分渗入都会造成污染。另外，在检修的过程中，对液压元件，未作彻底的清洗，混入了棉纱、橡胶颗粒等杂质，这些污染物的存在，也是液压油温度升高的重要原因。

2. 负载的影响

由于主液压缸长时间处于超高压状态下工作，已达到了极限位置，还继续再压紧，这也会使液压油温急剧升高，油温与压团机的负载大小亦有关联。

3. 液压缸内壁拉伤和外漏

在更换新液压缸的过程中，因为新液压缸安装后，其油口与旧液压缸的油口位置不在同一位置，需改动原管路。在改造管路的过程中，用氧气切割、电焊焊接管接头及管路后，维修工人有可能因压团机急需投入生产，没有按严格的清洗程序进行清洗管路。同时，加上改压团机也使用了多年，油管的里面锈斑累累，管道焊接处的熔渣和里面的锈斑夹在一起，在高压油的循环冲洗下，直接从油管中进入液压缸中。在反复频繁压团工作中，进入液压缸中的熔渣及脏物在高压油的作用下与活塞上的密封圈粘在一起，从而来回擦伤液压缸缸筒的内壁，以致使液压缸失效。

在检修中，我们发现活塞杆端面部分点蚀非常严重，也主要与环境恶劣有关。在压团过程中，要不断地往加料斗中加水，确保海绵铟好脱模，整个机组沾有大量的水分，活塞也不例外，造成活塞头部腐蚀。在频繁压团中，把铟带入有液压缸中，再进行活塞解体，其液压缸中的V型密封之间夹带了一层铟，活塞上也沾有铟，造成了液压缸外漏。

4. 模具间隙影响

压团机在使用过程中，主液压缸长期处在重负载状况下运行，其工作压力达16MPa，造成模具间隙增大，竟达到了3mm。

造成其原因是：模具法兰在交变负荷的作用下，经过长时间的工作，产生了疲劳破坏，造成长方法兰变形。海绵铟从支承块与长方法兰、闸板之间的间隙缝中，压成了条状铟块，形成不了团状，无法满足生产所需，造成停机和停产，改进前的料桶组件示意图如图3所示。

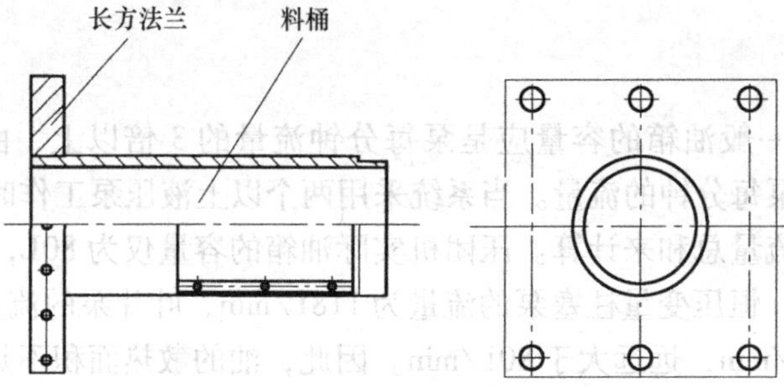

图3　改进前的料桶组件示意图

三、改进措施及效果

1）由于受场地的限制，不能增大油箱的容积，我们就从改善散热条件或采取散热入手。在机房里，增加了两台墙上轴流式风机，保证通风良好，降低了机房内环境温度。

2）在安装液压系统前，做仔细的清洗，对所有油管用压缩风进行吹扫、硫化处理，以防止液压件、管路、油箱和密封件等受腐蚀。严禁用带纤维的针织物如擦拭，防止堵塞管道小孔或节流缝隙。系统进行试机时，再次用系统中的液压油清洗，试机后，将油箱中的油排尽，再加入新油。新加入的油，通过油的过滤器过滤后再加入油箱，从而保证了液压油的清洁干净。

3）在修复液压缸时，注意提高各相对运动零件的加工精度和液压件的装配精度等。将溢流阀锁定正确的所需值，消除压力波动现象，确保系统不超负荷工作。

4）将液压缸前部的ϕ180/ϕ160V型组合密封圈，改为ϕ190/ϕ160V型组合高压夹布橡胶密封圈，并增加密封环数目，由原三个密封环增至五个密封环。密封效果明显增强，使用至今液压缸未出现外漏现象，减少了液压油的浪费。

5）对各管连接件，有可能产生外泄漏的主要部件，在装配前对各加工结合面、密封沟槽的尺寸、表面粗糙度是否符合规定进行了检查。装配时，O型密封圈必须涂润滑油，所有的螺纹须拧紧，涂上乐泰胶。

6）将长方法兰与支承板制作为一个整体，如图4所示。长方法兰与料桶采用螺纹联接，增加长方法兰的刚度，防止变形，消除了海绵铟外溢现象。

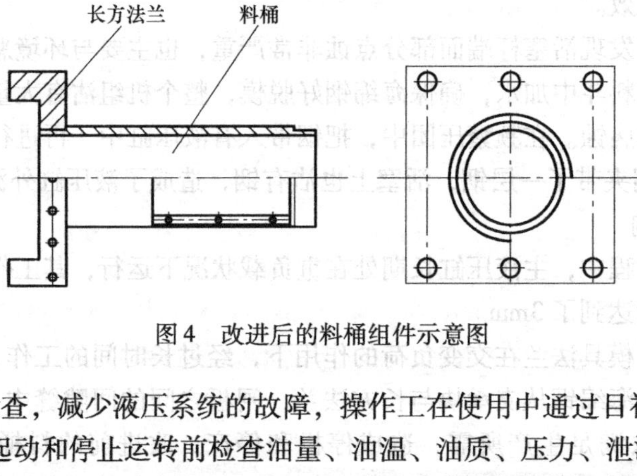

图4　改进后的料桶组件示意图

7）加强日常检查，减少液压系统的故障，操作工在使用中通过目视、耳听、手触等简单方法，在液压泵起动和停止运转前检查油量、油温、油质、压力、泄漏、噪声和振动等情况。一旦出现不正常现象，就应停机检查原因，及时排除异常现象。使用完后，及时清除粘在活塞杆的杂质，保持活塞杆的清洁、干净。

四、效果

通过对压团机液压系统的改进，维修工作量降低，减少了停机和停产时间，基本满足了钢生产的要求。通过这项工作，我深深感到液压传动具有很多优点，因此在各种机械设备上得到越来越广泛的应用，我们公司也不例外。但是，液压系统的故障分析是比较麻烦的。因此，要求我们机修工人和操作工人，不但要熟悉液压系统中各种元件的结构特点和作用原理，而且对基本回路的形成和各种原理要有一定的认识。在此基础上，还必须懂得液压系统的正确维护方法和了解系统故障产生的主要原因。一旦液压系统发生故障时，能较快较正确地对故障原因作出判断，采取相应的措施排除故障。机修工人和操作工人一起对液压系统进行正确的维护，可减少系统产生故障，延长系统使用寿命。

五、参考文献

[1] 赫贵成. 液压传动与气动［M］. 北京：冶金工业出版社，1981.
[2] 徐洪义. 机修钳工［M］. 北京：中国劳动社会保障出版社，1997.

点评

这是一篇机修钳工技师论文，作者是一名长期从事设备维修的机修钳工，他的技师论文的选题就是源自于他在企业工作中，遇到的专用设备的维修工作。在这篇技师论文中，作者对这台设备的液压系统非常熟悉，对设备产生的故障也比较清楚。因此，他对问题的原因能分析到位，而且分析得比较细致，条理性也比较强。问题分析的越细致，越到位，解决问题就越彻底，排除故障后也就越完全。

从他的技师论文可以看出，他在撰写这篇技师论文时，动了脑筋，花了时间，下了工夫，写得比较好，值得参考、借鉴。

七、装配钳工技师论文

（一）小工具能解决大问题

小工具能解决大问题
——装配密封圈工具的改进

中航工业第六一八研究所　张恒斌

摘要：密封圈的装配质量直接影响密封效果，而装配工具的选用和设计尤为重要。原有的密封圈装配方法为胶圈钩装配法和密封圈导套法，无法解决成形密封圈的装配。成形密封圈即外径小于9mm，且内径和截面直径之比在1和2之间的密封圈。本文介绍的非过张式密封圈导套法，可以从根本上解决成形密封圈的装配问题，同时提高了密封效果，大大减少了介质泄漏现象。

关键词：成形密封圈　安装　装配　工具

引　言

密封圈是航空液压产品中使用最多、且非常重要的附件之一，起着防止工作介质外漏及防止外界灰尘等杂物进入系统的作用。密封圈的失效，会造成产品功能的丧失，严重的会造成人员及国家财产的重大损失。而密封圈的装配方法会直接影响其密封效果，设计合适的密封圈装配工具，对密封圈装配会起到关键性的作用。

一、提出问题

在对某液压产品进行试验的过程中，经常发现成形密封圈的连接处有液压油渗漏现象。将其产品进行拆解，并在三十倍放大镜下检查，发现与密封圈配合的零件全部合格，但发现密封圈上有类似用针扎过的痕迹或有被撕裂的痕迹，这就是产生外漏的直接原因。

二、分析问题

经设计人员、工艺人员和装配人员一起讨论和分析，在排除了密封圈材料问题后，就重点对成形密封圈原有的装配方法及装配工具的选用进行分析。

1. 胶圈钩法

胶圈钩法，是用胶圈钩（图 1），将胶圈撑大后，装在零件的密封槽内，如图 2 所示。胶圈钩实际是牙科专用工具之一，在市场上就可以采购到。这是最常用的密封圈装配方法。其优点是无需其他辅助工具，密封圈的变形小；其缺点是效率低。但对于成形密封圈，用这种方法装配时若操作者的技术不熟练，将会造成密封圈局部被扎伤及划伤，甚至密封圈被过量扩张，进而导致介质外漏。

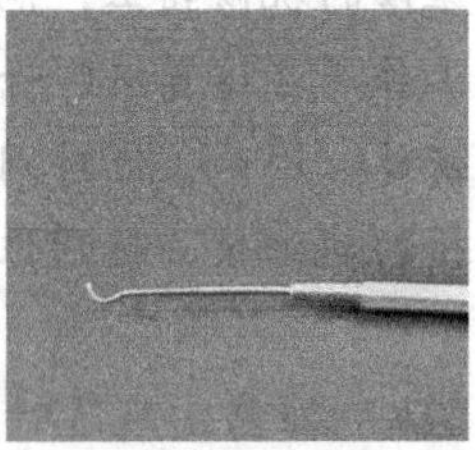

图 1　胶圈钩

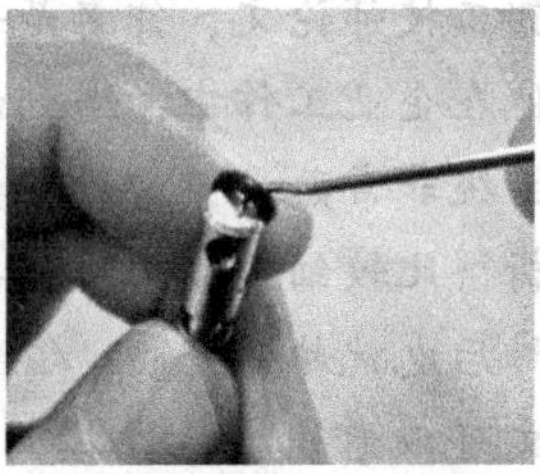

图 2　使用胶圈钩安装密封圈

2. 分体式密封圈导套法

分体式密封圈导套由两部分组成，即密封圈导向套和导向锥，如图 3 所示，导向套的内径与零件外径相同。分体式密封圈导套法，是将密封圈从导向锥传递至导向套，再通过导向套装入密封圈槽内。这种方法适用于密封圈弹性较好的情况，可一次安装多重密封圈，但密封圈必须保持在撑大的状态下，进行短距离的移动。这种方法，因为装配效率高，而被广泛地使用；但其缺点是密封圈的内径至少比零件的外径撑大 0.8mm。

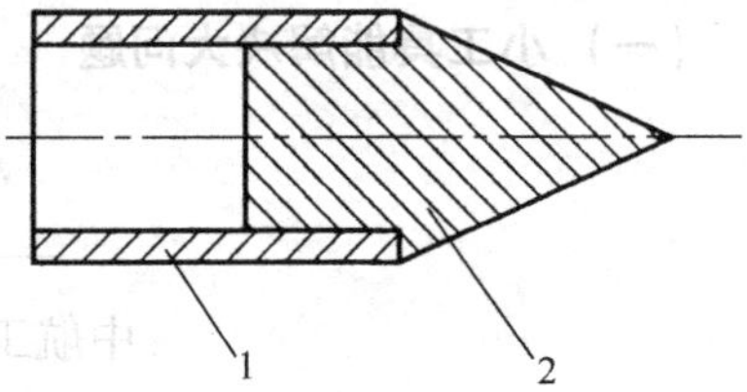

图 3　导向套和导向锥

1—导向套　2—导向锥

3. 一体式密封圈导套法

一体式密封圈导套法，如图 4 所示。该方法适用于胶圈弹性较好，可一次安装多重密封圈的情况，其工作效率较高。缺点是安装时，密封圈的内径至少比零件的外圆直径撑大 0.8mm。零件的长度过长，则密封圈在保持撑大的状态下，移动的距离也比较长，这就有可能对密封圈造成直接或隐性损伤。同时，该导套加工难度较大，该方法现在已经被淘汰。

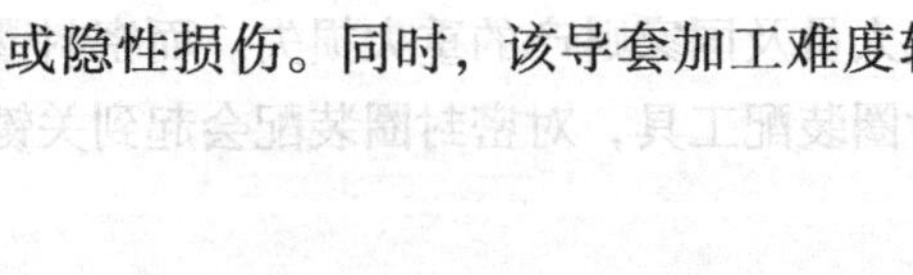

图 4　一体式密封圈导套法

三、解决方法

纵观以上密封圈的各种装配方法，均会使密封圈扩张量较大。多年的装配经验证明，特型密封圈，因其小，且密封圈截面的直径较大，其扩张量很小。所以，原有的装配方法容易使密封圈出现裂痕，而导致介质泄漏。

为了彻底解决该技术问题，我们就考虑是否可以做到让密封圈逐步撑大？并且使密封圈的扩张量正好等于被装配零件的外径，这样的话，密封圈的扩张量就不会有丝毫的浪费。于是我们就设计、加工了以下两种非过张式密封圈导套。

1. 带定位轴非过张式密封圈导套

带定位轴非过张式密封圈导套的工作原理，如图5所示。这是一种用于向小直径油路连接套安装密封圈的工具，适合于非实心类零件。该工具的外形包括两个圆柱段和一个与大圆柱段连接为整体的圆锥段。圆锥段的锥角为30°～45°，其特征在于，在大圆柱段的端面中心有一个与大圆柱段同心的定位轴，即小圆柱段。定位轴的直径与零件的内孔为间隙配合，大圆柱段的直径与被装配零件的外径相等，圆锥段的底圆直径与大圆柱段的直径相等。

该工具的优点是：由于其大圆柱段的直径与被装配零件的外径相等，因此，能避免密封圈因扩张量过大，而造成密封圈的损伤，从而保证了密封圈的装配质量。

2. 无定位轴类非过张式密封圈导套

无定位轴类非过张式密封圈导套的工作原理，如图6所示。这是一种用于小直径零件安装密封圈的工具，适合于实心类零件。该工具主要依靠零件外端面的倒角与工具内倒角的配合，实现工具与零件的对接。同时，该工具的圆柱段直径也可稍大于零件的外径，一般控制在0.3mm以内，确保在无定位轴引导的情况下，也能使密封圈很方便地传递至零件的密封槽内。

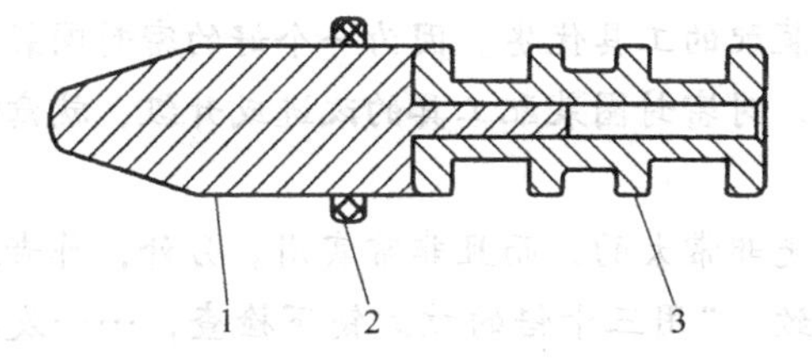

图5　带定位轴非过张式密封圈导套的工作原理
1—非过张式密封圈导套　2—密封圈　3—零件

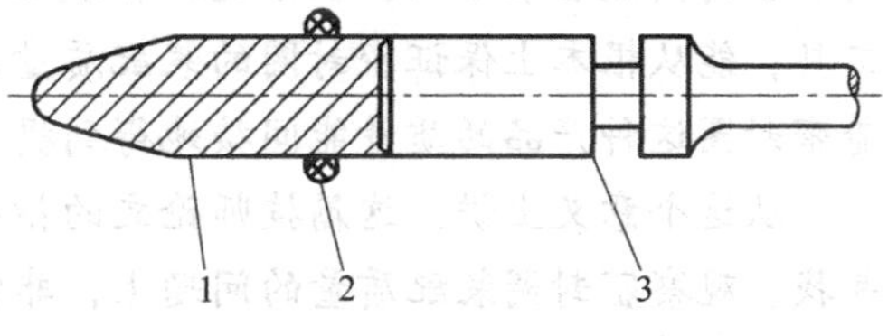

图6　无定位轴类非过张式密封导套的工作原理
1—轴类非过张式密封圈导套　2—密封圈　3—零件

这种安装工具的优点是，由于其圆柱段的直径等于或稍大于零件的外径。因而能避免因密封圈的扩张量过大，而发生密封圈的损伤，从而保证了密封圈的装配质量。其缺点是要求操作者具有一定的操作技能。

四、效果对比

使用各种工具装配密封圈的效果对比见表1。从表1可看出：非过张式密封圈导套，可有效地解决特型密封圈（的）装配质量不能保证的技术问题，并且（该）这种工具对操作者的操作技能，要求不是太高；该工具，对材料无特殊要求，（工具）加工较为容易，加工成本也比较低廉。

本工具，已在（本）我们单位（的）密封圈的装配中，得到了广泛的应用，也得到了操作者和领导的认可，这（一）项技术革新，彻底（杜绝）解决了因为装配方法和工具使用不当导致的密封圈损伤的技术问题，提高了液压产品的质量，（减少）杜绝了因为密封圈损伤的问题，而导致的产品返修，提高了工作效率，节约了生产成本。

表1　使用各种工具装配密封圈的效果对比

装配工具	操作要求	工作效率	是否适合成形密封圈	加工的难易程度
胶圈钩		低	适合	可直接在市场上购买
分体式密封圈导套	一般	高	不适合，但适合零件长度较长，弹性较好的密封圈	最难
一体式密封圈导套	一般	高	不适合，但适合弹性较好的密封圈	难
带定位轴的非过张式密封圈导套	一般	较高	适合，同时适合非实心零件	一般
无定位轴非过张式密封圈导套	较高	一般	适合，同时适合实心零件	易

五、参考文献

[1]　张健文. 液压气压附件及管路系统工艺 [M]. 西安：西北工业大学出版社，1993.

点评

这是一篇装配钳工的技师论文，技师论文的作者是长期工作在装配钳工职业的技术工人，这篇技师论文的选题是装配密封圈工具的改进。

密封圈是液压机械装配中最常用到的密封元件，它虽然体积小、简单，但是它的密封功能却不能小视。国内许多液压产品在质量上不是很稳定，或者过不了关，与国外相类似的产品有差距，其实在很大的程度上是密封环节没有做到位，密封环节没有真正地起到密封的作用。密封圈能否装配好，在很大的程度上取决于装配的工具优劣。因为一个好的密封圈装配工具，能从根本上保证密封圈的装配质量。因此，对密封圈装配工具的改进或升级，就意味着密封圈这种产品的质量能间接地得到提升。

从这个意义上讲，这篇技师论文的指导意义是非常大的，而且非常实用。另外，作者在寻找、观察密封圈装配质量的问题上，非常的细致。“用三十倍的放大镜下检查，……发现密封圈上，有类似用针扎过的痕迹或有被撕裂的痕迹”，从而发现了引起产品质量问题的原因，再针对质量问题，采取相应的技术措施，从而彻底地解决了质量问题。这也给我们提供了一条发现技术问题和质量问题的好思路，即在寻找问题时，我们要耐心、仔细。把技术问题和质量问题进行放大来看，往往会寻找到别人发现不了的技术问题，才能锻炼自己，才能找到自己的创新之路。

（二）输送泵液压渗漏原因与改进方法

输送泵液压渗漏原因与改进方法

三一重工　李春武

摘要： 为了防止液压系统的渗漏，本文主要针对拖式混凝土输送泵在装配、调试及早期故障常见的液压系统渗漏问题，进行了分析，提出了有效的控制和预防措施，从而降低了拖泵故障的发生率，提高了产品质量和客户满意度。

关键词： 拖泵　液压渗漏　装配

引　言

液压系统的渗漏，不仅造成油液资源的浪费、还造成停机损失、环境污染、系统效率低等问题。为了增强市场竞争力，拖泵应不断提升产品品质，做到精益求精，来取得市场绝对优势。

一、提出问题

为了改善拖泵品质，我们对其出现的质量问题进行统计和分析。拖泵的故障统计分析如图1所示。

从下图可以看出，拖泵的三种主要问题为渗油、漏油、喷油，这三项问题约占了问题总量的44%。因此，降低液压系统油液渗漏，是改善拖泵产品质量的首要问题。

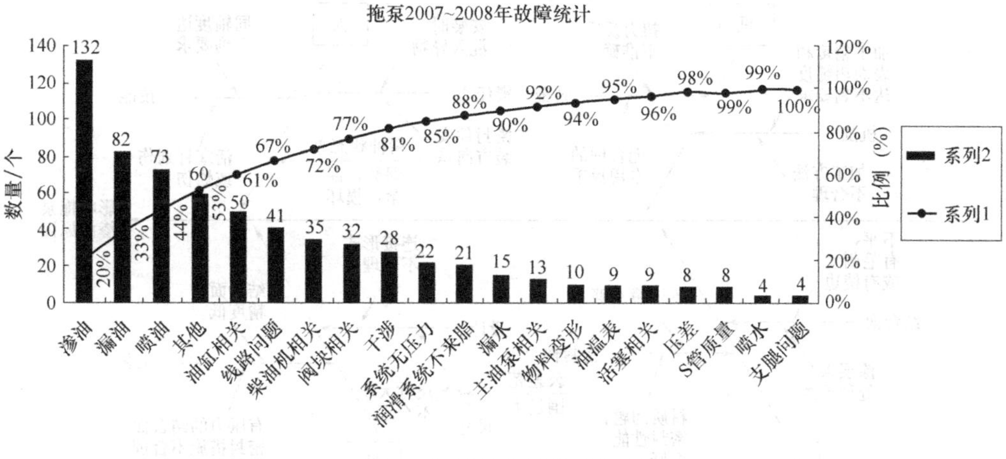

图1　拖泵的故障统计分析

二、分析问题及解决措施

根据对故障现场调查、统计、分析，产生液压系统渗漏的问题主要有以下几种：

1. 安装问题

1）密封件安装时，密封的方向装反了。

2）装配方法不正确，造成密封件损坏和软管扭曲。

3）活塞杆表面划伤，或焊接时灼伤活塞杆。

4）主液压缸与输送缸的同轴度达不到要求，容易造成主液压缸的密封圈损坏。

5）涂装零部件时，涂料进入了配合面，而未清除干净。

2. 设计加工问题

（1）设计方面

1）配合件的结构设计得不合理，选用密封件的规格不能满足工作压力、速度、温度等方面的要求。

2）安装密封件的沟槽设计不当，间隙压缩量不合理。

3）设计安装位置太小，无法达到规定的拧紧力矩要求。

4）油管配制设计不合理，弯曲半径太小，或油管碰到钢管。

（2）加工方面

1）配合件的加工精度没有达到图样规定的技术要求。

2）配合件的表面粗糙度，没有达到图样规定的技术要求。

3. 外协采购问题

1）密封件的结构、材质不合格或制造工艺和精度差。

2）贮存的温度、湿度不当，受到氧和臭氧侵蚀，引起密封件老化、开裂。

3）各种阀类在搬运时被碰伤或本身存在质量问题。

4. 安装环境问题

1）灰尘多、烟雾多，导致接头密封件不干净，引起泄漏。

2）工作场地狭小、温度高、照明不足，引起液压系统渗漏。

综合以上原因，制订的因果图如图2所示。

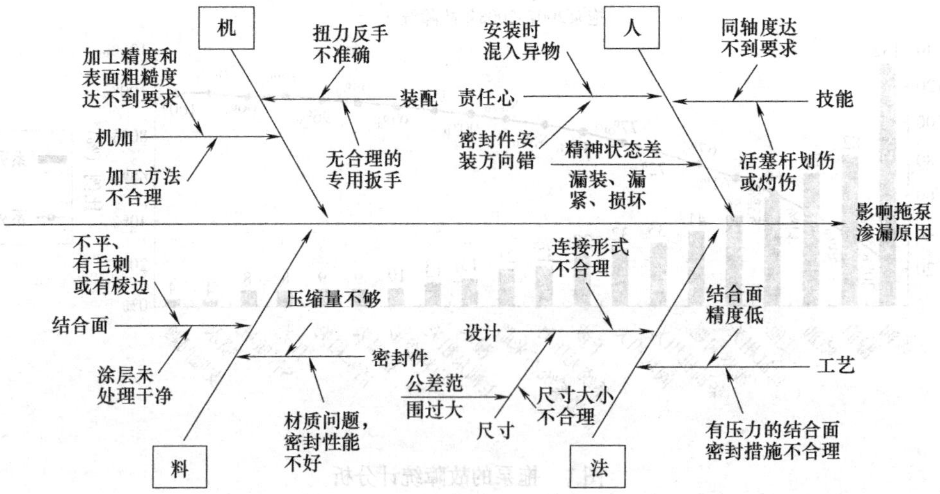

图2　液压系统渗漏因果图

针对以上渗漏的问题，采取了以下措施。

5. 制订相应的规范措施

1）管路安装标准规范。

2）各类液压元件的安装标准。

3）定期对现场操作者进行培训。

4）制订相应的看板表格，进行规范，并逐步实施。

6. 针对装配的措施

（1）密封件装配规定

1）密封件的装配有方向性，不要装配反了。

2）必要时，可涂抹润滑剂增加润滑，以便于装配。

3）保持密封件清洁，仔细清理密封件安装面的飞边、切屑和灰尘等异物。

4）装配时，应注意不可扭曲，装入后，应检查确认密封件处于正确的装配状态。

5）装配前，仔细检查密封件本身有无损伤、老化和开裂现象。

（2）管路的安装规定

1）要避免拐急弯，管路的弯曲半径应大于9~10倍的外径，至少应在离接头6倍直径处弯曲，以免因胶管受液压油冲击、管道不畅而冲破胶管产生渗漏。

2）要注意在安装胶管时不应有扭转现象，不靠近热源和运动部件，管路交叉或平行时两管路间应有 10mm 以上的间隙，以免胶管被磨破而产生渗漏。

3）配制钢管时，应形成标准，管夹固定时应不顺畅。装配各连接胶管、钢管接头时必须仔细检查规格、型号、尺寸，确保准确无误且达到拧紧力矩要求。对于胶管，我通过与研究院工程师核准胶管清单，并形成装配标准作业，来保证拖泵胶管装配准确无误。

4）而在钢管制作过程中，通过采用各种型号的配焊工装来确保相同型号的产品配作一致，防止装配钢管时受阻，而产生液压系统渗漏。对装配各种液压元件，我们制订了相应的工艺重点，见表 1。

表 1　胶管装配工艺重点

注意事项	图　片	工艺和过程要求
胶管安装的技术要求		胶管在安装过程中，胶管长度适当，不能过长过短，弯曲半径不能过小，特别不能扭曲。螺纹联接胶管注意内外锥面对中，不得歪斜而擦伤密封件
	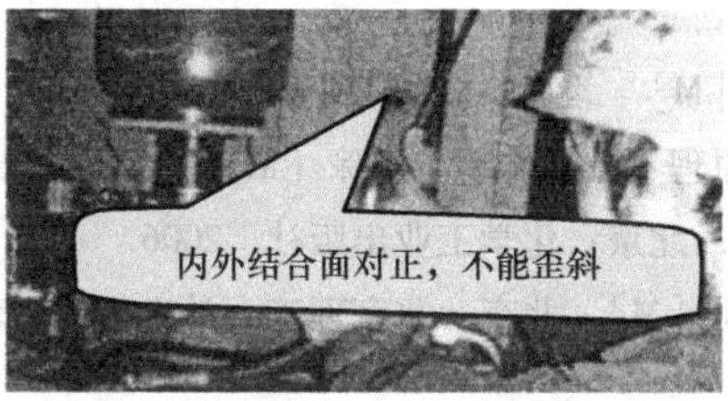	螺母拧紧力矩达到要求，对开法兰安装胶管，应注意四个螺钉受力均匀，法兰结合面与安装面应该有 0.1mm 的间隙，螺钉要求用 M14×45、8.8 级，力矩达到 120N/m

针对拧紧力矩达不到要求等问题，进行以下改进。

① 改进连接方式，如油箱回油管接头由原来一个管螺纹联接方式，改为法兰盘的连接方式，分散了集中应力。

② 加装过渡钢管。对连接距离较长的胶管，因为容易导致胶管摆动而磨坏胶管，已经改成中间加装钢管过渡，可减少胶管磨坏或拉直的现象。

7. 对外协采购件加强管理

对于外协采购件，加强了装配前的检查工作，仔细检查各零部件有无碰伤、擦痕，外部的几何尺寸是否符合要求，结合面镀层有无脱落划伤等缺陷。

三、效果

按照改进后的措施，我们通过一个月的实施，已经取得了以下效果。

1）现场操作员工通过我们制定的看板，学习了装配工艺和装配质量的标准，及装配质量控制的关键点。明显地改善了装配时产生的漏装、错装、损坏的状况。

2）规范了焊接过程。通过取消装配现场配焊，而采用工装配焊，来改善装配现场工作环境和油配管路标准化。

我们对近段时间生产的拖泵进行质量故障的跟踪统计，故障率对比如图 3 所示。

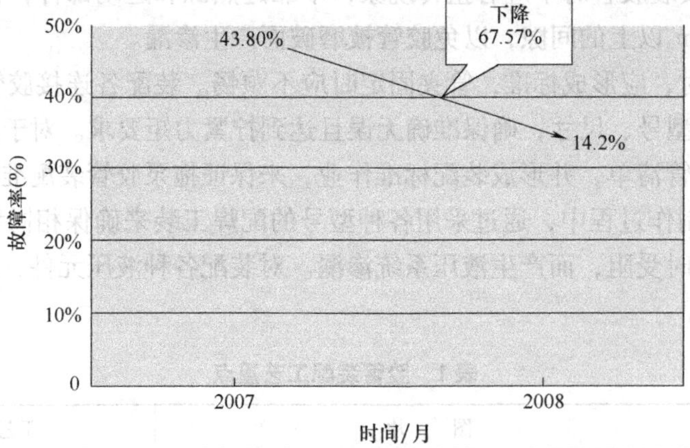

图3　故障率对比

2007年7月~2008年8月，在每月生产的130台中，发生质量故障的占57台。经过改进，2008年9月生产的45台中，发生故障的仅为15台。故障率由43.80%降到了33%。

通过解决液压系统渗漏各种问题，有效地解决了拖泵液压系统渗漏的问题，使产品的品质得以提升，使拖泵液压系统渗漏现象下降了67.57%，得到单位领导的好评。

四、参考文献

[1]　黄迷梅．液压气动密封与泄漏防治［M］．北京：机械工业出版社，2003.
[2]　刘忠，杨国平．工程机械液压传动原理、故障诊断与排除［M］．北京：机械工业出版社，2005.
[3]　刘延俊．液压系统使用与维修［M］．北京：化学工业出版社，2006.
[4]　雷天觉，杨尔庄．新编液压工程手册［M］．北京：北京理工大学出版社，1998.

点评

这是一篇装配钳工技师论文，技师论文的作者是一名长期从事装配工作的装配钳工，他的技师论文选题源自于他从事装配的拖泵液压系统。由于该产品当时仍是新产品，出厂交付给用户使用后，液压系统出现渗漏的现象比较多，引起了作者的关注。他们针对拖泵液压系统渗漏的技术问题，进行了技术、工艺、外购件、装配工作过程中的分析，发现了许多问题。并针对这些问题采取了一些措施，解决了许多问题，取得了较好的成效，得到了单位领导的好评和用户的满意。

解决产品生产中的问题，就是为企业做实事，企业是最欢迎的。总是有人问，技师论文的选题到哪里去找？其实技师论文的选题就在我们的身边，就在我们平常的工作中，这篇技师论文恰恰说明了这一点。

八、数控车工技师论文

G10指令的应用

G10指令的应用

中航工业电子设备研究院　李国荣

关键词：设备　工艺　编程　劳动强度

引　言

随着航空事业的不断发展，产品升级换代的步伐加快，不可避免地出现了产品生产趋向于多品种、小批量的情况，这给组织生产带来了不少困难，要解决这种难题，用数控设备是很好办法。为此，我院从 HATDINGE 公司引进了 CONQUEST T42 及其他型号的数控车床。该设备的数控系统是 GE FANUC Series 2li-T 系列。数控车床与卧式车床相比，它的优点是对零件变化有很强适应性，当加工不同零件只需改变相应的程序，然后对刀具进行相应调整就可做出合格的零件，这样不但节约成本，而且还缩短了加工周期。通过一段时间实践，我总结出了编程的一些技巧。

一、提出问题

在航空仪表产品中，有大量的盘类零件，其长径比很大，直径多在 20mm 以下。该类零件的几何尺寸较多，精度要求也很高，卧式车床难以一次装夹完成，而且质量难以保证。如果采用通常方法编程，每装夹一次只能加工一个零件，就会出现下面一些情况。

1）由于轴向尺寸较短，造成数控机床的滑板在床身导轨局部频繁往复，长时间工作之后，便会造成数控机床导轨局部过度磨损，影响数控机床的加工精度，严重的甚至会造成数控机床报废。

2）弹簧夹头夹紧机构动作频繁，而弹簧夹头夹紧机构的频繁动作，则会导致液压系统的损坏。

3）生产率很低，因我院引进的数控车床都没有配备拔料装置，所以，每加工一个零件之后都必须手动拔料，造成了时间上的很大浪费，而且操作工的劳动强度很大。

二、分析问题

针对上述问题，我利用了 G10 指令的功能，即工件偏置指令的功能，进行编程。因为调用工件偏置量就等于可以移动工件坐标系统的原点。

其具体做法是，把工件偏置值储存到工件偏置文档中，便于我们随时调用。而我们把储存于工件偏置文档中的数值加到绝对位置的寄存器中，从而人为地使工件坐标系统的原点，偏移了一个储存于工件偏置文档中的量值。

如果 Z 轴置于 30mm 的位置，操作工将 Z－3 存入工件偏置文档，绝对位置寄存器就将会显示出：Z27［30－3］。这就是说：一旦工件偏置被存入，计算机控制系统将自动把它加入到绝对位置寄存器中，寄存器将保留修正值，直到操作工或零件程序将工件偏置量的数字设置为零为止。甚至在执行归零操作后，绝对位置寄存器依然保持着被修正的状态。

通常做法是，将工件长度作为 Z 工件偏置量存入，而不用 X 工件偏置量。由于工件偏置量数值是加到绝对位置寄存器中的，对坐标系统的原点是工件端面和主轴中心线的交点。

其编程形式是：

G10 P0 X0 Z_ ；

P0：选择工件偏置量作为要修正的偏置文档。

X：X 轴的偏置值。

Z：Z 轴的偏置值。

W：W 轴的偏置值。

三、解决问题

1. 改进前的效果

1）可以在一次加工循环中，加工数个零件，即在加工零件不影响数控车床刚性的前提下，在Z轴最大运行的距离内，一次送出零件的长度，可以为单位零件长度的最大倍数。

2）弹簧夹头夹紧机构的动作时间间隔相应延长为原来的倍数。

3）每个零件的辅助时间大为缩短，从而提高了生产率。

2. 改进后的效果

以上的编程方法只是解决一次装夹加工数个零件的问题。经过长期的实践与摸索，在CONQUEST T42及其他型号的数控车床上，加装了自行研制的拔料器，再编制相应程序。我的总体思路是：利用主程序和子程序的关系，在一次加工数个零件的程序后，再加上一段拔料程序，作为一个子程序，由主程序通过调用子程序的命令，调用一次子程序，加工完成后，就跳转回主程序。需要加工几个零件便调用几次子程序，有利于增减每次循环加工零件的数目。

3. 示例

```
O800（主程序）
M98 P404000
M98 P1
M1
M30

O4000（调用子程序）
M98 P1
G10 P0 Z231.0
M98 P3 3000
G10 P0 Z231.0
M98 P1
M99

O3000（零件程序）
N1 （CUT-R）
M98   P1
G97 S1500 M13
T0707
G0 Z3.0
X-0.2
G01 G99 Z0.05 F0.15
X13.0
Z-0.95
X15.0
Z-4.0
```

```
G0 X18.0
Z15.0
M98 P1
M1

N2 (DRILL3.2)
M98 P1
G97 S1000 M13
T0101
Z3.0
X0
G01 G99 Z-4.8 F0.05
G0 Z15.0
M98 P1
M1

N3 (ID-SHARP-R-15)
M98 P1
G97 S1500 M13
T0101
Z2.0
X -2.5
#1 =0.06
G99 G01 Z-0.5 F#1
X-4.08
X-12.58 Z0.5
G0 Z15.0
X-2.5
Z0
G99 G01 Z-0.9
X-4.08
X-12.58 Z0.1
G0 Z15.0
M98 P1
M1

N4 (OD-F)
M98 P1
G97 S1500 M13
```

```
T0606
Z2.0
G0 X12.0
G99 G01 Z0.F0.05
X12.88, C-0.2
Z-1.0
X14.88, C-0.2
Z-3.0
X16.0
G0 Z15.0
M98 P1
M1

N5
M98 P1
G97 S1500 M13
T1111
Z2.0
G0 X-2.5
Z0
G99 G01 Z-1.0 F0.02
X-4.08
X-12.58Z0
X-12.9
G0 Z15.0
M98 P1
M1

N6 (ID3.6)
G97 S1800 M13
T0202
Z2.0
X-3.607
G01 G99 Z-3.8 F0.04
U0.05
G0 Z15.0
M98 P1
M1
```

```
N7 (CUT-INSERT)
M98 P1
G97 S1000 M13
T0505
Z-5.1
X18.0
M26
G99 G01 X-0.1 F0.06
G0X 25.0
M25
M5
G0 Z15.0
M98 P1
M1
G10 P0 X0 W5.8
M99
```

值得注意的是，由于子程序的各项参数在每次调用中都保持不变，而主轴的坐标时刻在变化，因此，严禁在主程序的子程序中起动数控车床进行加工，不然数控车床就会发生意外。为了能与主程序相适应，在子程序中必须采用相对编程语句。

四、效果

实现了加工数个零件后，能自动拔料。在加工循环的改革后，原来单件零件的辅助时间分摊到数个零件上。每个零件的辅助时间就大为缩短，不但提高了生产率，而且大大降低了操作工的劳动强度。还可以实现一人操作多台设备，降低了生产成本，明显地提高了经济效益。

五、结束语

在数控机床上加工零件，会遇到各种各样的问题，我们只要认真对待，通过多看、多问、多思考、多操练、积累经验、掌握技巧、融会贯通，就一定能做到有的放矢、游刃有余，并能迅速解决问题，保证零件的质量，就能保证完成科研生产任务，为航空事业作出一份应有的贡献。

六、参考文献

[1] 郭小冬. 数控编程 [J]. 机械工艺师，1987 (3)：23-25.

点评

这是一篇数控车工技师论文，作者是一名经验丰富、长期从事数控车工加工工作的技术工人，他的技师论文选题就是来自自己加工产品装夹的方式中。原来加工时，由于没有配备专门的拔料装置，每次加工产品前，都必须手动拔料，劳动强度大，辅助时间多，工作效率低。作者通过巧妙、合理地运用数控系统中的数控指令，把原来需要数次手动拔料装夹的动作，减少为一次拔料装夹。初次小的革新，就给作者带来了兴趣，尝到了创新变革的甜头。在此基础上，作者又继续努力，除了自制拔料装置外，又开发了主程序+子程序的简易循环程序，使原来靠手动拔料装夹方式变成了自动拔料，从根本上解放了技术工人。这种革新、创新值得提倡和学习。

从这篇技师论文中，我们还可以看出，学习数控指令，是起步；熟悉数控指令，是入门；能灵活地运用数控指令，才是真正地学懂了。而我们要的就是学懂、会用数控指令，把数控机床的各种功能充分地发挥出来，把数控机床的各种功能。

九、数控铣工技师论文

用三坐标机床代替五坐标机床加工零件

用三坐标机床代替五坐标机床加工零件

中航工业沈阳黎明航空发动机集团　王　欣

摘要：叶片蜡模通常只有在五坐标机床上加工，但由于条件有限，在没有五坐标机床的情况下，通过巧用自行设计的夹具，使用三坐标机床代替五坐标机床加工零件，难题就可迎刃而解，扩大了机床的使用功能，本文就自行设计的夹具进行介绍。

关键词：叶片蜡模　三坐标机床　夹具

引　　言

生产叶片的模具有很多种，有锻摸、辊匝模、铸模、蜡模等。蜡模是生产叶片的主要方法之一，下面我就在三坐标机床上加工叶片蜡模的方法作简要介绍。

一、提出问题

叶片蜡模的背模（图1），其叶片型面复杂、型面的曲率大，水平放置时有倒拔面。用三坐标机床加工时有加工不到的地方，而且叶片蜡模没有基准，无法进行钳工修理。因此，对于叶片蜡模这种复杂零件通常就只有放在五坐标机床上进行加工。但由于我单位五坐标机床因故障无法正常使用。技术人员决定用外单位的五坐标机床加工叶片蜡模。由于工期紧，外委周期时间长，需要7天的时间，而且外委加工费用极高，质量也时常得不到保证。

图1　叶片蜡模的背模

二、分析问题

1）为什么叶片蜡模一般要用五坐标机床加工？我通过仔细观察叶片蜡模发现，如果用三坐标机床来加工叶片蜡模，由于机床的坐标数不够，就有加工不到的地方，这个地方是一个小圆凸包，它是设计员为了能使叶片蜡模的上、下模具能够顺利地分模而设计的。

2）有没有其他方法来代替？如果设计员在叶片蜡模倒拔型面的小圆凸包处设计成了活动的镶块，这个看似不太可能突破的技术难题，就有了新的转机。这样一想，我的思路就来了，通过查阅叶片蜡模的总装配图发现：叶片蜡模上的小圆凸包的镶块型面与下模座结合面是相互垂直的。也就是说，我们就可以将这个镶块（图2）卸下单独加工，这样的话，叶片蜡模就不一定要

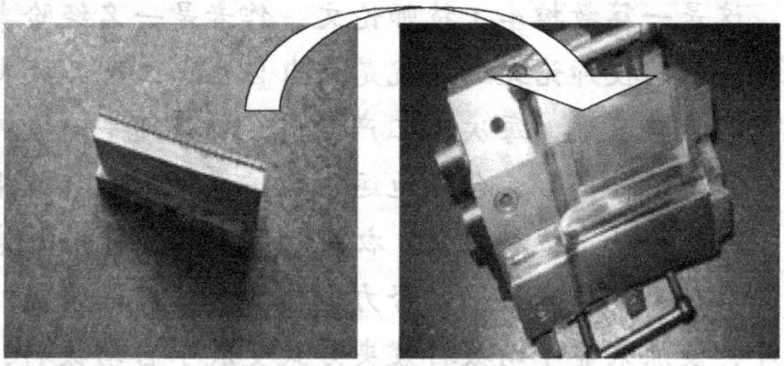

图2　镶块从叶片蜡模卸下

用外委加工了，用三坐标机床和专用夹具就能解决问题。

三、解决问题

1）为了扩大机床使用范围，需设计专用夹具。

为了解决叶片蜡模再卸下镶块后，仍然需要四个方向的坐标机床，才能进行铣削加工，就只有设计专用夹具，才能扩大三坐标机床的功能，才能完成叶片蜡模的加工任务。

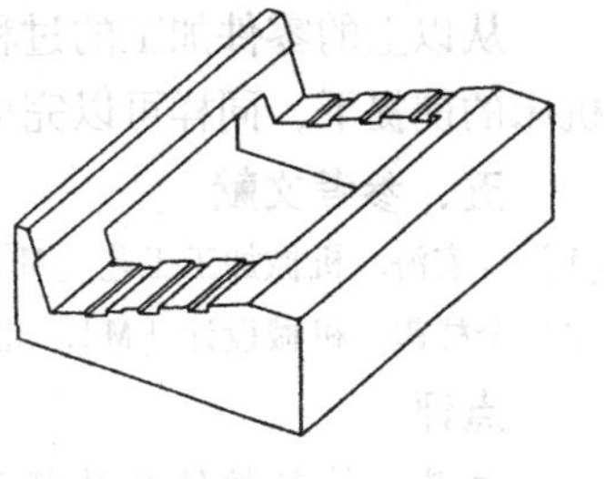

图3　专用夹具结构

2）专用夹具思路、结构。自行设计的专用夹具结构如图3所示。

① 根据镶块型面法向上的不同角度，在专用夹具结构上，设计成不同角度的专用夹具，以便于进行多次装夹和加工。

② 为了多次找正所加工的型面使其不出现误差，在零件上必须做一个工艺基准孔，以便每次找正都按这个基准孔进行，做到了基准统一，减少了找正带来的加工误差。同时，可以在不主要的结合面上，编出校验程序，做试切检查，使一个型面在多次找正加工的情况下，减少误差光滑连接。

虽然这种工艺方法对操作者的技术水平要求比较高，但经过多次实践，已经找出了规律，可以在三坐标机床上加工出原来需要五坐标机床加工的零件，解决了生产上的一些难题。

四、不足之处

此种方法在加工中，采用专用夹具还是有一定不足。

一套蜡模，就需要制造一组专用夹具，这组专用夹具就只能加工此套蜡模，加工另外一套蜡模时，还需要再制造另外一组专用夹具。材料的浪费，每一套蜡模都需要一组专用夹具。由于这类夹具多，而且非常相似，容易在加工中选错夹具，并且造成现场夹具混乱，不易管理。

所以，根据以往的加工经验，在制造通用夹具时，可以采用以下办法，进行相应的改进。

1）可按照每增加10°做一个夹具，在夹具上标刻度数，使用夹具时，直接按度数找正夹具、加工即可。虽然前期投入的夹具较多，但对于长远来说，还是降低了夹具制造的成本，使用时，还不会选错夹具，还有利于对夹具管理。如图4所示，为每增加10°的通用夹具。采用这种方法避免了外委加工，缩短了加工周期，在外委加工费方面，仅一套就节约2万元左右。

2）对于单套的模具也可使用正旋规和组合夹具，既方便又快捷。如图5所示。

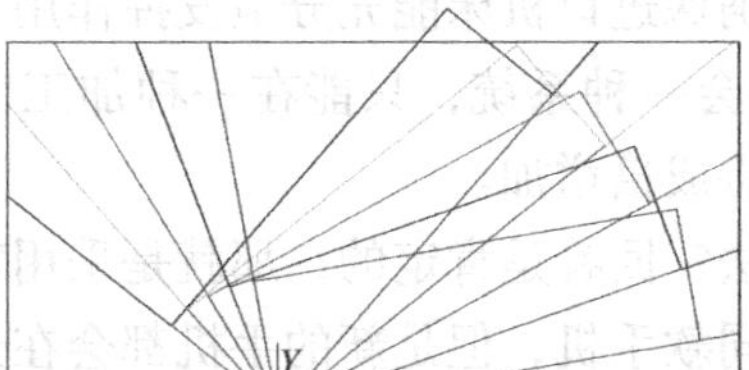

图4　按照每增加10°做一个夹具

图5　组合夹具

从以上的零件加工的过程中，我总结出一种很好的加工工艺和加工方法，在没有五坐标机床的前提下，同样可以完成对五坐标机床加工的零件。

五、参考文献

[1] 许宏海. 机械加工工艺 [M]. 北京：化学工业出版社，2008.
[2] 金桂霞. 机械设计 [M]. 北京：电子工业出版社，2009.

点评

这是一篇数控铣工技师论文，作者是一名经验丰富、长期从事数控铣工工作的技术工人，他的技师论文的选题就是来源于平时的产品。叶片蜡模原来是由五坐标加工中心加工，由于各种原因，改为对外委托加工。由于外委加工费用比较高，另外外委的加工进度跟不上生产配套进度的要求，成了企业生产上的一个大难题。作者针对这个难题，主动出击，寻找新的加工方法。他通过把叶片蜡模小圆凸包进行合理的分解，再加上夹具，使原来需要五坐标机床加工的叶片蜡模，只要在三坐标数控铣床上就能加工。这样简单地一改，不仅仅是一般意义上加工工艺的改动，而是一次加工方法上创新。从创新的方法上讲，这就是用简单的代替了复杂的，即用简易的三坐标机床替代了复杂的五坐标机床；从设备的价值上看，购置一台五坐标机床的费用能够购置十台以上三坐标机床；从生产成本上看，其加工费用明显下降了；从生产进度上看，自己加工比外委快得多；这样的创新和革新就很有实际意义，值得我们借鉴和学习。

十、加工中心操作工技师论文

加工中心三种编程指令的对比

加工中心三种编程指令的对比

中航工业西安航空制动科技有限公司　李创奇

摘要： 本文旨在探索一种在已经掌握一种数控系统操作的基础上，能很快掌握和达到熟练应用另一种机床控制系统编程的方法。同时，为师带徒活动中取得的成果不断加以整理和分类归纳，从而达到后续开展师带徒活动并不断在此基础上提高效率和效果，有利于节省时间和知识共享。希望通过此法能快速提高中航工业的技术能力和综合竞争实力。

关键词： 控制系统　控制代码　异同点对比　编程

随着企业数控化建设和设备改造步伐的进一步加快，近些年来从国外引进了大量精度更高速度更快的数控加工中心机床，使加工中心机床及数控系统的种类越来越多，而相应的控制系统又有所区别。对于这些进口的机床，因其价格高精度高，需要在一些有加工经验和能力的人当中选一些较优秀的人去操作这些机床，以确保进口机床能充分地发挥作用。

当生产现场有三种数控系统时，如果一个人只会一种系统，只能在一种加工中心上工作，其效率一般；如果能掌握三种，其效率和能力将成倍增加。

那么能否在短时间内掌握三种数控系统编程方法？回答是肯定的，那就是采用对比的学习方法即可快速达到，比如有的人不止拥有过一部同款手机，但是新的手机都会在几天甚至几个小时乃至几十分钟都会顺利地使用。原因就是在已有的一部手机的基础上进行了对比学习而快速掌握的结果。

为了和大家相互之间更好地交流和学习，促进数控技术的应用和普及，现将从国外引进的三种控制系统的异同点对比（表1～表14）归纳如下，以利于学习应用和参考。

表1　三种控制系统运行环境对比

控制系统	FANUC 0i-MC	SIEMENS A2100	HEIDENHAIN millplus
运行环境	专用计算机系统	计算机 Windows NT4.0 系统	计算机 MS-DOS 系统
存储介质	存储芯片（特点：容量小，体积小，读写速度快等）	硬盘（特点：容量大，体积大，读写速度慢等）	硬盘（特点：容量大，体积大，读写速度慢等）

表2　三种控制系统程序文件对比

控制系统	FANUC 0i-MC	SIEMENS A2100	HEIDENHAIN millplus
程序命名规则	0xxxx（xxxx 为 0000-9999）	遵守 Windows 系统文件命名原则	主程序名：xxxx. PM 宏程序名：xxxx. MM（xxxx 是 1～9999999 数字）
程序格式示例	0xxxx Nx　G21； Nxx T1 M6； …； Nxxx M30	G90 G80 G71 G40 Nx（MSG，“…”） Nxx T1 M6 … Nxxx M30	Nxxxx Nx　G71； Nxx T1 M6； …； Nxxx M30

表3　三种控制系统程序调用功能对比

控制系统	FANUC 0i-MC	SIEMENS A2100	HEIDENHAIN millplus
主程序调用代码	M98 Pmmxxxx；（其中 mm 为程序循环次数，当省略时子程序循环一次；xxxx 为程序号）	（CLS，程序 ID/“程序名”）；其中“CLS”应为呼叫子程序“Call Subprogram”的缩写；	G23 N = xxxx；（其中 xxxx 是程序号）
宏程序调用代码	G65 Pxxxx（xxx 宏程序号）+各种参数（非模态调用）； G66 Pxxxx（xxx 宏程序号）+各种参数（模态调用）； G67 取消宏程序模态调用功能	（CLS，程序 ID 号/“程序名”+各种参数）；	G22 N = xxxx（xxxx 宏程序号）+各种参数；
程序返回代码	M99	（ENS）	M2/M30

表4　三种控制系统圆弧插补功能对比

对比内容	FANUC 0i-MC	SIEMENS A2100	HEIDENHAIN millplus
G02/G03 功能代码	两种方式： 1）半径 R 与圆弧终点坐标 2）圆心 I、J、K（相对起点的增量值）与圆弧终点坐标	两种方式： 1）半径 P 与圆弧终点坐标 2）圆心 I、J、K（对原点的绝对值）与圆弧终点坐标。（K 还表示螺纹加工中的螺距）	两种方式： 1）半径 R 与圆弧终点坐标 2）圆心 I、J、K（对原点的绝对值）与圆弧终点坐标。（K 还表示螺纹加工中的螺距）

表5 三种控制系统单位、刀补、坐标系功能代码对比

对比内容	FANUC 0i-MC	SIEMENS A2100	HEIDENHAIN millplus
程序公英制单位代码	G21/米制单位，G20/英制单位	G71/米制单位，G70/英制单位	G71 米制单位，G70/英制单位
刀补调用代码	G49：取消刀具长度补偿； G43 Hxx Z100：加载刀具长度补偿； G41/G42 Dxx：加载刀具半径左/右补偿； G40：取消刀具半径补偿（其中xx为刀具数据表中存放刀具的长度和半径补偿值的存储地址）	（机床数据表中刀具号、刀具长度和刀具直径是一一对应关系） 主轴不带刀时自动取消刀具长度补偿，主轴带刀时自动加载刀具长度补偿； 遇到G41/G42时自动加载刀具直径左/右补偿； G40取消刀具直径补偿； 在刀具数据表中存放有刀具的长度和直径补偿值	（机床数据表中刀具号、刀具长度和刀具半径是一一对应关系） 主轴不带刀时自动取消刀具长度补偿，主轴带刀时自动加载刀具长度补偿； 遇到G41/G42时自动加载刀具半径左/右补偿； G40取消刀具半径补偿； 在刀具数据表中存放有刀具的长度和半径补偿值
机床坐标系代码	G53	G98	G53
工件坐标系代码	G54－G59	H1－H6	G54－G59

表6 三种控制系统精镗孔编程格式对比

对比内容	FANUC 0i-MC	SIEMENS A2100	HEIDENHAIN millplus
精镗孔编程格式	G98 G76 Z-10. R2. Q0.1 F100.； G80	G86 U0.1 V0. J0. Z-10. R0. W100. F100. G80	G86 Z-10. Y2. B100. F100. G79 Xx Yy Zz Aa Cc
说明	G98加工完孔返回起刀点，G76精镗孔指令代码，Z-10.对原点的绝对深度，R2.安全间隙，Q0.1退刀偏移量，F100.工进速度，G80用于取消精镗孔循环	G86精镗孔指令代码，U0.1在X方向退刀偏移量，V0.在Y方向退刀偏移量，J0.主轴定向角度，Z-10.对加工面的相对深度，R0.加工面对原点的绝对位置，其安全间隙由系统参数决定，W100.对加工面的相对回缩高度，F100.工进速度，G80用于取消精镗孔循环	G86精镗孔指令代码，Z-10.对加工点位加工的深度，Y2.安全间隙，B100.对加工点位相对回缩高度，F100.工进速度，G79执行孔加工循环、当没有G79时认为已经没有要加工的孔了，无需用G80等类似代码取消

表7 三种控制系统相对、绝对及混合编程代码对比

对比内容	FANUC 0i-MC	SIEMENS A2100	HEIDENHAIN millplus
功能代码	G91/G90 （相对/绝对编程方式）	G91/G90 相对/绝对编程方式 （同FANUC 0i-MC）	G91/G90（相对/绝对编程方式） （同FANUC 0i-MC）
附加说明	U、V、W分别是X、Y、Z三轴的辅助轴，在多轴机床中作辅助轴指令	U、V、W分别对应X、Y、Z三轴增量方式，一般用于固定循环G代码中，在多轴机床中也作辅助轴指令	X91＝、Y91＝、Z91＝分别对应X、Y、Z三轴增量方式，可与G91/G90在一起混合编程。 X90＝、Y90＝、Z90＝分别对应X、Y、Z三轴绝对方式，可与G91/G90在一起混合编程

表 8 三种控制系统中 M02/M30 的功能异同点对比

对比内容	FANUC 0i-MC	SIEMENS A2100	HEIDENHAIN millplus
功能代码	M02/M30 两者运行结果相同。(但在 FANUC 0i-MB 控制系统中两者有区别，即遇到 M02 程序运行结束且不返回程序开头)	M30 比 M02 多了一个还刀环节，即将程序中最后用的刀具还回刀库中，主轴最后不带刀具	M02：程序结束，但不返回程序开头，通常仅用于子程序返回主程序之用 M30：程序结束，返回程序开头，通常用于主程序结尾

表 9 三种控制系统坐标系旋转功能编程对比

对比内容	FANUC 0i-MC	SIEMENS A2100	HEIDENHAIN millplus
功能代码	G68 Xx Yy Ra；(其中 x、y、a 分别代表旋转中心坐标和旋转角度)	(ROT，Xx Yy Aa)(其中 x、y，a 分别代表旋转中心坐标和旋转角度)	G93 Xx Yy B4 = a (其中 x、y，a 分别代表旋转中心坐标和旋转角度)
功能取消代码	G69	(ROT，A0.)	G93 X0 Y0 B4 = 0

表 10 三种控制系统镜像功能编程对比

对比内容	FANUC 0i-MC	SIEMENS A2100	HEIDENHAIN millplus
功能代码	M21；(对 X 轴执行镜像功能) M22；(对 Y 轴执行镜像功能)	(INV，X1)：对 X 轴执行镜像功能 (INV，Y1)：对 Y 轴执行镜像功能 (INV，X1 Y1)：对 X 轴和 Y 轴同时执行镜像功能	G73 X-1：对 X 轴执行镜像功能 G73 Y-1：对 Y 轴执行镜像功能 G73 Z-1：对 Z 轴执行镜像功能 G73 X-1 Y-1 Z-1：对 X 轴、Y 轴和 Z 轴同时执行镜像功能
功能取消代码	M23	(INV，X0 Y0)	G72

表 11 三种控制系统极坐标编程格式代码对比

对比内容	FANUC 0i-MC	SIEMENS A2100	HEIDENHAIN millplus
功能代码	G16 Xr Ya：(其中 r，a 分别代表极轴和极角，极坐标中心与工件原点重合)	Xx Yy Lr Ea (其中 r，a 分别代表极轴和极角，x、y 为极坐标中心)	G9 Xx Yy L2 = r B2 = a (其中 r，a 分别代表极轴和极角，x，y 为极坐标中心)
功能取消代码	G15	当程序段中没有 L 而出现 E 时则立即取消极坐标功能	G17/G18/G19

表 12 三种数控系统执行 G00/G01 代码时轨迹异同对比

对比内容	FANUC 0i-MC	SIEMENS A2100	HEIDENHAIN millplus
功能代码	与 G01 相比较，两者的执行轨迹一般不同（两轴以上联动时）	与 G01 相比较，两者的执行轨迹一般相同	与 G01 相比较，两者的执行轨迹分以下几种情况： 1）当刀具轴是 Z 轴时，XY 两轴联动时与 G01 相比较，两者的执行轨迹一般相同 2）当刀具轴是 Z 轴时，XYZ 三轴联动时与 G01 相比较，两者的执行轨迹一般不同，即先是 XY 轴联动后再运动 Z 轴 3）当刀具轴是 Z 轴时，XYZAC 五轴联动时与 G01 相比较，两者的执行轨迹一般不同，即先是 AC 旋转轴联动后再与 XY 轴联动，最后运动 Z 轴

表 13 三种数控系统执行攻螺纹功能异同点对比

对比内容	FANUC 0i-MC	SIEMENS A2100	HEIDENHAIN millplus
浮动攻螺纹功能代码	G84 Zz Rr Ff；（加工参数含义和其他孔加工功能类似）	G84 Jx Zz Rr Ff Wa（x 是退刀倍数，a 是安全退刀高度，其他加工参数含义和其他孔加工功能类似）	G84 Zz Yr Bh Ff/Jp（r 是安全间隙，h 是退刀高度，f 与其他数控系统相同是攻进速度，在没给定 f 的前提下可以直接给出螺距 p）
刚性攻螺纹功能代码	G84 M29 Qk Zz Rr Ff；（k 表示每次攻进多深，退刀排一次屑，退刀圈数和速度由机床参数决定；其他加工参数含义和 G84 浮动攻螺纹功能相同）	G84.1 Jx Zz Rr Kc Pe Ff（c 表示每次攻进深度，退刀排一次屑，退刀圈数为 e 和速度倍数为 x；其他加工参数含义和 G84 浮动攻螺纹功能相同）	无此功能
附加说明	F（攻进速度）=S（主轴转速）*P（螺距）（在 G94mm/min 模态下） F（攻进速度）=P（螺距）（在 G95mm/r 模态下）	在刚性攻螺纹功能下，机床的主轴被当做回转 C 轴处理（显示器多出了显示当前 C 轴所转动的角度一项），所以攻进倍率调节旋钮有效且可调节攻进速度，而 FANUC 0i-MC 系统没有这一功能	

表 14　三种数控系统延时和主轴定向功能异同对比

对比内容	FANUC 0i-MC	SIEMENS A2100	HEIDENHAIN millplus
延时功能代码	G04 Xs/Pt；（在两种格式中，s 是可带小数点的时间段，其单位是 s；t 是不可带小数点的时间段，其单位是 ms）	G04 Fs（其中 s 是可带小数点的时间段，其单位是 s）	G04 Xs（其中 s 是可带小数点的时间段，其单位是 s）
主轴定向功能代码	M19（定向角度由系统的参数决定）	M19 Sa（其中 a 是主轴定向角度，当省略不写时主轴定向到零度）	M19 Da（其中 a 是主轴定向角度，当省略不写时主轴定向到零度）

由于时间仓促，加之本人水平及使用经验有限，疏漏之处在所难免，望各位不吝赐教，多提宝贵意见。同时，对帮助编者完成本文的所有同事和朋友深表感谢！

参考文献

[1] 王宝成，数控机床与编程实用教程［M］．2 版．天津：天津大学出版社，2005.
[2] 孙竹，数控机床编程与操作［M］．北京：机械工业出版社，2004.
[3] 于华，数控机床的编程及实例［M］．北京：机械工业出版社，1996.
[4] 李宏胜，数控机床技术及应用［M］．北京：高等教育出版社，2008.

点评

这是一篇加工中心技师论文，作者是一名经验丰富、长期从事加工中心操作的技术工人，他技师论文的选题来源于他所从事的工作。在这篇技师论文中，作者把三种加工中心主流数控系统编程指令的异同点归纳出来，用于培训。而这种培训的前提是受训者已经学会或掌握一种数控系统编程指令，再进行另外两种数控系统编程指令的学习。采用这种方法进行学习、培训，就可以有效地减少重复学习，提高培训效率，使受训者能在很短的时间里，快速学会其他数控系统的编程指令，很快就能上岗。

从这篇技师论文中可以看出，作者对各种加工中心的数控系统十分熟悉，并能想到从各种不同的数控系统编程指令中，寻找其共性和个性，进行差异性对比学习，这也是一种创新，也是一种智慧，值得我们学习和借鉴。

十一、变配电室值班电工技师论文

神奇的接地线

神奇的接地线

金德工业园　王　忠

摘要：在工作中，一个最不起眼的东西有时是很关键的，比如一根小电线，粗不得细不得，有时一个小元件就能决定整个工程能否圆满完成。在电力系统中接地线可以决定一个系统的属性。在弱电领域，接地线是必不可少的，因为线路过于密集，寄生电感、电容无处不在，静电高压危害无穷。从下面的示例中，就可看到接地线的神奇。

关键词：小电流　接地系统　DCAP　测控单元　屏蔽　重复接地

一、提出问题

在工业配电综合自动化监控系统中，长期平稳正常运行是保证生产顺利进行的关键。但有时却事与愿违，经常会出现这样或那样的问题，如系统死机，反应慢，误报警，出现误操作信息等。而每一个误动作的出现都会让值班人员忙得不可开交，因为真伪难辨，值班人员又不得不认真地对待。但有些问题长期干扰，值班人员已经习以为常，一律按误报处理，这都是非常危险的。

向家厂家咨询，得到的答复是我们的软件过时了，要重新升级，其费用至少要 2 万元，这让工业园领导头痛不已。若真有问题，后果将难以预料。

我调出了以前的历史事件文档，发现每个月总有 5 ~ 6 次小电流接地信号报警，我们工业园一共用了 11 台变压器，把电压 10000V 转换为 400V，并且是每台高压电气屏都有过小电流接地信号报警。只有 328、326 号馈电屏报警较少，而靠近计算机端越近，报警信号就越密集。

二、分析问题

经仔细查看通信电缆线工艺布线的走向，确定是典型的串联通信联接方式，是以一根二芯带屏蔽线的小电缆。从计算机接口一直串联到最后一个高压配电柜，在每个高压配电柜中间，并联三根线接 DCAP3000 或 CAP3001。但从头到尾都没见到明显的接地线，对此我开始没有在意。怀疑是通信线被外部强磁场干扰，屏蔽线松动或某处断开等因素造成的。

抱着试试看的想法，把每处接头都用镙丝拧紧，并且通信线都用了压线“鼻子”，想让因干扰产生的感应电流尽快得到释放。因为接地线是多股软线，最好不要拧成麻花状与镙丝压接，这是有工艺规定的。

在处理完后，一星期内系统没有报警，但一周过后故障又重演了。因为我已经排除了一个引起误报警的因素，可能还有另一个因素还没有被发现。在此期间，检查到报警最多的 312 高压回路绝缘只有 5MΩ，明显偏低，这肯定会引起小电流报警。处理后发现 328 计量变得不准了，再与 314 未用变压器计量表互换后，也正常了。这时又发现 328 在监视平台数字变化比较慢，别的监视回路是 1 ~ 2s 变化一次，而 328 监视回路 1min 才变化一次。我决定把各种干扰都排除后，再重点研究 328 监视回路。更换 DCAP 电源板也没有效果。

一般来说，干扰可分为内部干扰和外部干扰。

外部干扰是指从外部侵入电子设备或系统的干扰，主要来源于电或磁的影响，例如输电线和其他电气设备产生的电磁场等。它的特点是干扰的产生与电子设备或系统本身结构无关，它是由外界环境因素决定的。

内部干扰是指电子设备或系统内本身产生的干扰，它主要来源于电子设备或系统内器件，导线间及分布电容、分布电感引起的涡流感应、电磁场辐射感应、长距离传输时的波反射、多点接地造成的电位差引起的干扰等。它的特点是干扰的产生与电子设备或系统的结构制造工艺有关。

抗干扰基本方法有三种，即消除干扰源、削弱电路对干扰信号的敏感性能，切断干扰的传递途径或提高传递途径对干扰的衰减作用。

三、解决问题

结合实际环境与工作经验，我决定把 328 变通信电缆屏蔽线单独接地。如此一来是重复接地，因为每个 DCAP 数字保护测控配单元已有接地，效果怎样，我不敢肯定。由于各 DCAP 装置都是通过网络联接的，其数据可以共享，故按照具有零序电压的母线上，各线路零序电流最大基波幅值及五次谐波功率方向等条件选择接地线路。把通信电缆线在高压屏内与互感器二次电流线、合闸电源、保护电源等放在一起布线，外部干扰严重。在连接了一根 $2.5mm^2$ 接地线之后，神奇的现象就出现了：328 反应马上快了，数字变化跟其他所有监视数字变化一样快。我意识到把小电流接地，反复报警也可以解决。对 DCAP 所有测控系统全部重复接地，一定可以消除干扰，屏蔽外部磁场对通信信号的干扰。本着先易后难的原则，先试验 4 个 DCAP 单元箱的重复接地，半个月过去了，一次小电流接地信号报警也没出现过，其他任何不正确报警也没发生过。之后，我对所有 DCAP 测控单元都重复接地，在以后的两个多月中，再也没发生过一次误报警、小电流接地报警或数字变化不准等不良现象。

通过这么一个案例，我得到一些启发，重新对接地线有了进一步的了解。我国 3 ~ 5kV 配电网中的中性点一般是不接地的。经消弧线圈接地或经高阻接地，当发生单相接地故障时，由于不能构成低阻抗的短路回路，接地短路电流很小，故称为小电流接地系统。它的优点在于发生单相接地故障时，多数情况下可以自动熄弧，并恢复绝缘。本系统每个 DCAP 测控单元都设计有接地，我们还需要进一步重复接地，整个系统才会稳定。

电子设备越来越精密、集成度越来越高，灵敏度也越来越高，容易使系统不稳定，抗干扰能力差。这时，就不得不借用外部重复的接地，屏蔽掉外部更细小的磁场、内部感应电场和小电流接地系统、对地电容和 PT 的参数配合所产生的 PT 铁磁谐振过电压。同时，本系统接地点在每个 DCAP 测控单元箱内，比较靠近前端，后端所产生的干扰很难屏蔽掉。因为感应电流不会往反方向流动，这是本系统存在的安装和设计缺陷。所以，对弱电领域磁场防护等级要求也越来越高，这样很简单的一根接地线，就可以使我们节约几万元，并且也为以后解决同类问题找到了思路。

一个系统不是有接地就行了，还要考虑重复接地是否足够在最短时间内释放掉有害的干扰电流，并且还要考虑接地点位置，是否合适。我不能定量去探讨这个问题，只能从定性的角度去谈一谈。望各位专家作更科学的解释，以便今后我们能正确地指导生产。

四、参考文献

[1] 艾冰，张如恒，李业军．小电流接地故障选线技术综述［J］．电力设备，2005，(6) 4：45-50.
[2] 张传洋．小电流接地系统单相接地智能选线装置［J］．新疆电力技术，2008 (17)：101-103.
[3] 机械工业技师考评培训教材编审委员会．维修电工技师培训教材［M］．北京：机械工业出版社，2007.

点评

这是一篇变配电室值班电工技师论文，作者是一名经验丰富、长期从事维修电工工作的技术工人，他的技师论文选题是变配电室值班电工的内容，符合技师论文选题的要求。从这篇技师论文的内容上看，作者虽然讲的是系统重复接地线的问题，但打破了传统习惯思维和常理思考问题。因为在我们的书本上和教材中，讲的只要是接了地线，就能起到对干扰因素的屏蔽作用。因此，当高压电气屏自动化监视控制系统出现误报警时，一般的人是不会想到或是根本就想不到是地线的问题，想到的只是系统或者说是控制软件的问题。这说明了容易做到的事，不容易想得到。要真正地做到这一点是不容易的，这需要我们认真、仔细地去分析每一个问题，大胆地去质疑、常理，大胆地创新和实践。创新是要靠智慧的，只有去寻找别人看不到的、别人想不到的事，我们才能成功。

十二、电工仪器仪表装配工技师论文

浅析标准化驾驶室取暖设备电路的改进

浅析标准化驾驶室取暖设备电路的改进

南车集团株洲电力机车公司　谢光明

摘要：以某改型电力机车为例，针对标准化驾驶室内取暖设备故障引起机车辅助接地，而供电线路无法及时单独隔离故障源进行分析，采取增加适当隔离措施，可以收到良好的效果。

关键词：电力机车　取暖设备故障　机车辅助接地　单独隔离　隔离措施

一、提出问题

我公司近年生产的××B、××改等型号电力机车，均采用了标准化的驾驶室，在驾驶室内都安装了侧墙暖风机、后墙暖风机和脚炉等取暖设备。这些取暖设备为司乘人员提供了良好的工作环境。但是，由于这些设备均是外购件，其产品质量存在着一定的缺陷，在使用过程中，经常因这些设备的故障，引起机车辅助接地线的继电器动作，造成机车辅助接地，直接影响着机车正常运行。

由于供电线路无法及时、单独地将故障设备进行隔离，给司乘人员带来很大不便，直接影响机车质量和工厂的信誉。

二、分析问题

在××改机车标准化驾驶室内，配套有取暖设备，分别为侧墙暖风机、后墙暖风机以及脚炉各两台。机车在正常运行中，由主变压器辅助绕组提供220V电源。经库用电源转换开关与导线202相连，由206导线与202导线构成取暖设备220V电源回路，如图1所示。

在机车运行中，只要有任一台取暖设备在使用时发生故障，产生接地，就会导致206或202导线接地，引起机车辅助接地的继电器动作。若采取隔离辅助接地的开关，维持机车故障运行，将会给行车安全带来重大隐患。

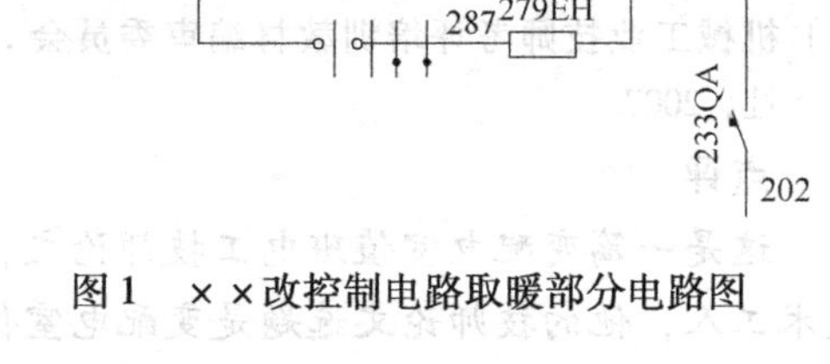

图1　××改控制电路取暖部分电路图

虽然可从驾驶室的中柜将故障设备的线路拆除，但是短时间内，因为连接线较多，也不能完成。因此，只有将驾驶室的取暖开关245QS打到关闭位置，同时把取暖断路器断开，才能完全隔离故障，保证机车正常运行。这样做，虽然排除了故障，但是使驾驶室失去取暖功能，特别是在高寒地区的冬季，将会给司乘人员带来很大不便。

因此很有必要对这些设备增加一个与外电路单独隔离的措施。既保证取暖设备能正常工作，又不影响机车正常地运行。

三、解决方案

经过分析，可将这些设备的供电电路稍加改进，在线路中增加一些断路器，即可收到良好的效果，如图2所示。

在每台侧墙暖风机、后墙暖风机和脚炉的线路上，都增加一个双极断路器。改进后，若某一台取暖设备发生故障，产生接地，其断路器就可以单独隔离故障设备，切断其与供电电路的联系，确保其他设备能正常工作，维持机车驾驶室的取暖功能。同时，断路器具有过载短路保护、分断能力强、动作灵敏、可靠性好、外形美观小巧、质量轻和安装方便等特点。

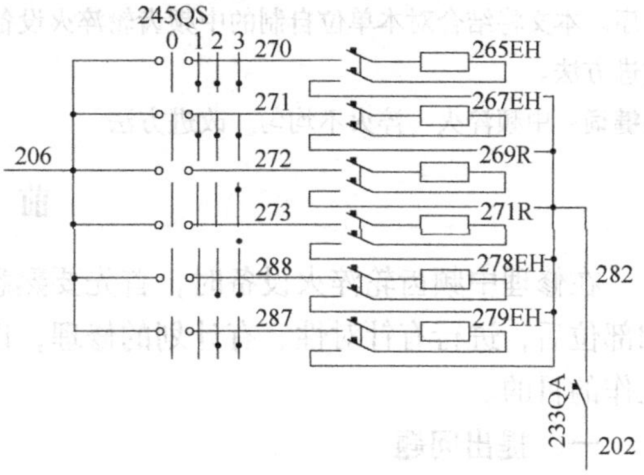

图2 ××改控制电路取暖部分的改进电路

通过改进，不但可以将发生故障设备完全单独与外部电路隔离，达到切断故障源的目的，而且操作简单、方便、快捷、有效，同时还保证了其他设备的正常运行。进一步优化了司乘环境，更好地体现标准化驾驶室人性化的设计理念。

这种改进，对于在段运行的机车，可以直接在各取暖设备边上，增加一个双极断路器。改动方便，工作量少，对于原外部的电路不需改动。对于后续生产的机车，可要求配件供应商在设备上增加内部隔离断路器，对原外部电路也不需要变动。

四、参考文献

[1] 朱龙驹. 韶山4型电力机车 [M]. 北京：中国铁道出版社，1998.
[2] 周安德. SS4改型电力机车安装逻辑控制装置的改进设计 [J]. 电力机车与城轨车辆，2005，8 (1)：35-36.

点评

这是一篇电工仪器仪表装配工技师论文，论文作者是一名长期从事电工仪器仪表装配工工作的技术工人，他技师论文的选题是机车驾驶室控制电路取暖部分的改进。这篇技师论文的选题符合这一个职业的国家职业标准。从整篇技师论文来看，内容并不是很多，论述的事实也比较简单，篇幅也不够长，按照技师论文写作的标准，其字数的数量明显偏少，不符合国家技师论文字数规定的要达到2500字以上要求。但是，这篇技师论文论述的问题，是企业产品生产上遇到的实际技术问题。作者通过现场临时处理机车驾驶室取暖控制电路的故障，联想到整个产品的不足之处，立即着手进行改进。从这一点上看，这篇技师论文还是合格的，毕竟作者是为企业解决了产品技术上的大问题，排除了产品技术上的隐患。从这个意义上讲，这篇技师论文还是很实在的，也是有成效的。在写技师论文时，提倡做实事，解决实际问题，为企业分忧解难，能做到这一点，就能得到企业的认可，就能得到企业的支持，这也是最重要的。因为只有得到企业认可，技师才有用武之地，我们的技师职业资格证才是真正的金字招牌。

十三、维修电工技师论文

（一）谈齿轮淬火设备的改进

谈齿轮淬火设备的改进

株洲市九州四维实业有限公司 王卫平

摘要：在机械生产中，齿轮的制造及应用是极其重要的。而在齿轮齿部表面强度加工中，淬火是最关键的工序。本文将结合对本单位自制的中频齿轮淬火设备的改进，谈谈使用时产生表面淬火的层深度不均匀的改进方法。

关键词：中频淬火　淬火不均匀　改进方法

前　　言

在修理中频齿轮淬火设备时，首先要熟悉了解机床的构造及工作原理，在判明故障原因和部位后，进行有针对性、有计划的修理，以达到排除故障并确保加工精度，保证机床稳定工作的目的。

一、提出问题

我单位是电力机车厂机车齿轮定点生产厂家，加工齿轮直径的规格多数在1m以上，齿轮的厚度也在100~200mm之间。对于齿轮的齿部淬火，主要还是靠我单位20世纪60年代自主研发的中频感应淬火机床来进行淬火。这台设备已经比较陈旧，而且线路老化严重，齿轮淬火层的深度是上部浅，下部深，上、下之间极不均匀。中频感应淬火机床的性能极不稳定，而且维修起来也极不方便。在内燃机车时代，使用这台设备淬火加工出来的产品，还基本能满足用户的要求。随着电力机车的出现和不断提速的新要求，该设备的各种技术问题已严重地制约了我单位的生存和发展。

二、分析问题

1）淬火层的深度是齿轮的一个重要工艺要求，它对产品的质量有很大影响。淬火层的深度主要取决于加热电源的频率，频率越高，则渗透的深度越小，直接加热层及淬火深度也越浅。淬火加热电源的频率分为中频（2.5kHz和8kHz）和高频（70~300kHz）两大类。中频感应淬火深度与电源频率的关系是：8kHz时淬火层深度为1.3~3.5mm、2.5kHz时淬火层深度为2.4~10mm。

2）电源的功率对淬火层深度也有影响。功率越大，加热时间短，直接加热层的热量来不及向内部传播，淬火层就越浅。中频感应淬火所需要的电源功率与淬火面积也有关，一般取（0.5-2）kW/cm^2。

3）淬火感应线圈与工件间的间隙所带来的影响。间隙大了，电源功率利用率不高，造成浪费，淬火层深度也难达到要求。没有间隙又造成感应线圈与工件间的短路，易损坏线圈及淬火设备。

4）工件运动速度及加热时间的影响。工件在加热时，移动速度慢也就是加热停留时间长，工件温度高容易烧坏或导致淬火层太深，产品硬而脆容易发生断裂；反之，工件移动速度快，加热时间短工件温度低，淬火层较浅同时产品软而达不到应有的机械强度，耐磨度也差。

三、淬火不均匀改进方法

1）更换老式的中频发电机组，因为老式机组噪声高、功率低、耗电高、性能不稳定。换上新一代KGPS系列晶闸管恒功率中频电源，此电源具有完善的保护功能，主电路与控制电路的合闸、分闸次序以及使用人员的误操作等，均不会对系统产生任何不良影响。具体功能有缺相（OP）、过电压（OV）、过电流（OC）、水压低（WTL）、控制电源欠电压（LV）等。同时加宽了频率可调范围，可以在2.5~8kHz之间随意调整，功率也加大到100kW，可以满足了不同产品的生产需求。

2）对线路进行了更换，精简了一些不必要的电气元件。减少了因电气线路老化、绝缘损坏而造成设备发生故障。同时，解决了加热工件时经常出现加热功率不稳定和断电流的现象。

3）调整了间隙。对于淬火感应线圈与工件间的间隙，用了多个规格的标准测试笔，在各个方位进行了测试和调整，使四周的间隙均匀地控制在1mm以内。并尽可能接近工件，而又不影响工件在行程范围内运动。可使加热工件齿部时的温度均匀一致。

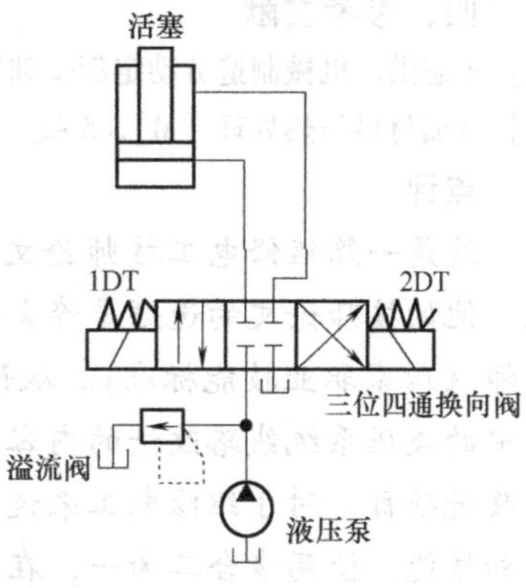

图1 改进前的液压图

4）调整了对加热时间的控制，也是此次改进的重点。改进前的液压图，如图1所示。采用液压电磁阀1DT上升、2DT下降，交替动作控制液压缸的上下运动，活塞带动工件的下行、加热、调速、上行和快速运动。但在刚一接触工件进行加热时，工件还是处于冷状态，这时的工件温度比已经加热工件的温度低很多，因此，容易造成工件上、下淬火层的深度不均匀。

经过分析，加热初始阶段工件温度低，加热时间不够。若能延长一定的加热时间，既能起到预热的作用，又能使整体工件的加热温度更加均匀。为此，在液压系统的下降电磁阀的出口处，即下降的油路中，串联一个电磁阀3DT，再并联一个调速阀，进行流量控制，使工件的下降速度减慢。在控制电路中，当电磁阀2DT下降加热时，KM通电，开始阶段接通电磁阀3DT，经调速阀降速运行。同时，并联一个时间继电器KT，通电延长4s。加热时间的设定是根据工件实际上部不均匀的长度来进行调整的；4s后，KT辅助触头又断开，3DT恢复正常的下降加热速度，如图2所示。

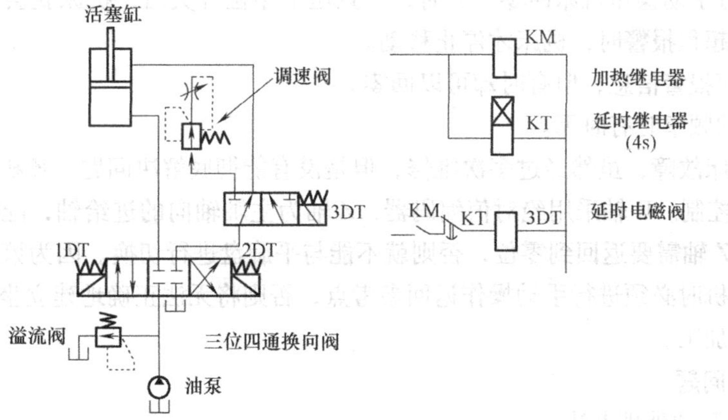

图2 改进后的液压回路及电路图

经过以上几个方面的改进，很好地解决了齿轮淬火层深度不均匀的问题。在实际设备维修工作中，需要维修人员细心检测，既要从电气的角度考虑问题，又不能忽视对机械方面的思索。只有将两者有机地结合起来，才能迅速地找到设备故障的主要原因。而细心地分析设备故障部位的重点，编制科学的维修工艺，将有助于提高维修设备的效率和维修质量，做到快速解决问题，为生产合格的产品提供有力的设备保障。

四、参考文献

[1] 王志洪. 机械制造劳动定额基础知识 [M]. 北京：劳动人事出版社，1988.
[2] 金属材料与热处理 [M]. 5版. 北京：中国劳动社会保障出版社，2001.

点评

这是一篇维修电工技师论文，作者是一名经验丰富、长期从事维修电工工作的技术工人，他的技师论文的选题是淬火设备的改进。从他技师论文的选题来看，完全符合维修电工技师《国家职业技能标准》。从论文的内容来看，对淬火设备的改进，既涉及了机修钳工职业中的液压系统线路改进的内容，又涉及了维修电工职业中的电路改进内容，即机电复合型的改进项目。对于维修电工来说，能在精通本职业的基础上，熟悉和懂得机械维修、维护知识和技能，使两者合二为一，在维修设备、处置设备的技术问题或技术故障方面，就具有很大的优势，会比其他维修人员排除各种故障要快很多，而且效率也会高很多。这是技师的发展方向，也会成为未来对维修电工技师和机修钳工技师的考核标准和考核要求。

（二）巧用零点漂移参数

巧用零点漂移参数

三一重工　孙兴林

摘要：本案通过修改参考点参数来恢复机床的正常使用。

关键词：维修　机床参数　零点漂移　Z 轴

一、提出问题

我单位的一台 TK6111 数控镗床，经常会出现一些不正常的故障。

1）有时候 Z 轴会出现不能正常回零的情况。

2）在进行手动操作机床回零开关时，一旦压下零位开关后，机床就会自动向反方向移动，直至出现超程报警时，机床才停止移动。

3）无任何报警信息，但有时却可以回零。

4）固定的频率时有时无。

以上的机床故障，虽然经过多次维修，但是没有能彻底解决问题。该机床的 X、Y、W、B 轴为全闭环控制。U 轴采用绝对值编码器，Z 轴为主轴轴向的进给轴，配有平旋盘，在使用平旋盘时，Z 轴需要返回到零位，否则就不能与平旋盘进行切换。因为该轴是采用半闭环控制，每次开机时必须进行手动操作返回参考点，否则将无法正确地建立坐标系，并无法进行正常的编程加工。

二、分析问题

1. 原来故障的处理办法

1）根据以上故障现象，判断 Z 轴返回参考点时，减速开关被压下后，虽然 Z 轴已经移动离开参考点，但其开关并没有立刻复位。根据检查的结果，确认其判断是正确的。

2）拆下减速开关，对其分解，进行检查，并无机械卡死现象。

由于这台机床经常使用平旋盘，在使用平旋盘时又必须将 Z 轴返回零位，停在零点时，机床才能进行平旋盘切换。长期下来，容易造成开关的复位弹簧疲劳，导致开关的复位弹簧失灵。原来的解决办法是把开关的复位弹簧拉伸一下，使其恢复弹力，再把开关的复位弹簧安装上去，经试验，机床恢复了正常。但是不久，机床的老毛病又出现了。

2. 再次分析原因

1）经过调查和参考厂家提供的资料得知，TK6111 数控镗床配用 STEMANS 840D 数控系统，除 U、Z 轴外，都是采用全闭环控制，Z 轴采用半闭环控制方式，使用西门子内置编码器作为检测反馈元件。

2）机床开机时，Z 轴手动返回参考点的轴先以快速进给速度向参考点方向移动。当原点减速开关被减速的挡铁压下时，PLC 输入点 I 37·2 信号由 1 变为 0。CNC 接收到该跳转信号后，立即输出指令，对 Z 轴进行制动后，并以接近参考点的速度向相反的方向进行移动。当减速的挡铁释放减速开关时，I 37·2 信号则由 0 变为 1，Z 轴制动到 0 后改变方向，以接近参考点的速度，向参考点方向移动。当减速的挡铁再次被参考点的减速开关压下时，I 37·2 信号就由 1 变为 0，此时起，CNC 接收到的增量脉冲编码器发出的零位标志脉冲 10，Z 轴再继续运行到参数设定的距离后停止，返回参考点的过程结束。采用这种返回参考点的方式，可以有效地避免 Z 轴已经在参考点位置时，再返回参考点，导致对机床造成危害。这就是说，当 Z 轴已经在参考点位置，而进行返回参考点的操作时，I 37·2 初始信号是 0，CNC 检测到这种状态后，发出向返回参考点相反的方向运动指令。在减速开关被释放，即 I 32·2 为 1 后，Z 轴就改变了运动方向，向返回参考点的方向移动，重复进行上述返回参考点的过程。

三、解决问题

根据上面的分析，有三种方法可以解决不让开关长期处于受压状态。一是手动处理，二是更换开关，三是通过更改机床参数进行调整。

1. 手动处理

回零后，由操作工手动将 Z 轴向外移动 15mm 左右，开出撞块区（图 1）。在使用平旋盘时，Z 轴前端不能超出平旋盘的下面，操作人员每次都要亲自检查，很不方便，忘记没做，等于没有处理。此方法操作性太差。

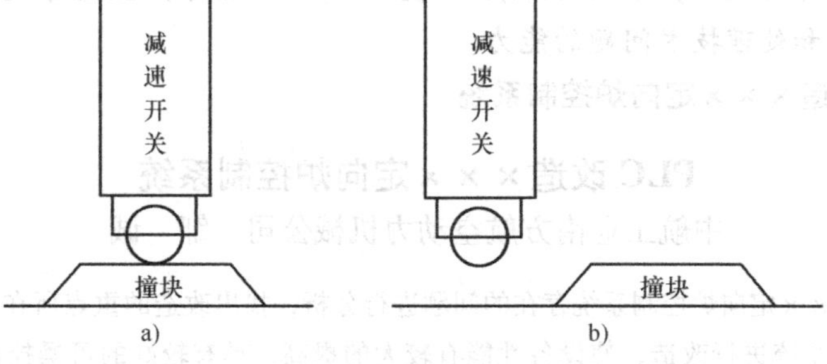

图 1 手动处理

a）调整前 b）调整后

2. 更换开关

由于光电开关是非接触式的开关，它的使用寿命比机械开关要长几倍。但是考虑数控系统设计及布线都很集中和紧凑，没有多余的线为光电开关提供负极电源。牵一发而动全局，这需要重新布线，设计开关座和购买开关，还要增加成本。目前，企业都在进行成本控制，我们维修人员也应该具备危机和成本意识，主动进行成本控制，将效益最大化。

3. 调整机床参数

通过调整 NC 系统的参数，来完成对开关位置的调整，即更改机床参数和调整撞块的位置。通过适当的调整，将撞块设在合适的位置，然后将零点漂移参数的数值，调整为能让开撞块的位置。调整后，机床每次回零时，零位开关只在检测信号处轻轻地碰一下，就实现了回零。在不对机床做任何改动的前提下，就轻易地解决了一个难题。而且是排除了把开关完全压下和长期被压合的不利状态，明显地增加了开关的使用寿命。对零点漂移参数的巧妙运用，既能快速有效地解决设备故障，优化机床的性能，又能在维持成本的前提下，提高设备使用率。

通过以上对比可看出，通过对机床零点漂移参数的巧妙运用，不但优化了机床性能、节约了维修成本，恢复了机床的功能。更主要的是要说明在数控设备维修中多动脑、认真观察、仔细分析，找出问题症结之所在。有时只是一个小小的参数，但可以解决大问题。只有在实践中不断地总结、不断地完善，才能使数控设备越来越稳定、越来越可靠。数控设备作为一种高精尖的机械加工设备，综合了机械和电子计算机等多门学科。数控设备维修实际上是一项复杂、技术含量很高的工作，由于数控设备与普通设备有较大的差别，因而对维修人员技术水平要求也较高。不但要在电气系统上下工夫，还要具备机械、液压、电子等方面的知识。因为数控设备是机电一体化的综合体，要知识面广才能够胜任工作，认真、仔细、大胆、负责及技术上要过得硬是最基本的要求。本文仅以一个案例来说明维修过程的复杂性和处理问题的多样性。无论是什么问题或故障，只要找到本质的原因，就能彻底地解决问题，为适应时代的发展，我们维修人员就要与时俱进，从各方面完善自己，迎接新环境的挑战。

点评

这是一篇维修电工技师论文，作者是一名长期从事数控设备维修的维修电工，他技师论文的选题是用最简捷的方法，解决数控镗床上一个回零开关引起的设备故障。这篇技师论文的标题写得比较好，“巧用零点漂移参数”，比较符合技师论文对标题的写作要求，符合“短、少、精”的写作要求，属于引人注目的标题。另外，这篇技师论文内容的选取上，有一定的特色。对于数控设备故障的处理，要开动脑筋，要用智取的办法，解决问题。对于数控类或其他类型设备的故障，不仅要治表，更要从根本上排除产生设备技术故障的根源，这才能体现技术水平和处理技术问题的能力。

（三）PLC 改造×××定向炉控制系统

PLC 改造×××定向炉控制系统

中航工业南方航空动力机械公司　邹　诚

摘要：本文通过对×××定向炉控制系统存在的问题进行分析，找出改造的重点所在，提出改造方案，结合 PLC 的应用对控制系统进行改造，使设备性能有较大的提高，具有较好的可操控性，降低了设备故障率，提高了生产率，减轻了操作者的劳动强度。

关键词：定向炉　PLC　控制

前　言

×××定向炉是我公司完成×××产品生产的关键设备，是用于生产定向精密铸件的专用设备。在真空状态下，将模壳放在加热区内加热并保温，通过感应加热把高温合金熔化，再浇注到壳型中。壳型放在水冷结晶器上，通过定向拉晶来得到定向精密铸件。相对于普通精密铸件，定向精密铸件对晶粒度方面有严格的要求，定向精密铸件的晶粒度要求主要靠定向设备来保证。

该设备为三室半连续结构，即可在熔炼室不破坏真空的条件下，连续熔化和浇注高温合金材料。铸型加热方式为炉内电阻加热，并可实现壳型保温。

一、改造方案设计与实施

1. 改造方案分析

1）改造前的×××定向炉主要存在的不足。×××定向炉是我公司在20世纪80年代初自主制造的，由于设备陈旧，控制系统、铸型升降系统及加热系统已无法满足科研和生产的需要，在使用中主要存在以下问题：

① 继电控制电路老化，继电器有剩磁经常造成设备故障。

② 没有运行状态显示，电器互锁不完善，容易出现误操作。

③ 无法准确地控制拉晶速度。

④ 采用单区加热，加热区内温度场不均匀，在纵向上温差达200℃，无法生产50mm以上的定向精密铸件。

2）改造方案。控制系统改造的重点是针对控制部分故障频繁且维修困难，改造的方案有以下几点。

① 控制系统采用PLC控制。

② 铸型升降系统采用变频电动机控制拉晶速度。

③ 加热系统由单区加热改为双区加热。

3）改造的目标。经过调研和论证，提出了×××定向炉以下主要改造目标。

① 设备各部件运行可靠，真空系统、铸型升降系统、液压系统、加热系统应能完成自控操作。

② 采用PLC控制取代继电器控制。

③ 能准确方便地调节拉晶速度，以适应不同产品、不同工艺的要求。

④ 增加动态模拟屏，实时地显示各部件的运行状态，操作方便，减轻操作者的劳动强度。

2. 铸型升降系统

×××定向炉是科研和生产共用的设备，而且是以生产为主。在保证生产质量的同时，生产率也是一个主要的衡量指标。在现有的凝固速度下，合适的拉晶速度在6～7mm/min，有的铸件的拉晶时间需要35～40min。要提高生产率，就必须设计两种速度，一种专为拉晶过程使用，另一种用于铸型上升和铸型的快速下降。

在定向凝固工艺中，拉晶速度是一个关键因素，一般可以用直流电动机或变频电动机来控制。原来定向炉采用直流电动机控制拉晶速度，在该方式下操作起来很不方便、精度不高，为此采用变频电动机代替直流电动机。

变频电动机的输入频率由LG变频器（STARVERT—iG5）来控制，采用了数码控制方式，只需在操作面板上改变频率设置即可实现拉晶速度的改变，避免了操作工的操作偏差。变频电动机的输入频率范围在2～150Hz，即拉晶速度可在（0.44～33）mm/min之间调整，在实际测试中，拉晶速度误差在0.05mm/min内。从而使拉晶速度问题得到了圆满解决，很好地满足了生产需求。

3. 加热系统

将单区加热改为双区加热。上、下加热器均设单独的电源和温度控制系统。上、下加热器的加热区都设置有测温点，各自的温度控制系统根据实测温度和设定温度之间的差异，自动调节加热功率，以达到加热区内热力场均匀的目的。

4. 控制系统

本次设计从实际的生产工艺出发，针对×××定向炉加热系统、铸型升降系统、控制系统电器互锁不完善、自动化程度太低、故障频发等实际状况，利用PLC可编程序控制器控制取代常规的继电器组成的硬接线逻辑控制电路，使整个控制简单清晰可靠，能实现自控操作。

二、PLC的程序设计

1. PLC选型

本次设计选用三菱FX2N-128MR可编程序控制器，输入输出点为64/64，继电器输出可用于交流负载和直流负载，采用直流100～240V，50/60Hz电源，既能满足控制要求又留有发展余地，价格也适中，具有较好的经济性。该PLC具有自我保护和断电数据保护功能，利用三菱PLC丰富的指令编制控制程序，对于现场调试及不断完善、优化控制程序具有重大意义，大大提高了整机可靠性和数据保存能力，对非正常情况下停机有一定保护功能。真空泵控制梯形图如图1所示。

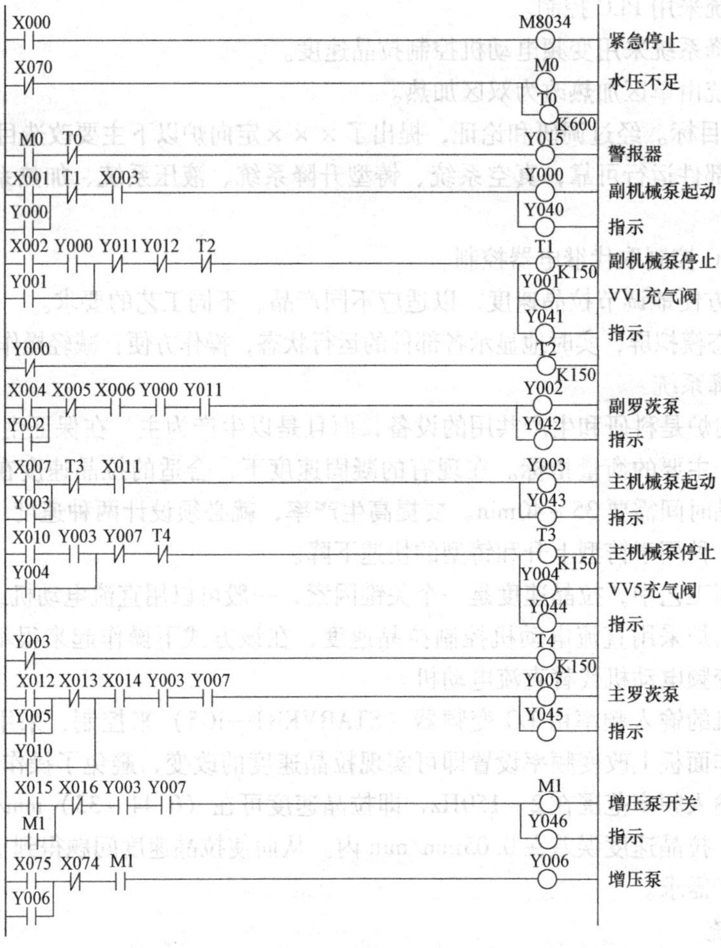

图1 真空泵控制梯形图

2. 真空系统的控制

1）真空泵的控制。针对改造前，联锁功能不完善，经常造成机械泵油返回到罗茨泵内，使罗茨泵起动困难，热继电器过载，增压泵没有油温控制。增加机械泵充气阀与机械泵的电器联锁及增压泵油温控制。

2）真空阀的控制。改造前，没有运行状态显示，阀门的开关易产生误操作。改造后要求互锁可靠，不会产生误操作。真空阀控制梯形图如图 2 所示。

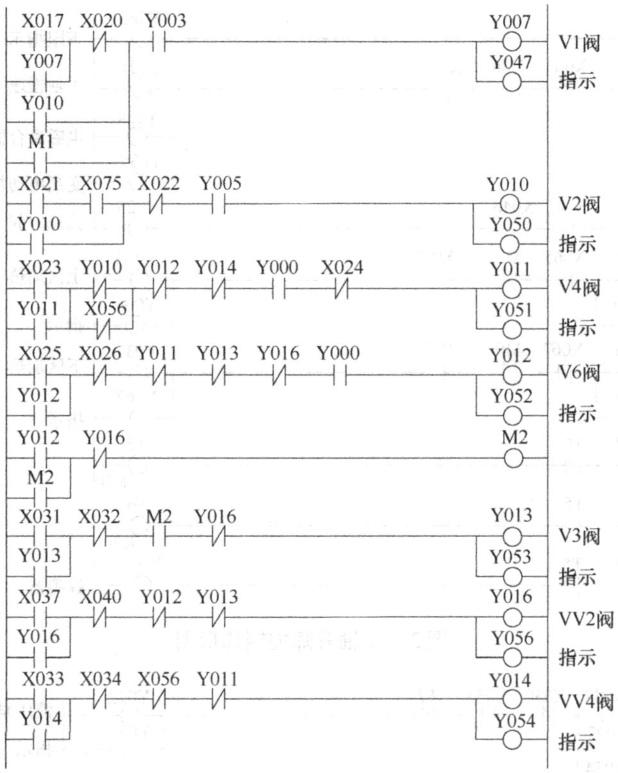

图 2　真空阀控制梯形图

3. 铸型升降系统及加热系统的控制

改造前没有拉晶时间控制，完全靠操作者掌握时间，控制不准确。时间短了，产品拉晶的长度不够；时间长了又耽误生产时间。改造后主轴的慢降拉晶须有准确的时间控制且调整方便；拉晶到时后，能自动由慢降转为快降并有间断铃声提醒。主轴升降控制梯形图如图 3 所示。

4. 液压系统的控制

1）液压泵、浇铸机构及转塔机构的控制。改造后，在液压泵没有起动时，操作相关按钮液压泵能自动起动，液压泵起动后，在没有任何液压动作的情况下，液压系统必须处于卸荷状态。3min 后自动关闭液压泵，在有液压动作情况下，液压卸荷立即停止。液压控制梯形图如图 4 所示。

2）旋转阀门的控制。改造前采用中间继电器控制，经常因为剩磁使衔铁粘住而无法按顺序动作，采用 PLC 控制就不会出现这种现象。旋转阀 V5 的开和关由四个液压阀与四个限

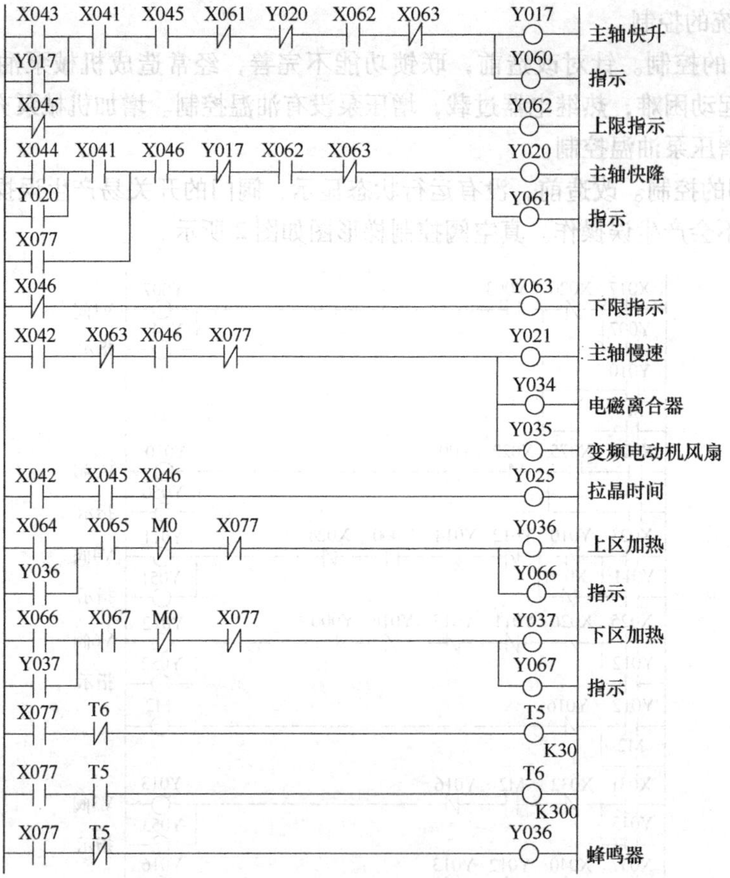

图3　主轴升降控制梯形图

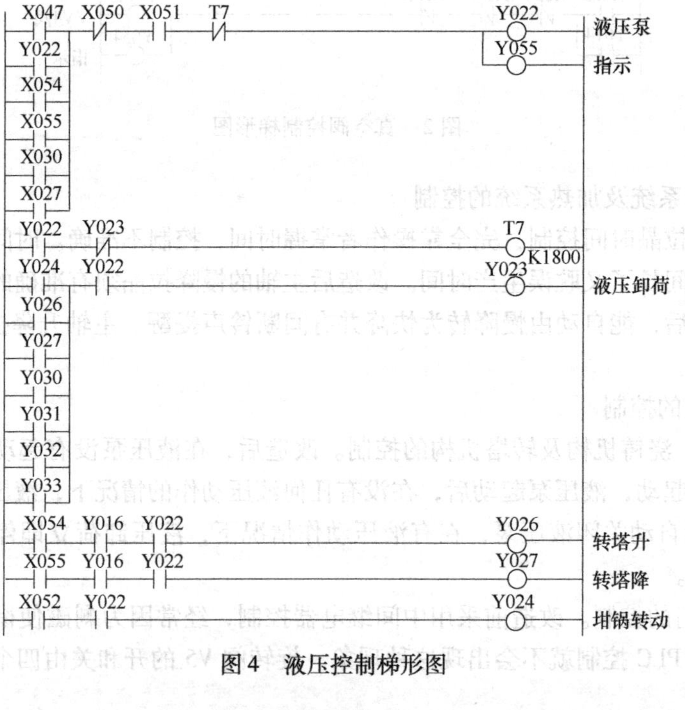

图4　液压控制梯形图

位开关根据控制要求按顺序动作，采用步进程序控制。旋转阀开和关流程图如图 5 所示。

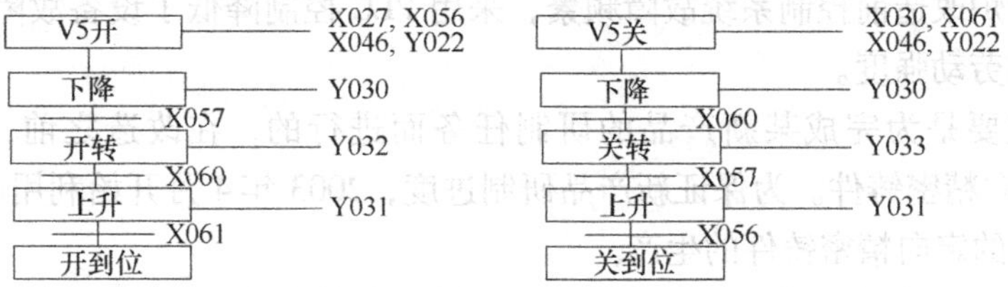

图 5　旋转阀开和关流程图

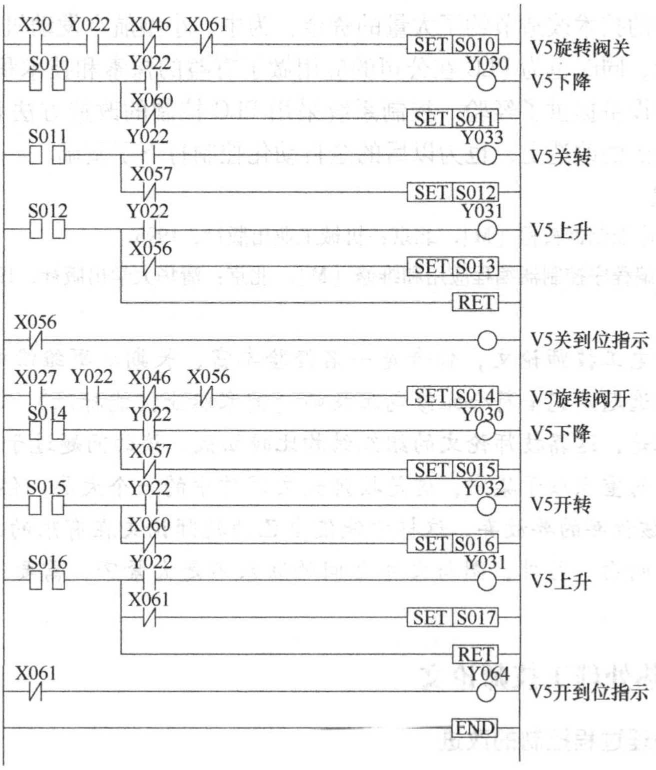

图 6　×××定向炉旋转阀控制梯形图

三、结论

1. 技术指标

定向炉技术集机械结构、液压传动、热力学、电力学、自动控制、真空学、新材料技术等为一体。在对×××定向炉改造的过程中，针对暴露出的问题进行了分析和试验，经过不断完善，达到了以下的主要技术指标。

1）×××定向炉采用 PLC 控制确保运行可靠，真空系统、铸型升降系统、加热系统、液压系统能实现自控操作。旋转阀控制梯形图如图 6 所示。

2）定向拉晶速度可在（0.44～33）mm/min 之间调整，拉晶精度可以达到 0.05mm/min。

3）采用双区加热方式，在 1400～1600℃温度区间，纵向温度差在 ±20℃以内，温度梯度可达到 60℃/cm 以上，各控制点的测量温度和设定温度的偏差在 ±2℃以内。

2. 生产应用

×××定向炉改造前控制系统故障频繁，采用PLC控制降低了设备故障率，操作方便，减轻了操作者的劳动强度。

这次改造主要是为完成某新产品的研制任务而进行的，在改造之前，公司无法生产50mm以上的定向精密铸件。为保证新产品研制进度，2003年4月开始利用改造后的该设备进行50mm以上的定向精密铸件的生产。

改造后的×××定向炉能以稳定的状态满足新机的科研和生产要求，且合格率达到60%以上；原老产品的合格率由50%提高到76%，同时生产率也提高了50%。

×××定向炉的技术改造节约了大量的资金，为中、小型航空发动机定向凝固件的研制和生产提供了手段，同时也为PLC在公司的应用做了有益的探索和技术积累，为今后改造、设计设备及操作新设备提供了经验。控制系统采用PLC控制的改造方法和思路同样可以应用在其他真空感应炉的改造上，也为以后的全自动化控制打下了基础。

四、参考文献

[1] 王兆义. 可编程序控制器教程 [M]. 北京：机械工业出版社，1998.

[2] 杨士元，等. 可编程序控制器编程应用和维修 [M]. 北京：清华大学出版社，1995.

点评

这是一篇维修电工技师论文，作者是一名经验丰富、长期从事维修电工工作的技术工人，他技师论文的选题是完全符合维修电工技师《国家职业技能标准》。其选题较好，而且有相当的分量。但是，这篇技师论文的组织结构比较松散，谈的问题过于多了，有点面面俱到，使得技师论文的重点难于集中，这是技师论文写作中的一个大忌。俗话说“伤其十指，不如断其一指”。该放弃的要放弃，这样才能使自己的技师论文在有限的文字范围内，把一个问题说清楚，讲明白。另外，图与文字之间的联系不是太紧密，需要进行适当的调整和修改。

十四、金属热处理工技师论文

×××轴热处理过程控制的改进

×××轴热处理过程控制的改进

中航工业南方航空工业有限公司　邱德辉

摘要：本文以如何提高×××轴热处理质量的稳定性和一致性为目标，通过对出现质量问题的×××轴的工艺、设备问题和重点对操作者过程控制的不足之处进行分析，找出不合理之处，制订了纠正措施。重点就如何强化操作者过程控制的能力和责任制订对策，并严格执行，取得了明显的效果。

关键词：×××轴　热处理　真空油淬　过程控制

引　言

某公司共有10个图号的×××轴在我单位进行调质热处理，该轴是航空发动机的重要承力部件，关系到航空发动机的寿命和可靠性，而调质热处理则是决定其强度、硬度、塑性和冲击韧度的关键。我单位从2002年起，承担该公司×××轴的调质热处理。2002~2003年，由于该公司刚起步，当时产品的图号较少，只有2~4种，同时数量也不多，每周仅需加工20件左右的产品。但是进入2004年以后，其产量得到了较大提升，品种也增至10多个品种。但我单位在2005年有多个批次的×××轴在对方的例行检查中，发现硬度和金相组织不合格的质量问题。针对此问题，特对热处理过程控制进行了改进。

一、热处理工艺路线

1. 热处理工艺路线

（1）除油　将零件油污洗净并晾干。

（2）淬火　在（842±10）℃温度下保持2～2.5h，油冷。

（3）回火　在（460±20）℃温度下保持2～3h，空冷至室温。

（4）检验　检查试料硬度为40～45HRC，试料的打磨深度不低于1.5mm。

2. 热处理设备

（1）淬火设备　真空油淬炉。

（2）回火设备　井式回火炉。

3. 零件热处理要求

×××轴的外径尺寸较大，尤其是长度较长，其壁厚约40mm，质量比较重，且已加工至半成品，加工余量仅为1.5mm，不允许出现较大的变形和较厚的氧化皮，如图1所示。零件的材料为AMS6414，相当于我国40CrNiMoA钢。其壁厚已接近40CrNiMoA钢淬透性厚度（约45mm）的极限值。因此，对于×××轴的热处理，它在装炉、加热速度、加热、保温的时间和冷却速度等方面，都要求十分严格。

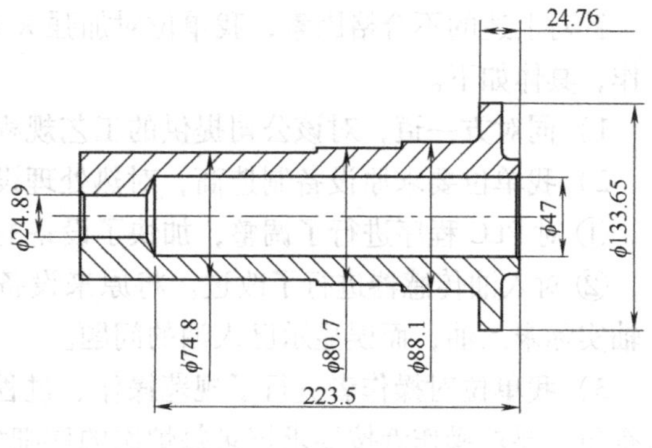

图1　×××轴的图样

4. 热处理检验方面

由于该公司质量和设计理念与我单位热处理的检验方法不同，并不对调质后的产品进行力学性能、硬度、组织的检查。为此，保证每炉×××轴的质量一致性、稳定性就显得尤其重要。而要保证其质量一致性、稳定性，就必须在×××轴热处理的操作上，进行更为严格、更为有效的控制。

二、提出问题

2005年7月份前，我单位对×××轴热处理的过程，控制得不够严谨。同时，某公司对×××轴的工艺规程，只对保温温度、保温时间、冷却介质、硬度及设备型号进行了规定，但由于操作者的水平和经验的差异及对设备熟悉的程度不同，对装炉数量、装炉方式、升温速度、冷却时间等重要因素的把握程度不一致，导致×××轴质量的稳定性和一致性，存在着差异。对于个别×××轴，由于升温速度过快，没有热透，而无法充分奥氏体化。或者个别×××轴的冷却时间过短和转移时间不够快而没有淬透，无法全部完成马氏体的转变，最终造成轴的硬度和组织不合格。

三、分析问题

在2005年5月份，出现不合格的零件以后，我单位和某公司对2005年前全部热处理过的×××轴的原始记录，进行了清理检查，并对热处理工艺过程进行了详细的分析，认为有如下不合理的因素。

1）×××轴的产品质量问题，是出在淬火阶段，与回火阶段的关系不大。因为×××轴出现硬度偏低，其零件的金相组织为回火索氏体+贝氏体。而正常组织应为索氏体。而贝氏体的产生，是由于淬火冷却速度不够，或冷却时间较短造成的；而少量珠光体的产生，则为淬火阶段升温速度过快，没有完全奥氏体化造成的。

2）某公司的工艺规程过于简单，只规定了×××轴主要的热处理参数。

3）个别×××轴的装炉方式不正确或不规范，不应竖放，而应横卧。同时，个别炉次的装炉数量过大，导致没有淬透和冷却不均匀。

4）个别炉次的冷却速度较低和冷却时间较短。

5）在个别炉次的热处理过程中，存在着设备故障，主要是在真空油淬炉的淬火过程中，实际并未入油，设备却显示已入油，而没有被操作者发现。

6）对操作者在热处理操作过程中的监控，存在不到位。

四、改进措施

针对上述的不合格因素，我单位对加强×××轴热处理过程控制方面，做了大量的改进工作，具体如下。

1）同对方一道，对该公司提供的工艺规程进行了优化和改进，并细化了技术要求。

2）我单位要求原设备制造商，对热处理设备进行技术改进。

① 对PLC程序进行了调整，加快了设备的淬火转移速度。

② 对入油传感器进行了改进。将原来设备上的计时器改为机械式传感器，解决了×××轴实际未入油，而误显示已入油的问题。

3）我单位对操作者进行了规范操作、过程记录、考核的培训，制定了热处理操作过程检查单，要求操作者按要求记录每炉次的详细情况，定时进行检查、记录和考核，并同热处理过程记录单一起存档。

4）以操作指导书的形式，明确对操作者进行热处理全过程控制的要求和职责，主要如下：

① 检查工艺过程和转工单与实际零件的符合性，包括零件的序列号。

② 检查使用的设备编号是否与工艺规程规定的编号相符。

③ ×××轴在装炉时，必须确保竖直向上摆放，轴与轴之间的间隙不得少于150mm。试料放在轴之间，轴需用细铁丝进行固定，以防轴在淬火转移过程中倾倒。

④ 每台热处理炉中，最多只能放置两个该轴的零件栏，而且每栏的×××轴数量不得多于工艺规程规定的数量。

⑤ 设备的设置要求：淬火延迟设置为0，淬火冷却时间设置为50～70min，淬火油温度控制在38～80℃，并记录初始油温和最高油温，淬火油搅拌设置为开，淬火设置为自动淬火。

⑥ 升温速度设定为升至（842±10）℃的时间为80～100min。

⑦ 在淬火过程中，必须有三人同时参与，即一人操作设备，一人通过设备观察窗监视淬火过程，一人在旁边实时记录相关参数。

⑧ 我单位的操作者实时填写操作检验单全过程的信息，并要求对方授权人员在现场进行见证和确认。

五、效果

1. 恢复了生产

在实施×××轴改进热处理控制方法后，于2005年7月份又恢复了某公司的×××轴零件热处理的生产。到目前为止，已经加工12个图号的零件数千件，且全部合格，从对方定期剖切的检查结果上看，也的确如此。

2. 通过了检查和考核

加强过程控制后，热处理特种工艺过程控制的态势良好，从对方每季度一次的特殊过程审核的检查结果，也是如此。

3. 运用到了其他产品上

此种热处理过程控制的方法和意识，已经同时运用到了公司的航空产品上，对企业内产品热处理质量的稳定性和一致性的提高，起到了一定的促进作用。

点评

这是一篇金属热处理工技师论文，作者是长期从事金属热处理工作的技术工人，他技师论文选题就是来自自己从事的热处理工作，这篇技师论文的选题，完全符合金属热处理工技师《国家职业技能标准》。

金属热处理工是一个集体作业的技术工种，这个职业有其特殊性，它不仅仅是靠经验、靠设备，而且也是靠知识、靠分析、靠规范、靠责任来进行操作的技术职业。作者在技师论文中，分析×××轴热处理不合格的原因就说得比较清楚，正是由于分析问题比较细致，在解决问题的措施上，就容易对症下药，拿出比较好的解决办法。我们在写技师论文时，要特别注意分析问题部分，把技术问题分析清楚了，解决问题部分就很容易写好、写清楚。不足之处：技师论文不够完整，缺参考文献，关键词选择不够准确。

十五、冷作钣金工技师论文

（一）高放边零件成形新方法

高放边零件成形新方法

中航工业西安飞机制造公司　李世峰

航空制造业从20世纪60年代发展到今天，飞机的制造工艺随着科技的进步，在进一步改进、完善。其目的主要是减轻技术工人的劳动强度，提高生产率，改善飞机产品质量和降低生产成本。这自然是对我们从事冷作钣金技术工人的工艺综合技术能力的一种挑战。

对于我们以手工成形为主的冷作钣金技术的工人而言，手工成形在冷作钣金工这个职业中占有相当重要的地位，尤其是对于机床难以加工，具有复杂形状的冷作钣金零件有更重要的意义。为了提高冷作钣金零件成形的工艺性，找出更合理的工艺方法，以充分发挥材料塑性为基础，以塑性理论为指导，通过一系列试验，总结出了成形零件的工艺方法。不论对国产飞机还是承接外协产品或民用产品来说，在提高产品质量和生产率方面有更重要的意义。

一、提出问题

高放边的冷作钣金零件是飞机上比较典型的复杂零件。例如×××型号的飞机上有一个电缆外壳是冷作钣金零件，材料的牌号为3A21M，材料的厚度为1.0mm。其外观形状，如图1所示。

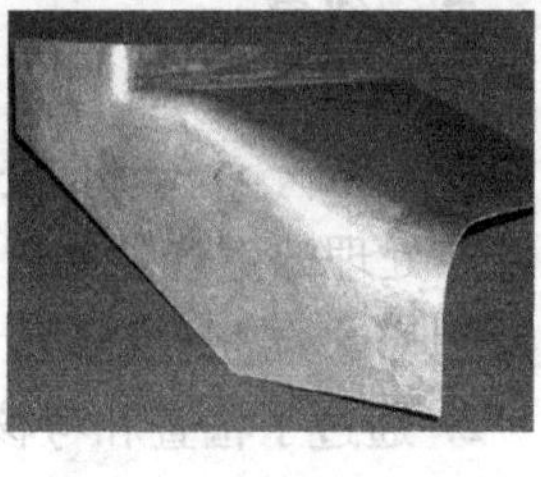

图1 高放边的冷作钣金零件外观形状

二、分析问题

1. 工艺性分析

由于这种高放边冷作钣金零件形状的特殊性，用机械加工的方法，如冲压、液压等手段，难以成形出合格的冷作钣金零件。因此，这是一个典型的复杂形状手工成形件。

2. 手工加工难点分析

1）贴胎面与弯边面相交的转角处，转角半径仅为5mm。且弯边高度高，转角急，如图2所示。所以，该处及附近区域在成形过程中，经常出现变薄和拉裂现象。究其原因，是此处材料拉伸量过大，外力作用集中，以及成形过程中，加工硬化造成的。这就要求技术工人在进行钣金成形时，不能按常规的方法进行成形。

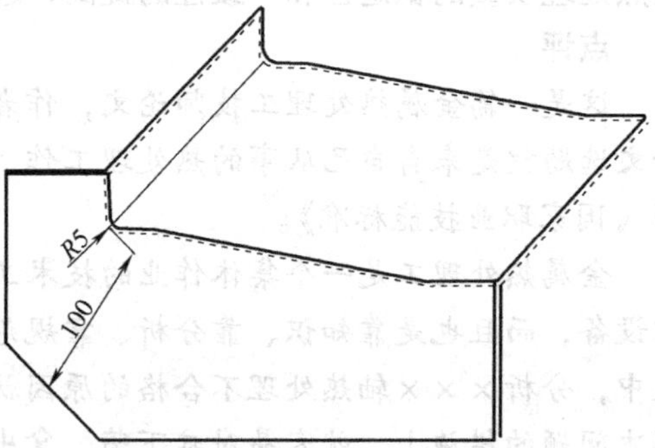

图2 高放边的冷作钣金零件图样

2）冷作钣金零件的弯边太高。若按放边理论计算，放边处的材料远远超出了材料的伸长率，变薄量严重超差，从理论上讲，是属于无法成形的冷作钣金零件。

成形前面积 $S_1 = 1/4(2\pi RL) = 1/4 \times 2 \times 3.14 \times 5\text{mm} \times 100\text{mm} = 785\text{mm}^2$

成形后材料面积 $S_2 = 1/4(\pi R^2) - 1/4(\pi L^2) = 1/4 \times 3.14 \times (105\text{mm}^2 - 5\text{mm}^2) = 8685\text{mm}^2$

根据塑性变形材料体积不变理论，可以得出成形后材料的厚度为

$$h = 785\text{mm}^2 \times 1.0\text{mm}/8685\text{mm}^2 = 0.09\text{mm}$$

由以上计算可以看出，要保证成形且不出现变薄量超差问题，在成形过程中就必须有大量材料流入此放边部分。

3. 传统成形方法

1）对放边部分的材料进行展放，由于放边量过大，在放边时需要用到一种放边的成形手法，即将冷作钣金零件的外放边部分预先放在软木墩上进行展放，如图3所示。然后上胎，修整外形，中间需要进行一道退火工序，是为了消除钣金件冷作硬化的现象，再放在软木墩上，重复这个过程，直到钣金成形出零件为止。用这种成形方法成形出的冷作钣金零件，可以使材料展放时变薄均匀，不至于很快产生冷作硬化，而导致破裂。缺点是成形时间长，表面质量差，反复在工装模具上装卸零件，耗时长。

2）如图3所示，将图中阴影部分展放开，剩余部分基本相当于直边翻边，很好成形。成形的方法可以选用在软木墩上展放（图4），也可用顶放、拉放。其缺点是在小面积内集中展放，材料变薄量大，易拉裂，废品率高。

基于上述两种成形方法的缺点及成形难度，对于这个复杂的冷作钣金零件，是否能找到另外更好的成形方法呢？

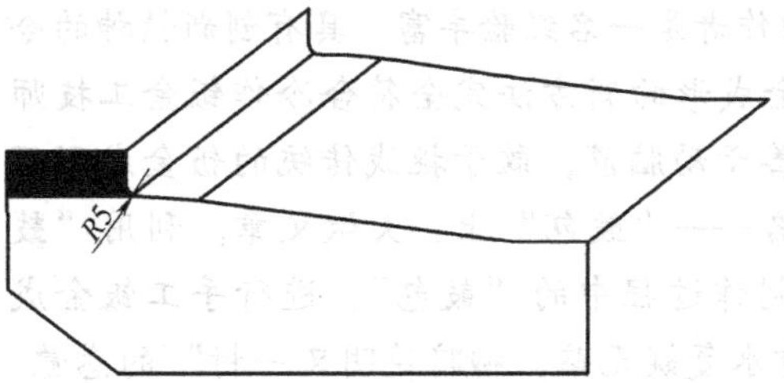

图3　钣金零件在软木墩上进行展放

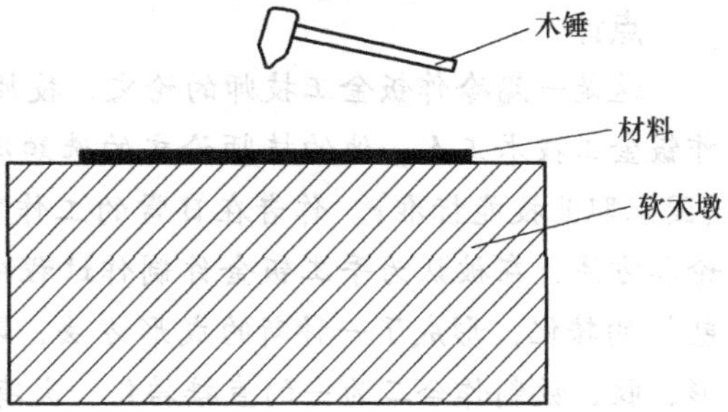

图4　集中展放的图样

三、成形方法创新

对于创新的成形方法，我采用了收、放结合的成形方式，在成形的过程中，通过合理安排收放的程度和顺序，不仅可以减少劳动强度，而且可以提高零件的质量。

1）正确计算毛坯尺寸，为以后的成形预留适当的余量。

2）如图5所示，成形小弯边后，先从毛坯的外沿收边，使多余的材料向转角半径根部流动，形成鼓包，如图6所示。

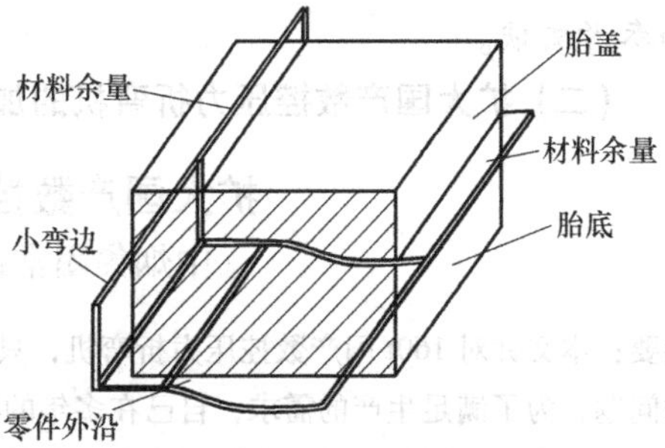

图5　成形新方法操作步骤1

3）将鼓包收平，可使转角半径根部的材料不至于受到拉伸的影响而产生裂纹，同时可以达到储料的目的。

4）弯边高度收到2/3时（图7）再进行放边，直至成形结束，然后再修整钣金零件。

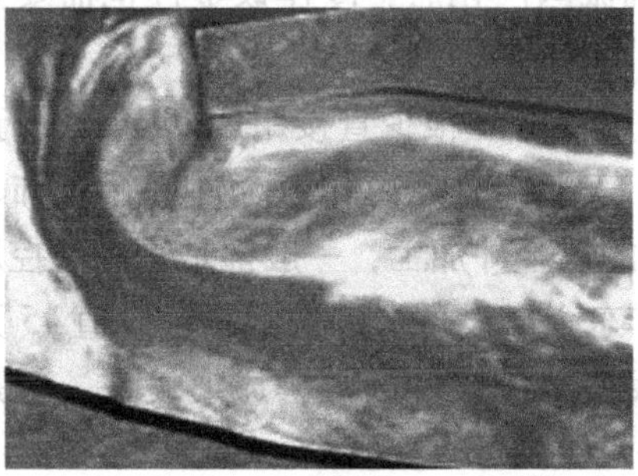

图6　成形新方法操作步骤2

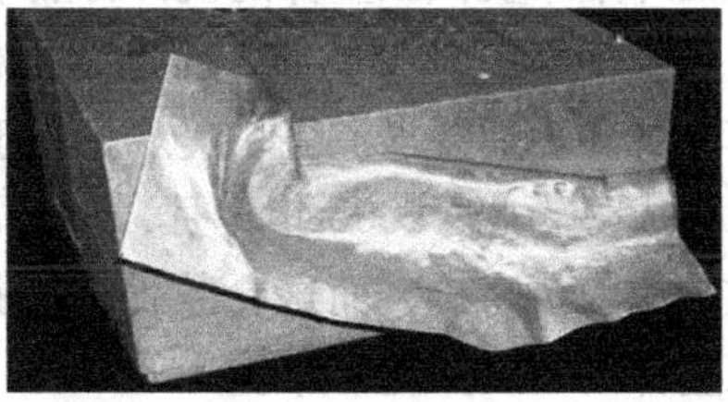

图7　成形新方法操作步骤3

四、效果

1）充分发挥材料的塑性，省去了中间退火工序，缩短了钣金零件的生产周期。

2）通过创新，降低了劳动强度，生产率提高了一倍以上。

3）提高了钣金零件的表面质量。

4）冷作钣金零件的合格率达到100%。

以上是以收代放的应用，这种成形方法还可以运用到很多种不同类型的冷作钣金零件上。

点评

这是一篇冷作钣金工技师的论文，技师论文的作者是一名经验丰富、具有创新精神的冷作钣金工技术工人，他的技师论文的选题冷作钣金成形的新方法完全符合冷作钣金工技师《国家职业技能标准》。作者在日常的工作实践中善于动脑筋，敢于挑战传统的钣金成形理论和方法，在被认为手工钣金件制作过程中的缺陷——“鼓包”上，大做文章。利用“鼓包”的转化，形成了一种新的成形方法，即利用制作过程中的“鼓包”，进行手工钣金成形，收、放制作合二为一的直接转化，大有“山重水复疑无路，柳暗花明又一村”的感觉。改变了传统钣金成形制作过程中，必须收、放分离的成形方法。通过采用这种方法，能在手工冷作钣金成形上，取得意想不到的效果。不足之处：技师论文不完整，缺少摘要、关键词和参考文献。

（二）扩大国产数控压力折弯机的加工范围

扩大国产数控压力折弯机的加工范围

中烟集团常德烟草机械公司　谢新明

摘要： 本文针对160t国产数控压力折弯机，只能部分适应我公司烟草机械部分零件折弯成形、加工范围小的问题，为了满足生产的需求，自己在多年的实践中总结、摸索出了改进的具体措施：即改进上模具夹模垫块，更改上下模具尺寸、增加下模座，满足能折高边四方盒体零件、反向边四方盒体零件及全部烟草机械零件折弯加工成形。

关键词： 数控压力折弯机　成形　夹模垫块　上下模具　下模座　四方盒体

一、提出问题

我公司每年生产165台以上的烟草机械设备，其技术都是从德国等发达国家引进的，是国外20世纪90年代水平的高速卷烟机械。现在，国外烟草机械的底座已经由原来的铸件，改为厚板折弯成形的组焊件。我公司生产的烟草机械国产化后，冷作钣金件也需要全部国产化。

从国外烟草机械钣金件的设计特点来看，其钣金件已经很少直接用成套模具进行成形，基本上是直接采用折弯成形。而烟草机械的外观、表面都是用冷作钣金件进行装饰、封闭的，其外观和表面要求漂亮、美观。对于复杂形状的钣金件加工，一般都是采用数控压力折弯机来完成。为此，2002年3月，我公司专门从广东力丰设备厂购进了一台价值45万元的160t数控压力折弯机，而这台数控压力折弯机是我公司钣金件的关键成形设备，也是我厂加工钣金件的一道关键工序。

由于国外烟草机械的外观形状是千变万化，而国内现在生产的数控压力折弯机以通用型为主，只能满足我公司部分烟草机械零件的成形加工。必须对数控压力折弯机进行必要的改进，才能满足我公司的需要。

二、分析问题

1. 设备现状

广东力丰设备厂生产的数控压力折弯机配备的下模是4000mm×110mm×110mm，上模高为120mm，上模的夹模垫块是85mm×4000mm。

2. 加工范围

根据以上数控压力折弯机的数据，由于受下模的限制，对盒体类型的零件，最多只能折边高为70mm以下的四方体，如图1所示。

3. 生产受到局限

一旦遇上三方形盒体或四方形盒体的零件，需要向下折弯成形，如图1所示，数控压力折弯机就无法折弯成形了。此外，由于上模的夹模垫块也没有分开，对于70mm以上高边的钣金零件也不能折弯成形。

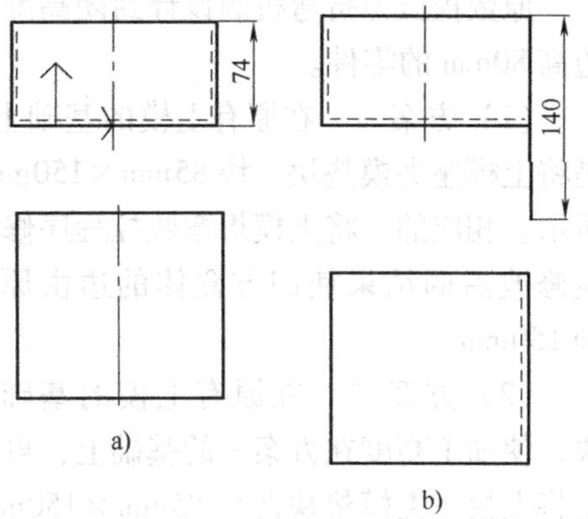

图1　钣金件图样
a) 正面　b) 侧面

三、解决问题

1. 改进思路

(1) 变整体为多块　把上模的夹模垫块，由原来是4m长的一块整体，分解为85mm×150mm规格的20块，如图2a所示。同时，增加50mm×150mm规格的20块夹模压块，如图2b所示，这样两块夹模与压块之间，就有50mm的距离。

(2) 增加U形模座　在下模增加U形模座，其尺寸是130mm×45mm×4000mm，如图3所示。

同年4月，广东力丰设备厂及时采纳了我的改进方案，把数控压力折弯机进行了改进，其折弯边可在50mm距离的空间中进行折弯，其上模的夹模垫块可以进行任意的组合，使四方盒体零件折弯边的高度由原来不足70mm，一下就提高到了150mm，多了一倍多，其宽度方向也可在160mm以上的尺寸范围内可以进行任意的组合。

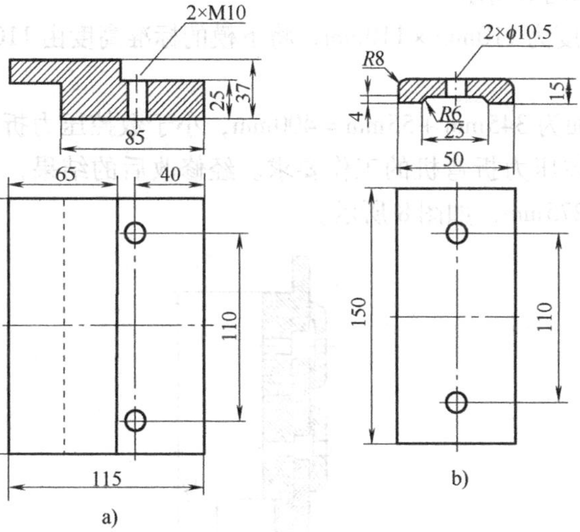

图2　数控压力折弯机，改进零件的图样
a) 垫块　b) 压板

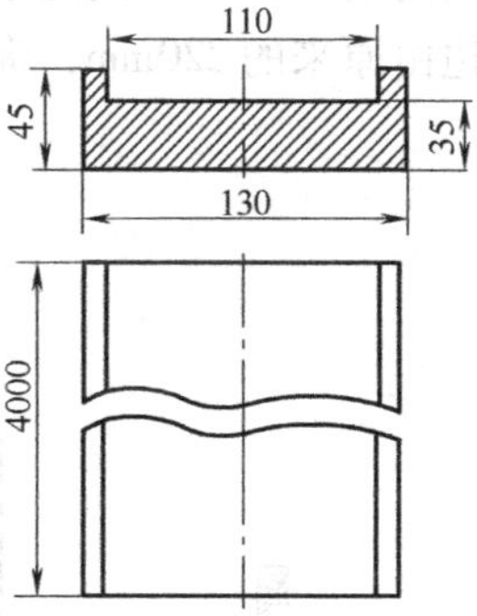

图3　U型模座

下模在有模座的情况下，还可以进行切断，切宽为15mm、25mm、40mm、50mm、95mm、195mm、295mm、395mm、495mm、595mm等尺寸。既可以折反向边80mm高以内的边，又可以折任何宽度尺寸的三方、四方盒体及带有反边的零件。

2. 改进方法

原数控压力折弯机的设计封闭高度 = 480mm − 35mm（下模座） = 445mm，可以折反向边高 80mm 的零件。

（1）方案一　在原有上模的基础上，另加一块夹模垫块，使加工高度增高。具体做法是将上模座夹模垫块一块 85mm × 150mm 与标准模 120mm 相加，则高度为 205mm，如图 4a 所示。相应的，将上模折弯数控程序修改上模高度为 205mm。经修改后的结果使四方盒体的边由原来的 70mm 边高提高到 150mm。

（2）方案二　在原有上模的基础上，另加两块夹模垫块，使加工高度在方案一的基础上，再增高 85mm。具体做法是将上模座夹模垫块两块 85mm × 150mm 与标准模 120mm 相加，则高度为 290mm，如图 4b 所示。相应的，将上模折弯数控程序修改为上模高度为 290mm。经修改后使四方盒体的边由原来的 70mm 边高提高到了 220mm。

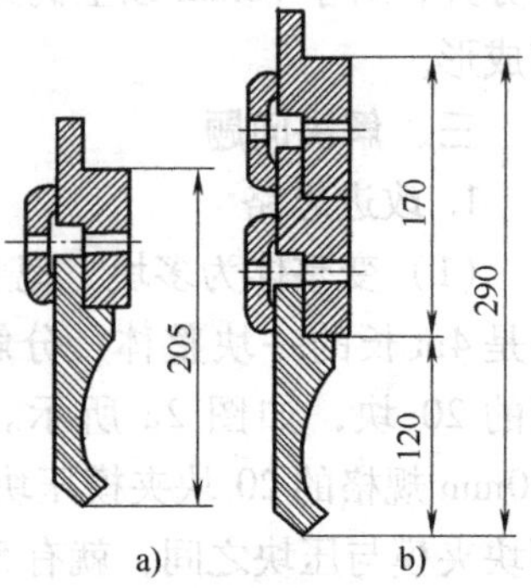

图 4　折弯改进
a）方案一　b）方案二

修改后的封闭高度上、下模相加等于 290mm + 110mm = 400mm，小于数控压力折弯机设计的封闭高度 445mm，则能够满足数控压力折弯机的工作要求。

（3）方案三　改进标准上下模具。

1）上模修改方案。上模标准高 120mm，增高 55mm，使上模标准模增高到 175mm，如图 5 所示。在上模标准模上，再加上两块上模的夹模块垫块（85mm × 150mm），则上模的高度尺寸为 175mm + 170mm = 345mm，如图 6 所示。

2）下模修改方案。下模的标准高度为 110mm × 110mm，将下模的标准高度由 110mm 改为 55mm，如图 7 所示。

修改后的封闭高度，上、下模相加为 345mm + 55mm = 400mm，小于数控压力折弯机设计的封闭高度 445mm，则能够满足数控压力折弯机的工作要求。经修改后的结果，使四方盒体的边由原来的 220mm，提高到了 275mm，如图 8 所示。

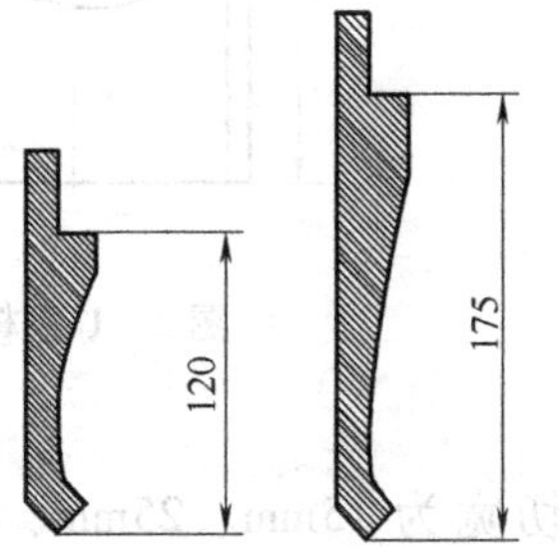

图 5　新加的夹模块垫块

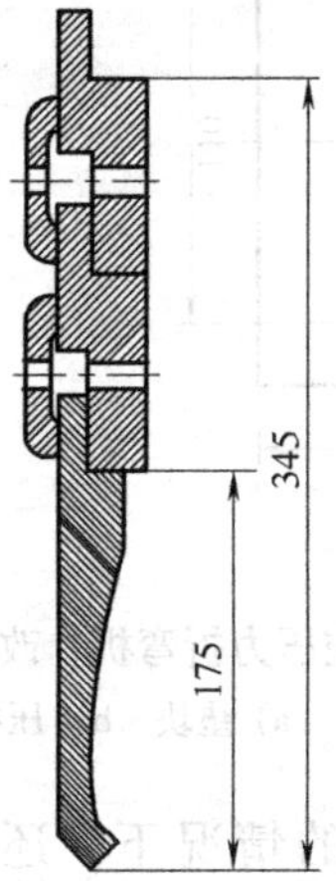

图 6　上模改进后

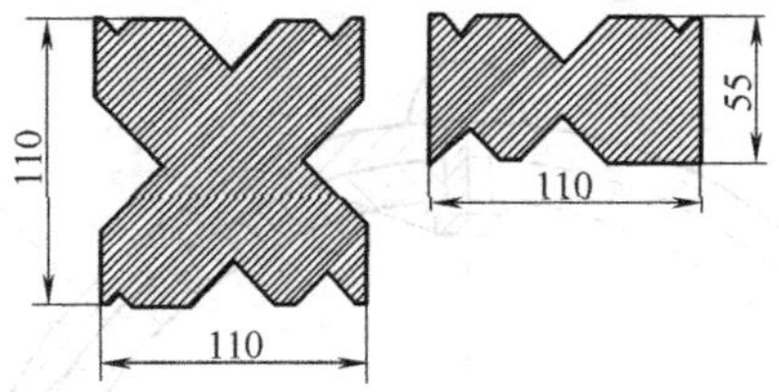

图7　修改下模

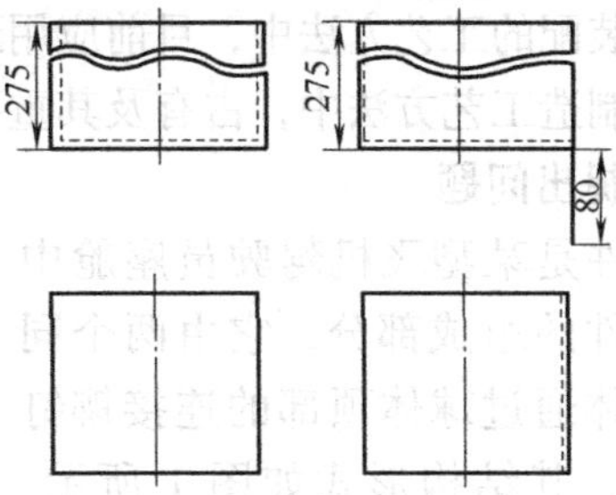

图8　增加的边高

3. 折弯前的注意事项

1）上模夹模垫块与机床之间、夹模垫块与夹模垫块之间、上模与下模垫块之间不应有间隙。

2）夹板上所有的M10螺母从上到下要拧紧。

3）上、下模必须对正。

4）X轴靠尺在下模上、下进行找正。

5）检查核准各编程数据。

4. 检查

折弯成形后，应依具基准对各尺寸进行严格的检查和调整。

四、效果

我对国产数控折弯机提出部分的修改方案，经多年实践验证，不但能符合烟机国产化的需求，而且还满足出口要求，并有效地扩大了该设备的使用范围。

点评

这是一篇冷作钣金工技师论文，作者是一名经验丰富、长期从事冷作钣金工作的技术工人，他技师论文的选题是完全符合冷作钣金工技师《国家职业技能标准》。作者通过对国产数控压力折弯机上模具附件的结构进行创新，做小改小革，一下就让国产数控压力折弯机的工作范围扩大了很多，这不得不让人刮目相看，让人佩服。什么是创新？这就是创新。到哪里去寻找创新课题？其实创新的课题就在我们的身边。不足之处：语言不够规范，技师论文不够完整，缺参考文献。

（三）半球体组件钻孔加工工艺分析与研究

半球体组件钻孔加工工艺分析与研究

中航工业西安飞机工业有限责任公司　李海燕

摘要：半球体组件在装配过程中，必须解决零件的连接件安装精度的问题，其中钻孔位置准确度是此组件能否满足设计要求的关键。本文结合作者的工作实践，通过对传统工艺流程的分析，结合组件特点，设计了专用的辅助工装。提出了一种高效、合理，并且可行的加工方法，改进了原有的工艺方法，提高了组件装配精度和生产率。

关键词：半球体组件　钻孔　铆接

引　　言

在飞机制造的工艺方法中，有多种连接方式，如螺栓联接、焊接、铰接、铆接等，而在我国飞机装配的工艺方法中，目前应用最多的就是铆接装配。因此，铆接装配工艺在当前我国的飞机制造工艺方法中，占有及其重要的地位。

一、提出问题

该组件是某型飞机驾驶员座舱中的一个部件的组成部分，它由两个同心的半球体通过球体顶部的连接铆钉组合而成，其结构形式如图1所示。该组件铆接完成后，必须要保证外壳1和内壳2两个零件能够以铆钉3和同心半球体的轴线为中心灵活地转动。

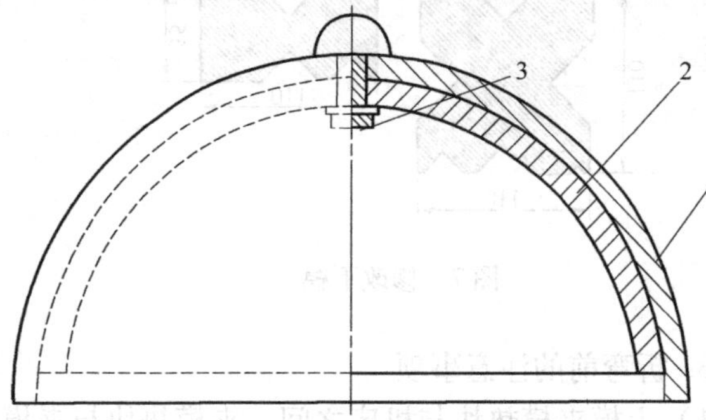

图1 组件铆接图样

1—外壳 2—内壳 3—铆钉

二、分析问题

1. 组装要求

要两个同心球能够灵活转动，前提条件是连接铆钉的轴线必须与两半球体通过顶部的中心线相重合，只有这样，才能避免两个零件在相互转动过程中发生干涉，从而确保其转动的灵活性。因此，保证铆钉安装位置的准确性，是该组件装配中需要首先解决的问题。

2. 加工中的关键

为了保证铆钉连接的正确位置，保证钻孔位置的准确性就显得十分重要。采用传统的钻孔工艺方法，很难满足该组件的装配要求。为此，必须分析现有的半球体组件的装配工艺流程，找出影响精度问题的关键环节，对这些工艺过程进行改进和完善，从而达到提高装配质量和工作效率的目的。

3. 传统工艺

（1）划线钻孔　在零件试制阶段，首先采用的加工方法是由钳工在内壳2零件上进行划线，技术工人按照划线位置进行钻孔，最后通过内壳2钻好的孔与外壳1进行引孔，协调配钻。

但是，这种工艺方法存在许多问题：

1）在半球体上，划线找准零件的中心，利用一般的划线工具很难保证孔位中心的正确性。

2）在钻孔的过程中，用麻花钻进行定位、操作极为复杂，还不能保证孔的轴线与零件外表面的法线相重合，并且这种加工方式与技术工人的个人技能有极大的关系。因此，传统的划线、钻孔的工艺方法，效率低、准确度不高，铆接后很难达到设计要求。而且难以在大多数技术工人中实施，尤其是当零件的生产批量较大时，将直接影响到产品的交付进度。因此，这种工艺方法不可取。

（2）样板钻孔　由于划线钻孔有以上的缺点，不能够在大范围内推广使用，因此，必须对半球体的钻孔工艺进行改进，以满足产品研制的要求。经过分析零件的结构特点，技术工人自行设计、制造了钻孔样板，如图2所示。这种钻孔样板由一个正方形台和与内壳内径相同的圆台组合而成，并在中心位置加工了专用的导向孔。使用时，先将内壳倒扣在钻孔样板的圆台上，然后将零件与钻孔样板同时翻转，再把正方形台面的水平倒放到台钻上，利用导向孔引导进行钻孔，加工出零件的中心孔，如图3所示。

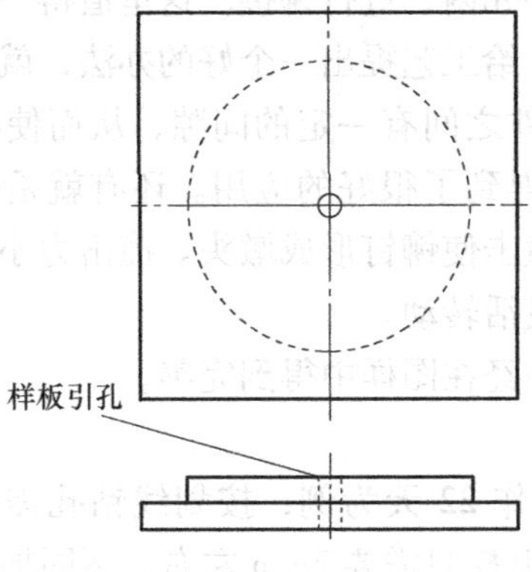

图 2　钻孔样板

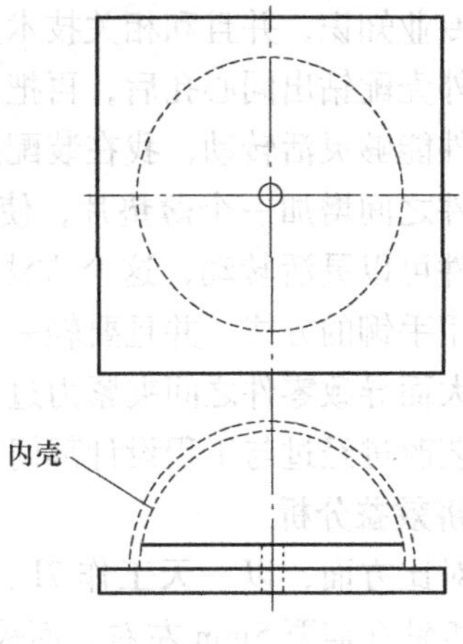

图 3　钻孔样板内壳

利用钻孔样板钻中心孔，再与外壳协调钻制中心孔，这种工艺方法，同样存在一些不足：在钻孔过程中，由于是以半球形零件底部作为基准，不能保证钻孔样板在加工的过程中，不产生位移，也容易导致中心孔钻偏。所以，这种样板钻出的孔位置精度不够高，不能完全满足设计要求。这种加工方法的过程也比较繁琐，需要在专用台钻上操作，因此也不能很好地满足大批量生产的需求。

三、改进工艺方法

针对大批量生产的要求，这种的组件在加工时有没有更加高效、高质量的工艺方法呢？为此需要再次分析零件的结构形式，要获得高精度的半球形零件的中心孔，必须保证在钻孔时，零件必须处于静止状态，只有以半球体底部的开口为基准，才能满足要求，由此本人设计制作了一个钻模，如图 4 所示。

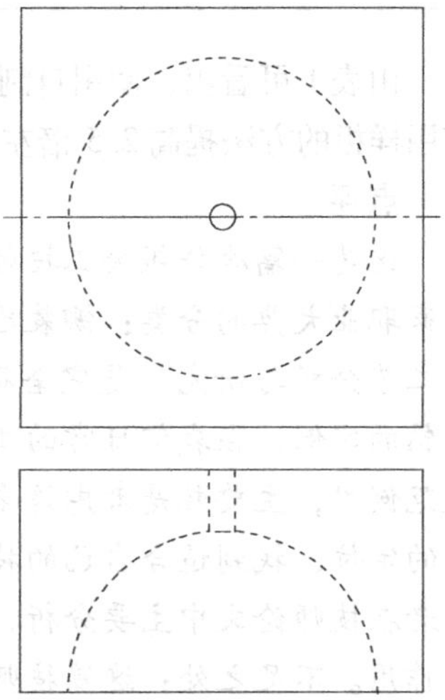

图 4　改进后的钻模

在钻孔时，只需要把内壳放入钻模的半圆中，将零件与钻模固定夹紧后，利用钻模上的导向孔，直接钻制零件上的中心孔，之后再协调钻制出外壳上的中心孔。采用这种加工方法，即保证了产品质量，操作又简单易行，普通技能的操作工人经过简单的培训后，也能够使用，在批量生产中，可以广泛推广，同时还极大地提高了生产率，满足大批量生产的要求。

四、存在的不足及后续设想

经过改进的钻模加工方法，虽然能够满足批量生产的质量和进度要求，但是制作这种专用模具的成本较高，对模具本身的制造精度也有较高的要求，同时只能够应用于一种零件。

目前，国际航空制造业中已经大量采用了柔性工装，一套工装能够满足多种零部件的加工要求，并且操作方便。因此应对半球体零件的钻孔工艺开展技术攻关。例如，采用组合夹具可满足多种类型的零件钻孔。

当然，这仅是本人的一些设想，还需要在以后的工作中不断改进并实现工程应用，需要学习更多的专业知识，并且和相关技术人员交流。

内壳与外壳配钻出同心孔后，再把内壳放入外壳内，进行铆接。这里值得一提的是，为了保证两零件能够灵活转动，我在装配此组件时，给工艺提出一个好的办法，就是利用间隙法，在两零件之间增加一个薄垫片，使得两个零件之间有一定的间隙，从而使得铆接完成后，两个零件可以灵活转动，这个方法在此后也得到了很好的应用。还有就是铆接此组件时，最好采用手铆的方式，并且要轻一点，多次撞击使铆钉形成墩头。撞击力小一些，不会因撞击力太大而导致零件之间夹紧力过大而不能灵活转动。

此项工艺改进经过与工程设计部门协调，也已经在图样中得到完善。

五、经济效益分析

在效益对比方面，以一天工作 7h，一个月工作 22 天为例，按划线钻孔需要 10min 左右，利用样板钻孔需要 5min 左右，而采用自制的钻模只需要 2min 左右，不同加工方式对应的产量见表 1。

表 1 不同加工方式对应的产量

加工方式	产量/件
划线	6 ×7 ×22 =924
样板	12 ×7 ×22 =1848
钻模	30 ×7 ×22 =4620

由表 1 可看出，使用自制的钻模后，一个月的生产率比传统划线的方法提高 5 倍左右，比使用样板的方法提高 2.5 倍左右。因此，使用此钻模可以大幅地提高生产率，降低人工成本。

点评

这是一篇冷作钣金工技师论文，作者是一名长期从事铆装工作的技术工人，按新公布的国家职业大典的分类：铆装已经归类在冷作钣金工职业里。作者写的“半球体组件钻孔加工工艺分析与研究”是完全符合冷作钣金工技师的《国家职业技能标准》。作者写的组件孔配钻的实例，在我们日常的工作中经常会遇到，具有一定的典型性。这次把这篇技师论文选进范例里，主要就是考虑许多从事日常操作的技术工人，如何在看似平凡的工作中，找到自己的定位，找到适合自己的技师论文选题，以及发现问题后，如何去分析问题、解决问题。作者在技师论文中主要分析、比较了三种不同的钻孔方法和自制简易工装夹具对提高生产率的作用。不足之处：这篇技师论文还不够完整，缺少了参考文献，最后一部分“铆接装配过程工艺分析”完全可以不写，这样很容易冲淡这篇技师论文的主题。

（四）腰形螺旋盘管成形工艺的创新

腰形螺旋盘管成形工艺的创新

湖南湘东化工机械有限公司　张平生

摘　要：为改进传统弯制腰形螺旋盘管的制作方法，本案例对腰形螺旋盘管的弯制工艺进行了革新，并取得了显著效果。本文着重介绍制作腰形螺旋盘管的新方法，由拼焊成一根长直钢管连续机械成形的新工艺及工装。

关键词：腰形螺旋盘管　新工艺　工装

一、提出问题

盘管是石油、化工压力容器重要的零部件，它的种类繁多，其结构、形状比较复杂，弯

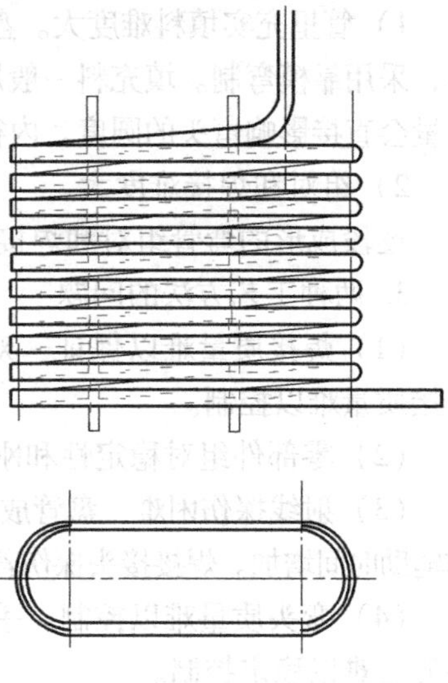

图 1　腰形螺旋盘管结构简图

制的工艺也各不相同。其中，腰形螺旋盘管是盘管中结构比较特殊的一个品种，如果采用传统的工艺制造，其生产周期长，质量不尽如人意。在对传统制造工艺方法分析的基础上，提出并实现了一种新的弯制工艺，不仅能满足其结构的特殊性要求，而且取得了令人满意的综合效益。

1. 基本参数

腰形螺旋盘管工作温度 180℃，工作压力为 2.3MPa；工作介质为氯气、氯液。腰形螺旋盘管采用 ϕ45mm×3mm 的 20 钢管弯制，展开长度为 100.5m，数量为 20 组。

2. 设计要求

弯头圆度≤3mm，弯制部位 100% MT 合格，对接焊缝 100% RTⅠ级合格。腰形螺旋盘管的结构，如图 1 所示。

二、分析问题

1. 传统制造工艺

（1）直管组对 180°弯头的工艺　一般制造工艺路线为：180°弯头外购成品或弯制并加工焊接坡口，100% MT 合格→

→在组装胎模上组对

直管下料→直管两端加工焊接坡口→

弯头与直管→采用氩弧焊条电弧焊逐段焊接对接缝→100% RT 合格→装配固定支承角钢→组焊两端试压接头→水压试验合格→吹干水后总装配。

（2）存在的问题

1）焊接坡口加工量大。180°弯头单个成形，每组盘管弯头数量为 52 件，20 组为 1040 件，每个弯头两端都要加工焊接坡口。1600mm 直管下料，并加工两端焊接坡口。如此下来，对焊接的工作量要求很大。

2）材料浪费多。直管下料后，浪费料头较多，6m 长的管料，经过下料后，剩余材料长达 1200mm。

3）需要专用模具。直管与弯头组对，需在专用胎模上进行固定、组对、焊接，对大批量生产限制较大。

4）焊接质量难以保证。螺旋螺距为 75mm，管与管之间的间隙为 30mm，对氩弧焊的操作带来很大的困难，焊接质量也难以保证。

2. 管料直接火烤手工成形工艺

一般制造工艺路线为：对逐根料管填充砂子→在平板上组焊弯曲模具→料管定位在靠模上→氧气乙炔加热手工弯管→绕靠模弯制几圈→切除灌砂堵板，取出成形弯管内的砂子→弯头部位 100% MT 合格→划线，切除长度余料，修磨对接坡口→组对相联成形段对接口→采用氩弧焊条电弧焊焊接对接缝→100% RT 合格→装配固定支承角钢→组焊两端试压接头→水压试验合格→吹干水后转总装配。

在上述工艺中，存在以下问题。

1）管里充实填料难度大。盘管弯头的相对弯曲半径 $R_x = 100/45 = 2.2$，管里必须充实填料，采用靠模弯制。填充料一般用的是硅砂，6m 长的管料要填充砂子难度大，且灌砂填充的质量会直接影响弯头的圆度。内径为 ϕ39mm 弯管成形后，取出填充砂子，也要费很大的工夫。

2）组对和焊接难度大

逐段成形的弯管组对和焊接时，相当于直管组对 180°弯头工艺的同步工序的难度。

3. 两种工艺方法的问题

（1）焊接质量难以保证　对接管口焊接的施焊位置多变化，焊接角度多变化的现象，焊接质量难以控制。

（2）零部件组对稳定性和刚性较差　零部件组对稳定性和刚性较差，且不容易控制。

（3）射线探伤困难　盘管成形后，管距较小，射线探伤的角度选择受限，探伤的次数和工作辅助时间增加。焊接接头探伤若不合格，对焊缝进行返修，会影响盘管的外观和外形尺寸。

（4）弯头质量难以控制　手工靠模弯头成形，依靠工作者稳定的操作技术来完成，弯头质量难以稳定控制。

上述两种工艺方法中，有几项关键工序存在难以控制的因素，不但延长了制造时间，而且直接影响了成形质量和焊接质量，要彻底改变上述状况，必须寻求新的成形工艺。

三、解决问题

1. 新工艺的构思

（1）创新重点　对于大批量的腰形螺旋盘管，要用较短的时间完成制作，必须对传统制造工艺方法的不足之处进行改进，要有所突破，有所创新，重点方向是：

① 采用机械冷弯成形，取消管内填充料。

② 用钢制反变形模具，控制成形质量。

③ 使管子对接焊缝的施焊条件自由而伸展，如在滚动平焊位置则为最佳。

④ 使射线探伤拍片位置可自由选择，如一次贴片可拍几个焊接接头，则为最佳。

（2）创新思路　要实现上述突破，没有现成的工艺和加工机器设备，只有采用新的构思和创新。创新思路是：

1）先做展开直管的总长。先拼焊好总长，即为盘管展开长度的一根管。

2）连续弯制。采用连续弯制成形，可以解决弯头连接之间的焊接和射线探伤的问题。

3）采用反变形模具。弯头成形采用反变形模具，可以达到圆度控制的要求。

4）机械弯管。采用机械弯管，可以解决管内填充料的问题。

2. 新工艺及其工装

（1）新工艺路线　逐根对钢管两端加工焊接坡口→加工的钢管长度不少于 102m（包括工艺料头 1.5m），按对接焊缝，安排在直段进行排列→组对各端接头→焊接各管头焊缝→100% RT 合格→把 102m 钢管，顺向进行机械弯管成形→检查弯头椭圆度及各部位尺寸弯头，100% MT 合格→装配盘管支承角钢→组焊试压接头→2.88MPa 水压实验合格→吹干水后转总装配。

（2）连续弯管工装

盘管整体成形依靠工装，弯头成形则是工装核心部位。弯管机构的设计，除考虑一般弯管模的要求之外，还特别针对盘管连续成形的特殊性，将模具及夹紧装置设计成移动方便的结构。腰形螺旋盘管弯管机构结构，如图 2 所示。

3. 新工艺实施要点

(1) 直管组焊 在对钢管逐根加工焊接坡口的同时，必须计算焊缝设置在盘管的直段。再将逐根钢管组焊成一根长直管，RT检测合格后，才能进行盘管连续弯制。

(2) 盘管弯制 盘管弯制的工作原理，如图2所示，主动模1固定在动力连接机构上，主动模上下固定板2中安装活动夹紧块3，由轴销5定位。活动夹紧块4由轴销6定位，偏心轮7旋转，即快速夹紧钢管8。反变形模10由轴销13定位，将钢管夹在主动模和从动模之间。主动模1在动力机构的作用下，顺时针旋转，被夹紧的钢管随模转动，在支承轮9和反变形模10的限制下，钢管沿主动模成形，主动模旋转稍大于180°停止转动，单个弯头成形完毕。松开夹紧装置，取出各定位轴销，卸下夹紧块、偏心轮和反变形模，钢管即在自由状态，将钢管向前推动到盘管尺寸定位板位置，按上述的操作完成第二个弯头的弯制。钢管一面向前推进，一面在垂直方向螺旋上升，在起重设备的配合下，控制上升的高度，重复操作，弯制连续进行，即可完成由一根长直钢管，弯制成一组腰形螺旋盘管组件的工作。

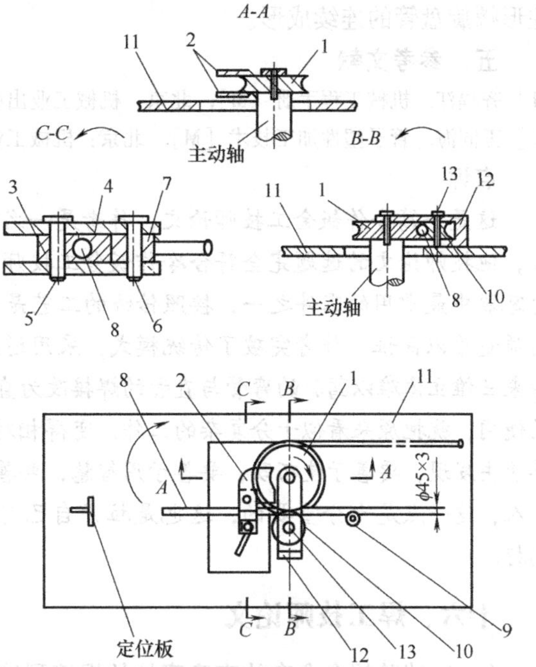

图2 腰形螺旋盘管弯管机构

1—主动模 2—固定板 3、4—活动夹紧块 5、6、13—轴销 7—偏心轮 8—钢管 9—支承轮 10—反变形模 11—工作台 12—连接板

(3) 注意事项 弯管工装是创新工艺实施的关键之一，弯管机构的模具制作，一定要达到其加工精度的要求，模具的安装，要达到装配精度的要求。弯管机的输出力矩要大于或等于弯管力矩的两倍，弯管转速比较适宜采用：$n=3\sim5\text{r/min}$。

四、结论

1. 创新工艺的效果

采用创新工艺，对焊缝焊接质量和盘管成形质量，都能稳定地达到设计技术要求，结果是20件盘管，只用了15天就完工，生产工期缩短为原来的84%。

与传统制造工艺相比，新工艺弯制一组盘管，可节省钢管材料7.7%、20组盘管共可节省了钢管160m；RT检测，一次拍片合格率达到了98%；仅此两项，就使得腰形螺旋盘管弯制的生产成本显著下降。

2. 创新工艺的推广前景

腰形螺旋盘管的新工艺，已在我公司多台设备的制造中得到推广使用，完成了尺寸不等的腰形螺旋盘管弯制，完全达到了设计技术的要求。

腰形螺旋盘管工装，只要更换模具尺寸，调整腰形螺旋盘管定位板尺寸，完全可以实现各种规格、不同直径钢管的腰形螺旋盘管的制造。

同理，腰形螺旋盘管的工装，只要变化其模具的尺寸，改变其夹紧方式，也可实现对圆柱形螺旋盘管的连续成形。

五、参考文献

[1] 齐福江. 机械工程手册 [M]. 北京：机械工业出版社，1982.
[2] 王同海. 管子塑性加工技术 [M]. 北京：机械工业出版社，1998.

点评

这是一篇冷作钣金工技师论文，作者是一名经验丰富、长期从事冷作钣金工职业的技术工人，他技师论文的选题完全符合冷作钣金工技师《国家职业技能标准》。盘管是石油、化工压力容器中最常用的零件之一，按照传统的工艺是分段加工，再分段组焊，其加工效率低，产品的质量难以保证。作者突破了传统模式，采用逆向思维，把原来的分段加工改为整体加工，由原来三维立体难以驾驭的弯管与直管的焊接改为直管与直管的焊接。一个思路的变化、一套工装的使用，就把原来看似十分复杂的工作，变得相对简单，这就是创新的魅力。做事要多用心，要善于去发现，要善于使巧劲，要善于用智慧，要善于去创新，尤其是对于已经具有高技能的技术工人，这一点是十分重要的，这也是拉开自己与其他人技术水平和技术层次档次的一个重要指标。

十六、焊工技师论文

（一）消除铝合金车体支座塞块的焊接裂纹

消除铝合金车体支座塞块的焊接裂纹

南车集团株洲电力机车有限公司　彭勇军

一、提出问题

地铁底架架车支座塞块是铝合金车体众多配件之一。在生产过程中，因塞块是焊接在车体之上的架车支座，其焊缝所产生的收缩断裂应力容易使塞块产生裂纹，造成返工。

二、分析原因

塞块的截面如图1所示，塞块焊接在底架边梁的示意图如图2所示。

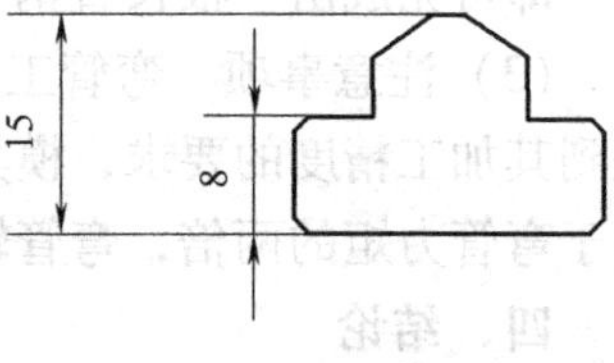

图1　塞块的截面

1. 设计方面

底架边梁架车支座底部塞块的设计高度尺寸为15mm，装配在底架边梁的凹槽内形成两条2HY的对接焊缝。在装配架车支座前，需要对塞块的焊缝余高修磨平整，其焊缝的最大熔深只有2mm，焊缝的厚度太薄，造成其强度较低。这就是说，当架车支座与边梁，包括塞块在内的焊缝（图3）焊接完毕后，支座焊缝在冷却收缩时，产生的收缩断裂应力大于塞块焊缝的强度。

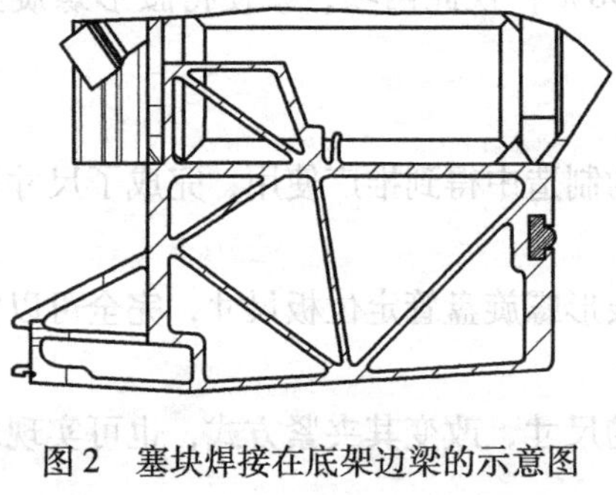

图2　塞块焊接在底架边梁的示意图

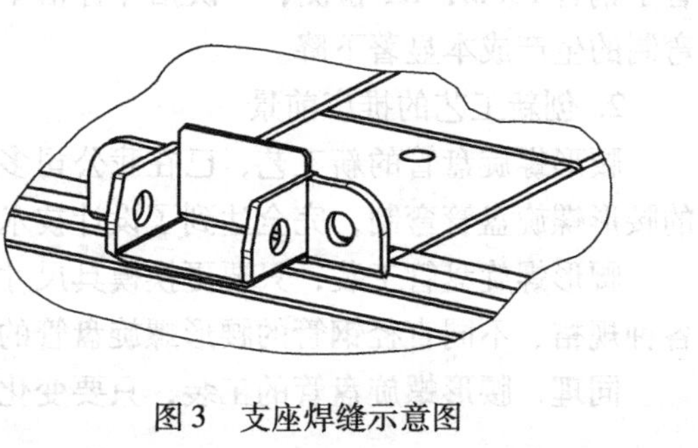

图3　支座焊缝示意图

2. 现场操作

（1）切削液没完全清洗彻底　底架经机械加工后，底架边梁的凹槽内吸附了机械加工时残留的切削液、油污和打磨膏，包括塞块的焊缝。坡口及热影响区20mm范围内，不允许存在油污、切削液及打磨膏。否则杂质较多时，其低熔点共晶物就会增加，晶界也容易产生，并存有低熔共晶薄膜，热裂纹的倾向性也会增加。

（2）收弧不当　使用手工熔化极氩弧焊进行焊接时，如操作不当，在收弧处容易产生弧坑裂纹。

（3）操作不当　焊工的操作不当，容易降低塞块焊缝的有效工作截面，从而导致塞块的焊缝容易产生裂纹。

三、解决问题

1. 降低塞块的设计高度

根据前面的分析，把塞块的高度降到11mm，如图4所示，焊缝的有效熔深就增加到了4mm，焊缝的强度得到提高，可以有效地缩小与支座焊缝收缩断裂应力值的差距，从而避免和减少塞块焊缝裂纹的产生。

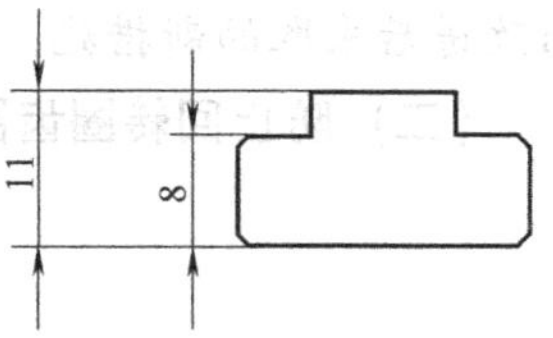

图4　改进后的塞块图样

2. 改进焊接工艺

（1）焊前准备　Fronius TPS5000数字化焊接电源，焊枪为推拉式；保护气体：Ar＞99.999%；焊丝5087，ϕ1.2mm；底架边梁型材的材质：6005A，塞块材质：6082。

（2）清洗　使用丙酮或异丙醇，对残留在底架边梁的凹槽内的切削液及其他污物进行彻底清洗。

（3）去氧化膜　采用风动不锈钢丝轮，去除焊缝及其两侧各20mm区域的氧化膜。

（4）预热　为了使焊缝附近达到所需的预热温度，防止未熔合、熔深不够、减少气孔的产生，预热温度控制在80～120℃之间。在预热时应注意由于底架边梁散热面大，故氧-乙炔火焰加热时范围应大些，以减小散热速度。同时，应注意不要把火焰直接对塞块进行加热，以防止其温度过高，造成铝合金塞块的力学性能大幅降低。

3. 焊接要点及工艺参数

1）焊层顺序如图5所示。

2）焊接方式

① 第1、第2条焊缝施焊时可采用斜圆圈方式运条，第3条焊缝施焊可采用锯齿方式运条。焊枪向前移动时，应保持焊丝处于熔池的前端1/3处，确保焊缝金属与母材金属充分熔合。

② 选用铝合金焊接特殊四步挡时，运用其收弧电流，同时在收弧时，采用小圆圈运条能够有效避免弧坑裂纹。

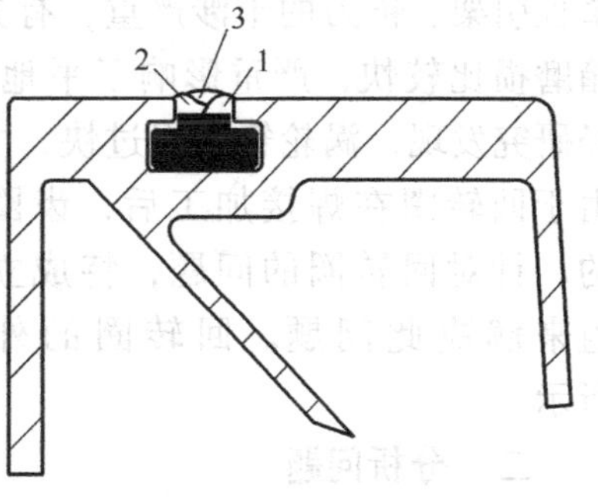

图5　焊层顺序

4. 工艺参数（表1）

表1　工艺参数

焊　道	焊丝直径/mm	焊接电流/A	焊接电压/V	弧　长	氩气流量/L/nim
1～3	1.2	220	22.8	-6～-1	20～22

四、结论

在对底架边梁支座塞块改进之前，平均每节列车产生裂纹6~12处。改进后，其产生裂纹的概率已经趋于0。通过改进，大大地提高了一次焊接的合格率，避免了焊缝的返修，从而缩短了工作时间，并降低了生产制作成本。

点评

这是一篇焊工技师论文，作者是一名长期从事焊工职业的技术工人，他技师论文的选题是来源于自己工作的实践，他技师论文完全符合焊工技师《国家职业技能标准》。焊工是一个特殊性的职业，其大部分操作以手工操作为主，技术难度相对较大。而铝合金焊接又比普通材料的焊接难度要大。作者针对支座塞块在焊接过程中容易出现裂纹的技术问题，展开了研究，找出了产生焊接裂纹的原因，并针对这些问题采取了相应的措施，有一定的参考作用。不足之处：技师论文缺少摘要、关键词和参考文献。另外，在解决问题部分，可以只写出改进后采取的新措施，原来合理的部分不写出来。

（二）防止回转圈齿圈变形的方法

防止回转圈齿圈变形的方法

三一重工　段奇恩

摘要：针对回转圈齿圈的焊接后圆度达不到要求，而导致平地机作业时涡轮箱磨损较快的问题，运用焊接预留反变形及组对工装的方法，有效控制了回转圈齿圈的圆度，保证了产品质量。

关键字：回转圈　圆度　防止变形　生产率　工装

引　　言

随着经济的高速发展和基础建设的增加，平地机的销量成倍增加，成为三一重工路面机械有限公司的主打产品，积极支援各地的高速公路、铁路建设。

一、提出问题

2005年，从售后服务人员反馈的平地机质量问题中，发现平地机作业时，回转圈与牵扯引架、铲刀的干涉严重，有异响，涡轮箱磨损比较快，严重影响了平地机的工作。经研究发现，涡轮箱磨损过快，主要原因是由于回转圈在焊接加工后，齿圈不圆造成的。针对回转圈的问题，特成立了攻关小组来解决此问题。回转圈的外形如图1所示。

图1　回转圈的外形

1—支架　2—耳板　3—轴栓　4—齿圈

二、分析问题

1. 现状分析

（1）工艺上　回转圈的左、右耳板，是由两块厚30mm的钢板组合焊接而成的。

（2）工艺路线　分为下料、校、折弯、组焊。

（3）折弯　在折弯时，没有压模，只能靠放样、划线来慢慢地折出来，形状极不规则，两边不对称。

（4）组焊　在与齿圈拼装时，间隙比较大，焊接时，焊丝填充量比较大；焊后齿圈变形比较大，齿圈圆度不理想。齿圈外形如图2所示。

图2　齿圈外形

2. 加工过程

1）齿圈是由外圈与内齿圈焊接而成的，内齿圈由4件1/4的圆弧拼焊而成，工艺路线为校平和车削。工艺加工的过程证明，内齿圈的圆度能达到技术要求。

2）外圈是30mm厚的钢板，经下料、卷、焊、校圆而成形。由于设备的原因及操作水平的影响，加工出来的成品，最大直径与最小直径之差一般都有3～5mm左右，而且还有一点锥形，从这一点上看，外圆的圆度没有达到要求，需要加强控制。在焊接齿圈过程中，内齿圈是车双面坡口，需要焊透，且焊缝坡口比较大，加上外圈不圆，有些地方的间隙比较大，在焊接时，不容易控制焊接变形。

3）齿圈焊后，经过退火处理，消除焊接应力，但外齿圈的圆度还是存在。在车削的过程中，外圆是不加工的，仅仅是将内齿圈车削到35mm，用数控火焰割齿，齿圈的外径有1450mm，周长有4553mm。由于火焰切割的长度比较大，切割时受热不均匀，割完后齿圈变形不易控制。有些齿圈割完后，最大直径与最小直径之差竟高达7mm之多，极不稳定。

4）回转圈在组装过程中，由于左、右耳板形状不规则，支架焊后同轴度差，左、右耳板与弯板焊后刚性比较大，组装时不易保证尺寸。轴栓焊在耳板上，支架与轴栓的平行度不易控制，焊接过程中，齿圈的变形也不易控制。

综上所述，以往焊接方法是很难保证齿圈的最大直径和最小直径之差的，必须焊后控制在1.5mm以内，支架与轴栓的平行度必须控制在1mm以内。

三、解决问题

要想解决涡轮箱磨损过快的问题，必须在焊接过程中保证齿圈的圆度以及支架与轴栓的平行度。从过程质量控制方面讲，解决措施如下。

1）针对左、右耳板在折弯过程中存在较大加工误差，做一个标准的检具，使其在折弯过程中，左、右耳板的形状与图样误差不得超过2mm。

2）针对齿圈的外圈在焊后圆度达不到要求的问题，拼焊齿圈时，自制一个长1000mm的小长方体简易工装，放在外圈外径最小的地方，用液压千斤顶将其顶住。将齿圈外圆校圆后，用角钢支承，将内齿圈放入后，经定位焊焊接。焊后，齿圈最大直径、最小直径之差可控制在2mm以内。

3）在齿圈火焰割齿过程中，经过多次试验得出，在最小直径处位置偏移400mm的地方开始，往最小直径方向运动，齿圈变形最小。切割完后，齿圈的最大直径、最小直径之差在2～3mm以内。

4）设计一个回转圈组焊工装，利用工装可以保证支架与轴栓的平行度。在工装底部放齿圈的地方，用四个小零件来固定齿圈使其定位。在小零件上各有一根螺杆，可以调节齿圈的直径。在旋转齿圈的时候，选择直径大的方向，放在要焊左、右耳板组合的位置，将齿圈延此方向调节到比最小直径大4～5mm的位置。利用耳板焊在齿圈上的焊接反变形，采用合理的焊接顺序和焊接参数，使焊后齿圈变圆。最大直径、最小直径之差控制在1mm以内，使回转圈符合使用要求。回转圈的组焊工装如图3所示。

图3　回转圈的组焊工装

四、结束语

通过本次改进，能很好保证产品的质量，使生产率得到较大提高，涡轮箱的返修率几乎为零，为公司创造了很大的效益，也为以后零件组对工装化积累了宝贵的经验。

五、参考文献

[1] 机械工业职业教育研究中心. 焊工技能实践训练 [M]. 北京：机械工业出版社，2005.

[2] 叶琦主. 焊接技术 [M]. 北京：化学工业出版社，2005.

[3] 陈宇. 焊工 [M]. 北京：中国劳动社会保障出版社，2008.

点评

这是一篇焊工技师论文，作者是一名长期从事焊工职业的技术工人，他技师论文的选题，就是来自他自己平常的焊工工作，他的技师论文完全符合焊工技师《国家职业技能标准》。

作者针对回转圈齿圈变形的问题，按照技师论文“三步曲”的模式：提出问题、分析问题、解决问题的基本思路，去写技师论文。从这一点上看，作者写作的思路是正确的，而且写得较好。有相当一部分作者在写焊工技师论文方面，有点不得要领，总喜欢把平时焊工作业的工艺规范，当做自己的技师论文来写，有些技师论文竟然是原文照搬。对于焊工作业的工艺规范，已经是比较成熟的工艺文件了，如果你要写的话，就一定是要发现或找到了焊工作业工艺规范中的不足之处或问题。然后针对这个问题，发表你的看法，并对其进行论证，证明自己的想法是正确的，这样的技师论文才会很有分量。否则，不如像本文的作者一样，寻找焊接产品中的不足，或者是改进方法去做文章，这样的技师论文同样是好文章。

十七、铸造工技师论文

铁基合金铸件熔炼、浇注工艺的研究

铁基合金铸件熔炼、浇注工艺的研究

中航工业南方航空动力机械有限公司　胡湘惠

摘要：由于铁基合金熔点较高，易带氧化夹杂，流动性差，铸造工艺难度很大。根据单位生产的需要，对铁基合金铸件熔炼、浇注工艺进行了研究，基本解决了部分合金钢铸件普遍存在的冶金质量问题。

关键词：铁基合金　熔炼　浇注　冶金质量

一、提出问题

我单位铁基合金铸件较多。如 ZG2Cr23Ni12W3Si、ZG1Cr17Ni3、ZG1Cr18Ni9Ti、ZG1Cr11Ni2WmoV、ZG0Cr16Ni4NbCu3 等。由于铁基合金熔点较高，易带氧化夹杂，流动性差，铸造工艺难度很大，经常出现力学性能和冶金质量问题，有的产品甚至成为困扰我公司十多年的技术难题。急需对铁基合金铸件熔炼、浇注工艺进行研究，才能保证正常生产。

二、分析问题

1）铁基合金的化学成分很难控制，原因在于以往铁基合金一般是在非真空状态下进行浇注的，加上合金种类多，数量少，没办法去外面购置母合金，只能全部自己配制，更是增加了化学成分控制的难度。

2）铁基合金铸造的工艺性差，原因在于铁基合金的熔点较高，一般都含有铬元素，有的还含有镍元素。铬镍钢的主要缺点是容易出现石状断口，使铸件在铸造和热处理过程中出现开裂。但是铬、镍、锰等元素能提高钢的凝固收缩值，故能提高钢的疏松和热裂倾向。尤其是马氏体钢，由于铬的质量分数较高，易形成氧化铬膜和氮碳化物难熔质点，流动性比较差，在铸件中，容易造成欠铸和夹杂等缺陷。

3）有些铁基合金的铸件结构比较复杂，工艺性差。尤其是燃调铸件，虽然尺寸都不大，但其结构特殊，比如支座、温包壳体都有复杂的型腔，需要用可熔芯及陶瓷型芯成形，温包壳体有两副陶瓷型的芯模及一副可溶羰芯模。如某杠杆铸件，由于热节分散，或有局部较大薄壁和细长结构。熔炼和浇注的工艺就陷入两难的选择：浇注的温度太低，铸件充型就很困难，容易发生欠铸、气孔等缺陷；浇注的温度太高，铸件的晶粒就会粗大，容易出现裂纹、疏松等缺陷。

三、采取措施

1. 加强成分控制

（1）做好炉料准备　铸件既可以由母合金锭重熔浇注而成，也可以由母合金的钢液直接浇注而成。母合金中如有易烧损元素成分偏小时，必须适量地补充该种元素。常用合金钢的化学成分，需按表1进行控制。所有炉料装炉前，须百分之百地进行复核。

（2）重点控制碳的质量分数　由于材料的成分对性能至关重要，尤其是以材料的碳的质量分数对性能的影响为最大。以往材料的性能不合格，尤其是伸长率偏低，很大的程度上，就是材料的碳的质量分数偏高，为此，就需要对材料的碳的质量分数进行专门地控制。

通过对工艺流程进行跟踪，怀疑电弧、气刨下料打磨时，是一个增碳的环节。于是以ZG2Cr23Ni12W3Si材料为例，进行了是否打磨电弧、气刨切口打磨的对比试验。结果见表2。

表1　常用合金钢化学成分控制范围

序号	牌　号	成分范围（质量分数,%）							
		C	Si	Mn	Cr	Ni	Mo	W	Fe
1	Z30C13仿	0.34～0.36			13.0				余
2	ZG1Cr17Ni3	0.06～0.10	0.9	0.5	16.5	3.2			余
3	ZG1Cr11Ni2WMoV	0.10～0.14	≤0.6	≤0.6	11.2	2.3	0.9	0.9	余
4	Z15CN17-03仿	0.10～0.12	0.3	0.5	16.5	2.6			余
5	ZG12Cr12Ni3Co2MoV	0.10～0.12	0.3	1.0	11.8	2.8	1.7		余
6	ZG1Cr25Ni20	0.10～0.12	1.2	1.0	25.0	20.0			余
7	ZG1Cr18Ni9Ti	≤0.12	≤1	1.4	19.0	10.0		Ti：0.9	余
8	ZG2Cr23Ni12W3Si	0.15～0.19	1.3	0.7	22.0	12.0		3.0	余

表2　电弧、气刨切口打磨的对比试验

试样编号	C（质量分数,%）（0.1%～0.2%）	
	不打磨切口	打磨切口
1	0.17	0.14
2	0.19	0.12
3	0.18	0.15
4	0.18	0.13
5	0.19	0.12

由此可见，电弧、气刨下料的打磨，确实是一个增碳的环节，因而，要求对合金锭仔细打磨以减少增碳的数量，此举取得了较好的效果。从此，增碳数量有所减少。

2. 加强熔炼和浇注的控制

(1) 炉前准备　根据工艺需要，如果需要造型，操作过程中应防止脏物掉入模壳。造型后应加盖，模壳在焙烧炉中的放置，应使模壳不易倾倒和变形。直接与熔化合金接触的工具，应是同类型的材料。工具使用前，应清理干净，并进行预热。光学高温计应定期进行校对，并有合格证，电源应供应充足。

(2) 洗炉　除新坩埚第一次使用之外，其他将会改变冶炼钢种的合金牌号，或者使用久未工作的坩埚，均必须对坩埚进行洗炉。以保证冶炼的质量，防止合金的污染，缩短冶炼的时间。对于洗炉料的原则，采用将要冶炼合金的基体金属，一般为纯铁，或者牌号与之相同的返回料。碳的质量分数较高时，最好采用牌号与之相同的返回料，也可用低碳钢进行洗炉。洗炉的材料不应少于正式工作时材料的最大容量。洗炉材料熔化后，应充分洗刷坩埚壁。脱氧、除渣后，浇入拼棒模壳，浇注的温度应高于正常浇注温度30℃以上。应将洗炉的钢液倾倒干净，坩埚壁不留钢渣。洗炉的材料最多只能使用5次，连续使用的坩埚，需改变冶炼合金牌号时，应遵守以下原则：连续两炉浇注，除了1N与1NF两种材料中间不用洗炉之外，其余都应进行洗炉。

(3) 熔炼操作　装料前，全面检查熔炉、管路、开关和冷却水等，一切正常后方能装料。装料顺序为在炉底加适量熔剂 + C + 新料 + 回炉料 + Cr + Ni + Mo + Co + W 等，炉料中的 Mn-Fe、Si-Fe、Mn、Si、V-Fe、V 的合金和纯金属不用加。装料时，要求装填密实，但不能架桥。装料后，大功率送电，进行熔化，炉料一旦开化，即加入熔剂覆盖。随着炉料熔化，应不断搅动炉料下降，以防止架桥。剩余炉料在熔化过程中陆续加入，直到加完为止。并且金属液面始终要保持在熔剂层的覆盖下。当炉料全部熔化后打渣，依次加入 Mn-Fe、Si-Fe、V-Fe、Mn、Si、V，熔化均匀后，分批打掉旧渣，补充熔剂造渣。当所有炉料全部熔化后，测温脱氧。脱氧温度为1550～1570℃。除渣依次加入 Mn-Fe、Si-Fe 和 Si-Ca 进行脱氧，脱氧后立即加覆盖剂。钢液中气体、夹杂较多时，脱氧铝块用量取上限，再次除渣加入一半铝块到炉中进行脱氧，立即覆盖剂。脱氧后，钢液温度调整到零件所需浇注温度，除渣后准备浇注。加铝块到炉中脱氧的合金，浇注前应停电静置5～10s，再除渣测温。浇注和测温采用光学高温计或红外测温仪。

浇注前，采用吸砂器，将型腔内的砂子和杂物吸干净。浇包应在（900±50）℃下保温1h以上方可使用。每包水放入1～2块铝块于浇包底部，钢液出炉到浇包内，浇包钢液液面用新烧的稻草灰覆盖。钢液出炉后立即浇注，并用挡渣器将浇包液面的稻草灰和夹渣挡住，不使流入型壳内。

ZG12Cr12Ni3Co2MoV 及 ZG0Cr16Ni4NbCu3 有氮的质量分数要求的合金，应预热800～900℃保温5～8min。其中 ZG12Cr12Ni3Co2MoV 最好采用10钢配料，脱氧剂按 Si-Fe 为0.2%、Mn-Fe 为0.2%、Si-Ca 为0.2%加入。

3. 真空熔注

真空熔注有助于降低浇注温度，减少欠铸、夹杂和气孔等缺陷，并能提高性能，合格率较高。但真空熔注对设备要求较高，生产成本较高，生产率偏低，需综合比较。对真空熔注与非真空熔注进行比较，结果见表3。

表3　真空熔注与非真空熔注比较

浇注方式	非真空	真空
单个工作班投产量	216	144
平均合格数量	45	126
经济价值/万元	0.675	1.89
熔炼成本/万元	0.2	0.42
其他生产成本/万元	0.22	0.13
创造效益/万元	0.255	1.34
差额/万元	1.085	

由上表可以看出，虽然真空熔注生产成本较高，生产率偏低，但由于合格率高，反而经济效益更显著。因而对于较复杂的铁基合金铸件，尽量用真空熔注。

由于铁基合金熔点较高，气、渣含量较多，为了防止飞溅，熔炼和浇注时，只开机械泵，并适当延长精炼时间。

四、结论

1）通过做好炉料准备工作，重点控制碳的质量分数，能解决铁基合金成分问题。

2）通过加强熔炼、浇注控制，能解决铁基合金铸造工艺性差的问题。

3）通过真空熔注，能提高铁基合金铸件的合格率。

点评

这是一篇铸造工技师论文，作者是一名长期从事铸造工作的技术工人，他技师论文的选题是来源于自己从事的铸造工作，他的技师论文完全符合铸造工技师《国家职业技能标准》。

铸造工是一个集体作业的职业，对于这个职业的准技师要寻找技师论文的选题，确实有一定的难度，这就需要自己平时多做有心人，时刻关注日常生产中的难题，或者是这个职业里技术性的难题，在关注的同时，寻找适合自己解决的技术问题。这篇技师论文的作者，平时就在这方面下了工夫，在自己从事的钢铁材料铸造工作中，对特殊铁基合金的配料、熔炼、浇注环节，进行了研究，提出了自己的看法和想法。并在实际工作中，按照这种想法去实践，取得了一定的成效。不足之处：技师论文不够完整，缺少参考文献；另外，这篇技师论文的选题还是偏大了一点，不够具体化。技师论文写作只有几千字，难以把铁基合金熔炼、浇注过程中的技术问题写得很清楚。

十八、刨插工技师论文

尖轨跟端刨切方式及其刀具的改进

尖轨跟端刨切方式及其刀具的改进

中铁轨道系统集团道岔公司　张　春

摘要：本文以道岔产品尖轨跟端加工为例，先介绍现有加工方式及其优缺点，进而根据自身的情况提出改进方案并实施，通过实施结果证明所提出的方案是可行和有效的。

关键词：刨切方式　刀具　改进

引　言

世界铁路已经经历了180年的发展历程。自以日本新干线、法国TGV为代表的高速铁路投入营运以来，以高速高效、安全可靠、技术创新、优质服务为铁路发展带来了新机遇，为国民经济的发展带来了巨大动力。

我国虽然新建了京九线等大型干线，铁路经过了五次大规模的提速改造，但铁路运能严重不足的问题依然十分突出，也影响到了我国国民经济的健康发展。根据我国《中长期铁路网规划》，到2020年，我国的高速铁路客运专线预计将达到1.6万km，形成“四纵四横”客运专线，新线路4.1万km，还有一批城际客运系统及现有线路改造等项目。从2010年至2012年，铁路平均每年将完成基建投资6000亿元以上，铁路建设项目遍及31个省市和自治区。

鉴于以上原因，可以看出铁路道岔市场巨大，对于道岔加工企业是一个难得的机遇，也面临着强大的竞争。必须提高加工效率，提高产能，满足市场的需求，才能在新一轮竞争中立于不败之地。

道岔通过尖轨的搬动来实现机车的转向，如图1所示。由于设计的需要，尖轨（60AT钢轨）比基本轨（60kg/m钢轨）矮24mm，为了让尖轨与其后面的导曲线基本轨连接，尖轨跟端锻压成60kg/m轨型。

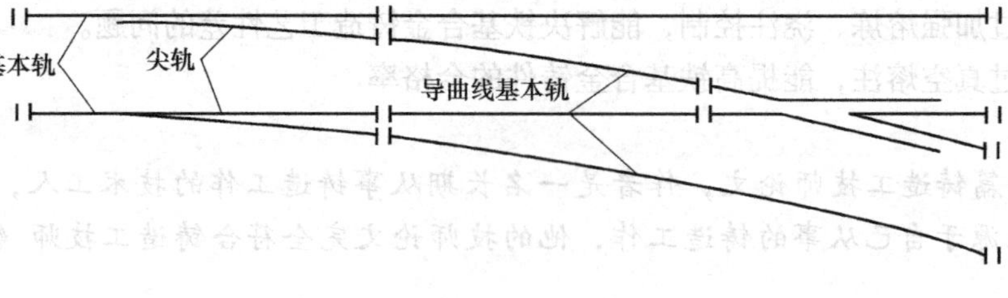

图1　道岔结构示意图

一、提出问题

为了保证锻压后锻压部分的钢轨轮廓度及直线度，锻压后，钢轨轨道的头部，仅留有大于1mm的加工量。目前最常用的装夹方式及加工刀具结构分为侧放（图2）和正放（图3）两种。

1. 方法一

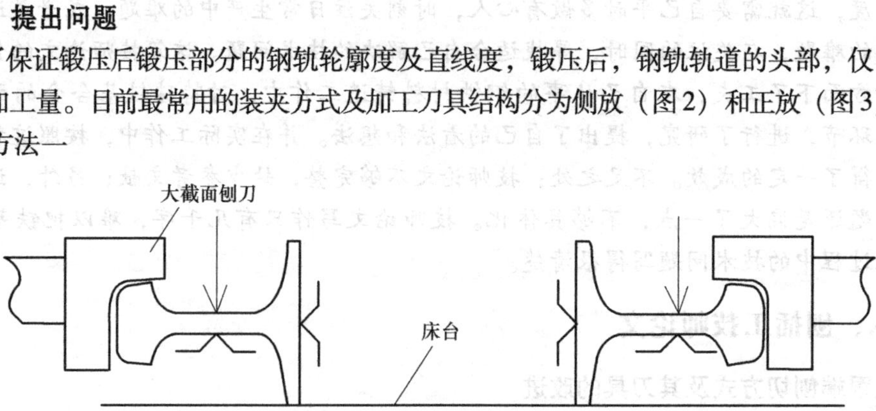

图2　侧放侧刨示意图

（1）装夹方式　钢轨侧放，轨底及轨腰为定位基准。

（2）加工方法　将钢轨找平后刨切，刨切完一侧边后，将钢轨吊至床台另一侧，刨削另一侧。

（3）刀具结构 高速钢刨刀，磨削成形，一次可加工半边钢轨道的头部及侧边。

（4）优点和缺点

1）优点：刨削时间较短。

2）缺点。

① 对机床动力要求较高。

② 由于需要换工位，装夹及找正时间较长。

③ 刨刀外形尺寸较大，磨刀及装卸不便。

2. 方法二

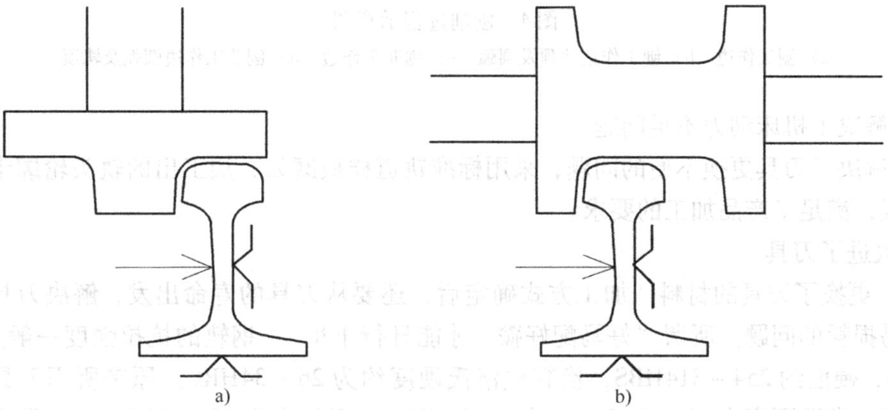

图3 正放铣削示意图

a）立铣 b）卧铣

（1）装夹方式 钢轨正放，以轨底为基准，使钢轨侧边与床台运动主方向一致。

（2）铣削方式 采用卧铣或立铣加工。

（3）刀具结构 采用成形铣刀，一次加工半个轨头及侧边。

（4）优、缺点

1）优点：铣削时间较短，装夹找正相对较容易。

2）缺点：由于轨头为 $R13$、$R80$、$R300$ 三段圆弧相切而成，成形铣刀在结构上只能逼近其轮廓，其加工后的钢轨头部的轮廓度不如用磨削成形的刨刀加工出来的轮廓度精度高。

二、分析问题

由于机床动力不足，故不能采用第一种方式进行加工。再者，所加工的客运专线道岔产品对轮廓度及直线度要求比较高，也不宜采用第二种方式进行加工。考虑到换刀对刀的时间比重新吊运装夹一侧钢轨时间要少得多，且根据机床及产品自身特点，决定采用钢轨正放、一次装夹、多次换刀的加工方式，对钢轨跟端进行刨削加工，且刨刀截面改小。

三、解决问题

1. 加工顺序

依次加工工作边侧边 1∶20 斜面、工作边轨顶及 $R13$ 圆弧、非工作边侧边 1∶20 斜面、非工作边轨顶及 $R13$ 圆弧，如图 4 所示。

2. 加工方法的优点

1）减少了辅助时间。采用此种方式后，装夹及找正时间可以减少至 2 ~ 3min。

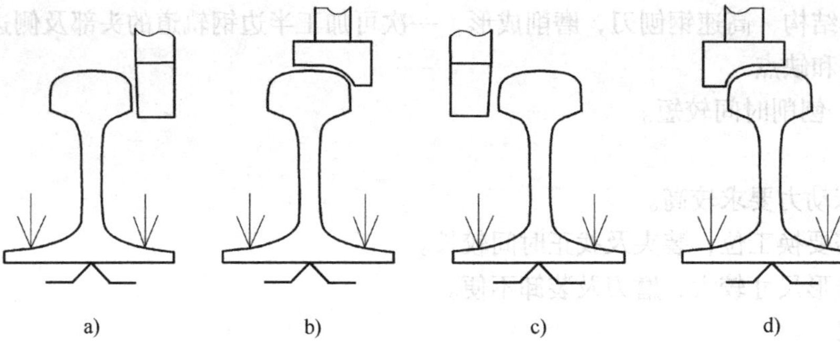

图 4　刨削过程示意图

a）刨工作边　b）刨工作边轨顶及圆弧　c）刨非工作边　d）刨非工作边圆弧及轨顶

2）解决了机床动力不足问题。

3）解决了刀具更换不便的问题，采用标准轨道样板磨刀，加工出的轨头轮廓十分接近标准样板，满足了产品加工的要求。

3. 改进了刀具

（1）更换了刀具的材料　加工方式确定后，还要从刀具的寿命出发，解决刀具刨削速度慢，易损耗的问题。所谓“好马配好鞍，才能日行千里”。钢轨的抗拉强度一般为 880 ~ 1100MPa，硬度约 254 ~ 314HBS，换算成洛氏硬度约为 26 ~ 34HRC。原来所用刀具材质为 W18Cr4V，常温硬度为 62 ~ 66HRC，在 600℃的高温下硬度为 48.5HRC。刀具常温硬度约 60HRC，加之钢轨跟端锻压后存在硬化组织及加工时金属表层存在加工硬化现象，导致刀具寿命较低，且刨削速度较慢，进给量较小，经常容易出现烧刀现象。后来，改用了材质为 W2Mo9Cr4Co8，其常温硬度达 67 ~ 70HRC，600℃的高温下硬度为 55HRC。经试用，刨削速度可比原来的速度提高 30%，刃磨次数下降一半。刃磨一次刀具，加工的钢轨根数由原来的 2 ~ 3 根提高到了 5 ~ 6 根。

（2）调整了刀具的结构　新制的刨刀刀片厚度由原来的 10mm 改成目前的 20mm，刀具的使用寿命可延长 60% 以上。如果在刀片粘接时，使刀片倾斜，留出 8°的前角，如图 5 所示，则可减少初次磨削刀具前角而损失的量，寿命可延长到 80% 以上。

假设机床动力充足，采用此种装夹方式，采用方法一的大截面刨刀，刨削次数可以从改进后的 4 次刨切变成 2 次刨切，使刨切时间又可减少 30% 以上。

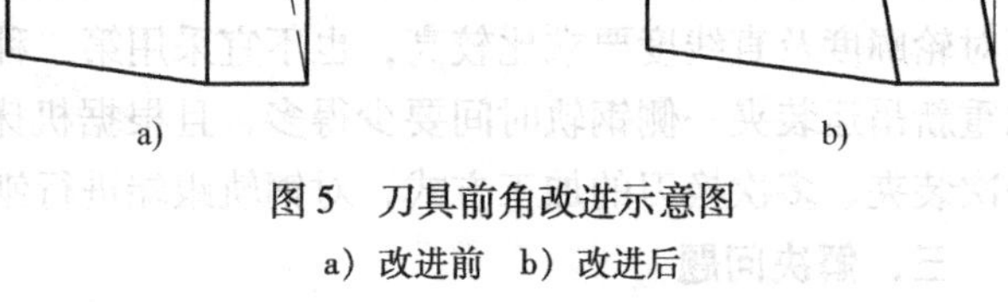

图 5　刀具前角改进示意图

a）改进前　b）改进后

四、结束语

根据本方案的实施结果证明，此种方案是可行及有效的，既减少了装夹时间、延长了刀具使用寿命，又提高了刨削速度，提高了生产率，适应道岔市场需要。在条件允许的情况下，还可以从机床动力，及刨刀刀体的设计上，即直接做出8°前角上，进一步提高生产率及刀具的使用寿命。

五、参考文献

[1] 机械工程师手册编委会. 机械工程师手册 [M]. 北京：机械工业出版社，2007.
[2] 刘杰华. 金属切削与刀具实用技术 [M]. 北京：国防工业出版社，2007.

点评

这是一篇刨插工技师的论文，作者是一名经验丰富、长期从事刨插工职业的技术工人，他技师论文的选题完全符合刨插工技师《国家职业技能标准》。刨插工是机械加工中的一个职业，这篇技师论文是作者结合自己的实际工作，以加工高速铁路轨道上的尖轨为课题，分析、比较了一般情况下的加工轨道上尖轨的方式、方法和刀具情况，提出了改进意见和实施办法，并进行了实施，有一定的参考值。不足之处：分析部分相对比较薄弱。技师论文中没有交代作者自己使用机床的情况，分析时就缺少对比的参照物，问题就不容易讲得很清楚。

十九、机械产品检查工技师论文

（一）气缸座密封槽的检测

气缸座密封槽的检测

常德烟草机械有限责任公司　姜孝春

摘要：本文分析气缸座密封槽无法检测的原因，结合自己的经验探索最佳检测方法，并详细地介绍了设计专用检测测头利用高度仪来完成的检测工艺。

关键词：气缸座　密封槽　检测工艺

前　　言

1994年至今，我公司从德国豪尼公司引进某专用技术生产的高速卷接机组，共生产出设备200多台。在实际生产中，气缸座由于孔径小，长期以来一直无法检测，给加工带来了较大的困难，变成了生产中的一个瓶颈。

一、提出问题

由于DN64050100气缸座的孔径只有ϕ10.2mm，而孔径内有一内径为（100+0.05）mm的活塞槽，如图1所示。该零件在加工过程中，如果该槽内径大于（ϕ100+0.05）mm，则活塞压不紧，产生漏气，零件报废。如果该槽内径小于（ϕ100+0.05）mm，则活塞又装不进去，气缸无法工作，零件需要返工。而返工后，有多少产品能合格是不知道

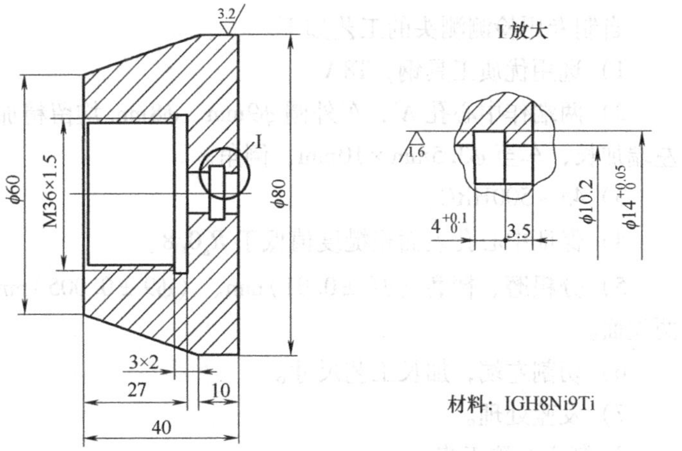

图1　气缸座的活塞槽

的，给加工带来了较大的困难。

二、分析问题

以前，生产上只有依靠设备进刀的精度来间接地保证零件精度。而该零件的材料是不锈钢，因此，在加工过程中极易产生让刀现象。故靠设备的精度也经常无法保证设计的要求。而在产品验收把关的过程中，又因为无法用外径千分尺直接测量，只能相信操作者依靠设备加工出来的产品。所以，在装配现场零件座经常出现批量返工和报废现象。

三、解决问题

1. 研究零件

鉴于上述情况，我开动脑筋，结合生产实际，仔细、反复地研究零件的设计结构。从零件的结构来看，按常规的方法，是无法直接检测出结果的，只有设计出专用的检测测头，再与高精度的检测仪器配合，来共同完成零件的检测工作，才能保证检测结果的准确性。

2. 确立方案

如何设计专用测头呢？为此，我认真阅读了公司从德国进口的一台高精度高度仪的说明书，在充分了解了它的使用范围、用途及测头的选用要求以后，了解到现有的仪器所配测头的配件，满足不了使用的要求。为此，我根据进口高度仪对测头的要求和特点，自行设计、制作了一套专用检验测头，如图 2 所示。

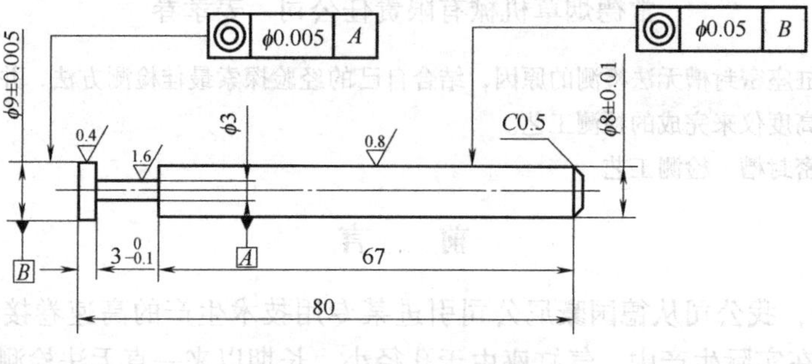

图 2　自制专用检测测头

自制专用检测测头的工艺如下。

1）选用优质工具钢，T8A。

2）两端作中心孔 Al，车外圆 ϕ9mm、ϕ8mm 均留精加工余量 0.4 ~ 0.5mm，ϕ9mm 外圆左端加长，车至 ϕ3.5mm × 10mm，倒角。

3）45 ~ 500HRC。

4）保证中心孔表面粗糙度值低于 R_a0.8。

5）分粗磨、精磨（ϕ8 ± 0.01）mm、（ϕ9 ± 0.005）mm 达 R_a0.8、R_a0.4，靠磨 $3_{-0.1}^{\ 0}$ mm 两端面。

6）切割左端，加长工艺尺寸。

7）发蓝处理。

3. 制定检测工步

根据自己做好的专用测头，制定检测工步如下。

1）将专用的测头安装在进口的高度仪上。

2）将测头的直径值输入到进口的高度仪中。

3）将工件的放置与进口的高度仪放在同一平板上。

4）把进口高度仪的测头慢慢移动到零件的密封槽内。

5）把进口的高度仪指令设置为内径测量。

6）移动工件或进口的高度仪，进行上、下测量，检测到的最大值即为密封槽的实际要素。

四、效果

通过实践证明，这种检测方法不仅行之有效，而且方便、快捷，可以直接控制零件的尺寸精度，确保了零件的加工质量。从2004年开始至今，通过该检具控制，无一零件出现返工或报废，大大缩短了装配时间，提高了工作效率。而且设计的专用检具在公司中得到了广泛的推广和应用，效果显著。

点评

这是一篇机械产品检查工技师论文，作者是一名长期从事机械产品检查职业的技术工人，他技师论文的选题是来源于自己从事的机械产品检测工作，完全符合机械产品检查工技师《国家职业技能标准》。

机械产品检查工是企业加工产品质量的把关者，把好质量关，把住质量关，是机械产品检查工的职责。但是，对于机械产品检查工手中的检测工具，无法准确地检测机械产品的质量，这对机械产品检查工来说，是一个比较棘手的技术难题。作者通过自制测量头，再配合进口的高度仪器，这种结合方法，很好地解决了企业多年想解决而没有解决的技术性测量难题。这对我们从事机械产品检查的技术工人来说，有一定的参考和借鉴价值。

（二）测量工具的改进

测量工具的改进

中航工业航空动力机械研究所　崔文杰

摘要：为了解决某轴承定位尺寸的测量问题，结合实际，改进指示表的测杆是很有必要的。通过合理的改进，解决了问题，并得到了实践的验证。

关键词：轴承定位　加长针形表头　检测

一、提出问题

某轴承定位端面非常窄，只有2mm宽，而长度尺寸要求较严，如图1所示。零件的长度定位尺寸如有误差，会直接影响到轴承的装配，其轴向跳动还会影响到叶轮工作的间隙。

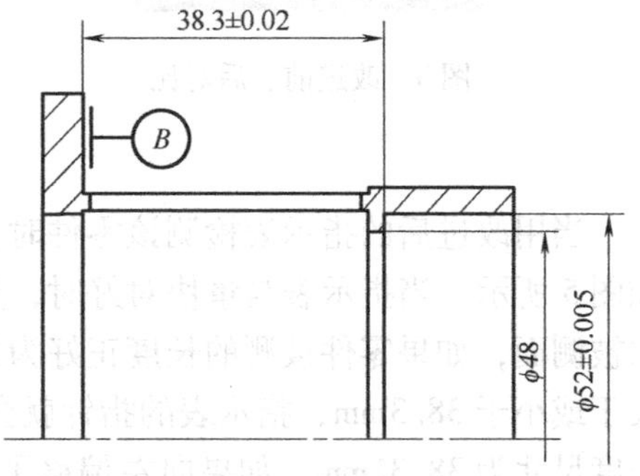

图1　零件图样

二、分析问题

1. 尺寸较重要

从轴承长度定位尺寸来看，这个尺寸的加工和检测是非常重要的。但该尺寸在无专用仪器的情况下，不能用通用量具直接测量出来，如何准确地测量出该尺寸是保证产品质量合格的关键。

2. 专用测具成本高

我单位属于科学研制单位，如果为该零件专门设计一套专用的检测器具，不但成本费用高，而且利用率低。

3. 常规方法测不准

（1）用游标深度卡尺测量　常规方法检测零件的尺寸，一般是先用游标深度卡尺，即分度值为0.02mm读数的量具，测出零件的右端面到基准*B*的距离。再测出零件的右端面到内孔端面的距离，两个尺寸相减，则为该零件长度的实际要素。但是这种方法，存在着测量误差积累，并不十分准确。

（2）用指示表和量块测量　采用分度值为0.01mm指示表配合量块对其长度尺寸进行检测。

首先把指示表装在指示表表架上，用量块组合成标准尺寸38.3mm，把零件、量块、指示表及指示表架（图2）放在平台上。当用指示表对量块检测时，由于该测量面非常窄，指示表的表头又圆又短，当测杆碰到内孔时，指示表的测头还未接触到零件的被测台阶面，这个方法仍然行不通。

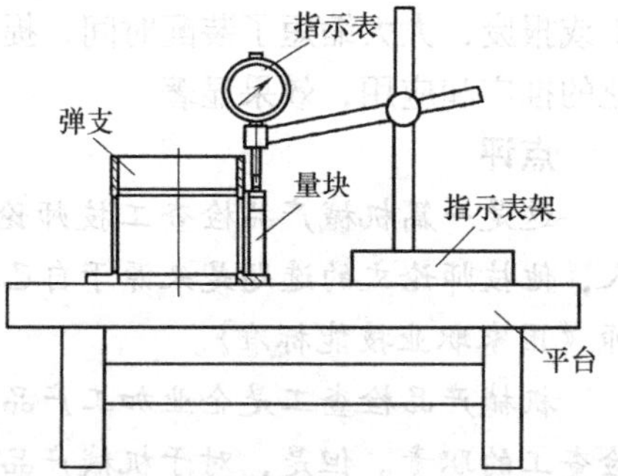

图2　检测示意图

三、解决问题

为了能把该问题解决，我请人加工、制作了一个加长针形指示表的测头，如图3所示。指示表改进前和改进后对比图样如图4所示。

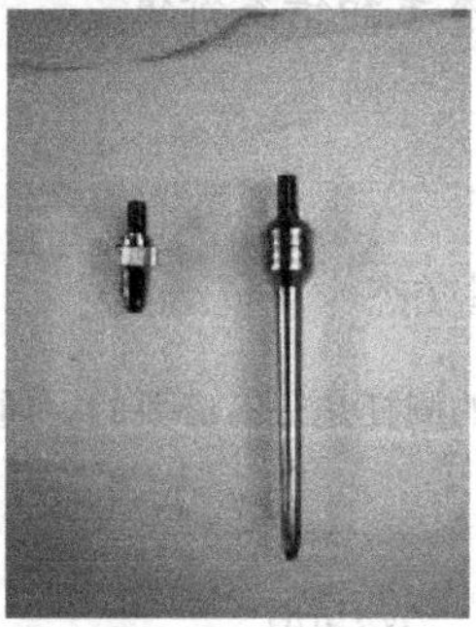

图3　改进前、后对比

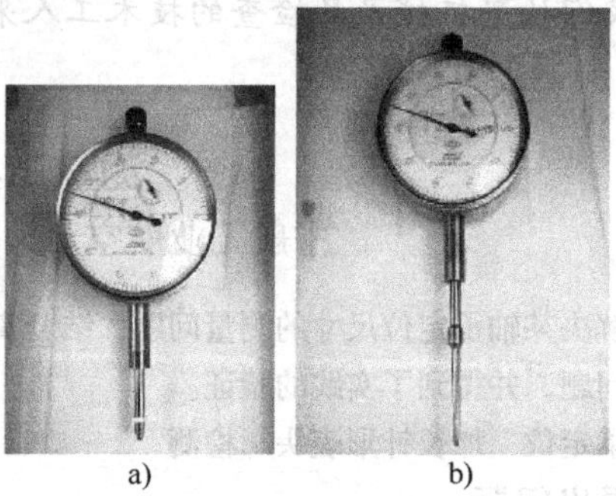

a)　　b)

图4　对比图样

a）改进前　b）改进后

当用改进后的指示表检测该零件时，原指示表的测头无法解决的问题，就迎刃而解了，如图5所示。当指示表与量块对好时，先将指示表上的指针调到零位，再用指示表检测零件的被测面，如果零件被测的长度正好为38.3mm，指示表上的指针就会指到零位；如果长度大于或小于38.3mm，指示表的指针就会左、右偏移。如果向右偏移了一小格，那么零件的长度尺寸为38.31mm；如果向左偏移了一小格，则零件的长度尺寸为38.29mm。用改进后的指示表检测长度尺寸，不仅读数非常直观，而且准确率高。

点评

这是一篇机械产品检查工技师的论文，作者是一名长期从事机械产品检查职业的技术工人，他技师论文的选题完全符合机械产品检查工技师《国家职业技能标准》。按常规和常理，检测的标准量具一般是不允许改动的。但是，作者能打破常规，因地制宜，在指示表的测杆上做文章，用最简单、最廉价的方法，解决了零件长度尺寸不易检测的技术问题，这也是一种革新和创新。解决技术问题不在于问题的大小和问题的难度，而在于我们能用最简捷、最方便、最容易实现的方法，去解决，那就是最好的。不足之处：技师论文不够完整，缺少参考文献。其次，摘要的写法不够正确，摘要里不能够出现图表；另外，分析部分还不够详细，有待加强。

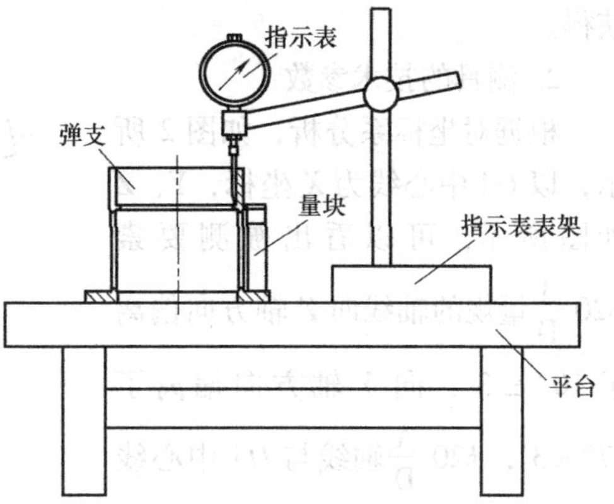

图5　检测示意图

（三）测具空间交点尺寸的检测

测具空间交点尺寸的检测

中航工业成都发动机有限公司　何　蓉

摘要：在无专用计量仪器的条件下，为解决各种复杂零件交点尺寸的测量问题，采用了在平台上，用心棒、钢球等辅助工具进行间接测量，取得了成效，并在实践中得到了验证。本文以检测某零件的检测量具为例，说明该方法。

关键词：　检测量具　空间交点尺寸　平台测量

前　　言

机加检验工在检测零件过程中，会遇到零件加工形面复杂、尺寸精度高或交点尺寸等问题，在有专用仪器、设备的条件下，这些问题很容易解决。我部门没有专用仪器、设备，但又要检测有交点尺寸要求的零件是比较困难的。但我根据自己的知识和经验，利用平台、方箱、正弦规、心棒等进行检测，细心操作、认真计算，得出结论，保证了检测精度，满足了生产、质量的要求。

一、提出问题

这个壳体上有两个孔，其位置度尺寸是空间交点尺寸，需要检测。为生产方便，需制造壳体上两个孔位置度的检测量具。由于壳体的尺寸精度与技术要求都很高，且是空间尺寸。要求检测用量具的尺寸精度就更高。一般检测用量具的尺寸精度是零件尺寸精度的1/5～1/3。

按常规检测量具是转送到有先进仪器、设备的中心计量站检测，其检测费用为两千多元，并且还要等三天以后才能拿到检测结果。这样一来既要花费检测费用，又满足不了生产的要求，在这种情况下，我根据以前学习的知识和工作中积累的经验，经对图样进行仔细分析后，决定利用检测室内现有的平台和辅助工具，对这套检测量具进行检测。

二、分析问题

1. 测具的检测难度

测具图样如图1所示。需检测的（41±0.04）mm尺寸为空间交点尺寸，不能直接测量获得。

2. 测具的技术参数

根据对坐标系分析，如图2所示，以 OA 中心线为 X 坐标，Y、Z 如图所示，可以看出被测要素 $\phi 20\frac{A}{D}$量规的轴线向 Z 轴方向偏离了10°±3′，向 Y 轴方向偏离了27°±3′，$\phi 20\frac{A}{D}$轴线与 OA 中心线形成双向夹角，当 $\phi 20\frac{A}{D}$量规的长度为（64.96±0.02）mm 且端面位置固定时，要测量 $\phi 20\frac{A}{D}$量规的轴线与（φ55.4±0.02）mm 的孔中心的距离为（41±0.04）mm，如图2所示。

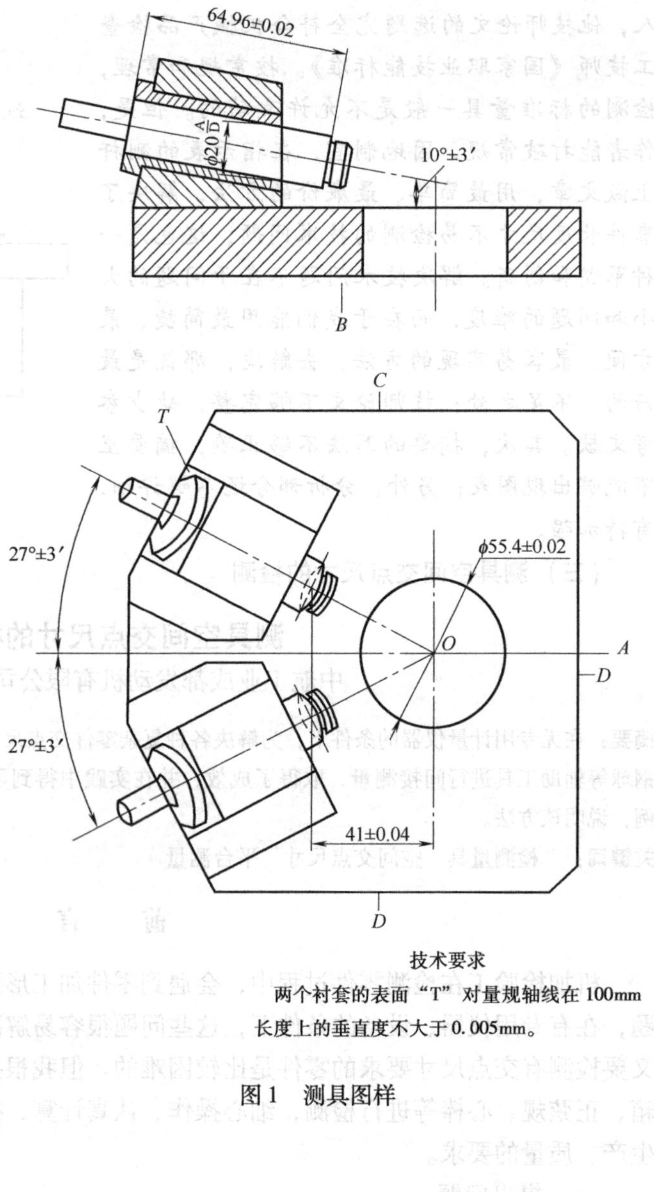

技术要求
两个衬套的表面“T”对量规轴线在100mm长度上的垂直度不大于0.005mm。

图1　测具图样

三、解决问题

1. 测量前的准备

(1) 确定测量方法　对测具的技术要求分析后，可以看出该尺寸可以采用测量坐标值的方法进行测量，测量坐标值的特点是测量被测实际要素的坐标值，如直角坐标值、极坐标值、圆柱面坐标值，并经过数据处理，可以得出准确的误差值。故采用测量坐标值，并经过计算，得出结论的办法。

(2) 选择测量方式　鉴于这套测具的公差值较小，又为单件测量，其基准面比较好，所以直接采用平台测量。

(3) 选择测量工具　根据量具选择的原则，按被测零件公差值的1/10～1/5选择相应的量具，以确保测具检测的需要。根据这套检具检测的要求，选用了分度值为0.002mm 的杠杆指示表、4等量块、规格为100的正弦规、检验平台、方箱、φ8mm 心轴、φ20mm 量规等主要检测工具。

2. 测量步骤

(1) 测量实际要素　将零件擦拭干净后，实测（φ55.4±0.02）mm 尺寸的实际值为 φ55.4mm，（64.96±0.02）mm 尺寸的实际值为64.968，实测 $\phi 20\frac{A}{D}$轴尺寸的实际值为 φ20mm。

(2) 测量角度的实际值　φ20mm 与孔紧密配合，轴线与 T 面垂直。将零件 B 面紧贴方箱，此时检测出 A 与 B 面垂直，则 A 面与平台平行。将方箱旋转 90°，置于正弦规上，使 A、B 面垂直于平台。将正弦规垫上量块，在 ϕ20mm 量规轴线方向上，使 ϕ20mm 量规的轴线与 ϕ55.4mm 的孔的轴线重合找正。测量 27° ±3′实测角度值为 27°，再将方箱旋转 90°，使 B 面平行与平台。在正弦规上，用规格为 100 的正弦规垫好量块，消除 Y 方向的 27°，测出 10° ±3′实测角度值为 10°。再将方箱旋转 90°，使 A 面平行于平台，将一根 ϕ_3 = 8mm 的心轴置于量规与 T 面的交叉处，将心轴找平，实测得出 M 值，如图 3 所示。M = 139.956mm。测出 M 实际值后，经过计算，就可得到所测的交点尺寸。

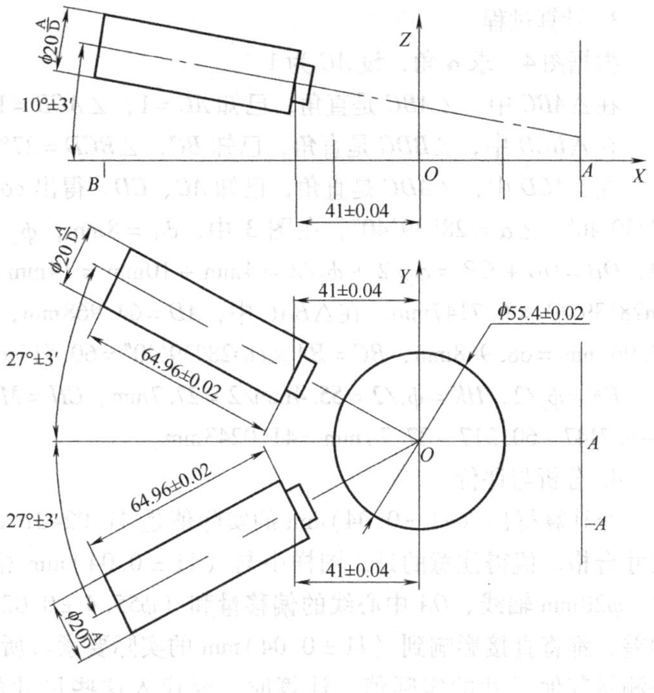

图 2 坐标系分析

（3）测量空间角度 如图 2 所示，ϕ20mm 量规向 Y 方向偏转 27°，向 Z 方向偏转 10°，如图 3 所示。图中的 α 角，即为这两个角与 OA 中心线形成的一个投影角。将 α 角用空间坐标的方法，绘制成立体图，通过计算就可以得出 α 角，如图 4 所示。

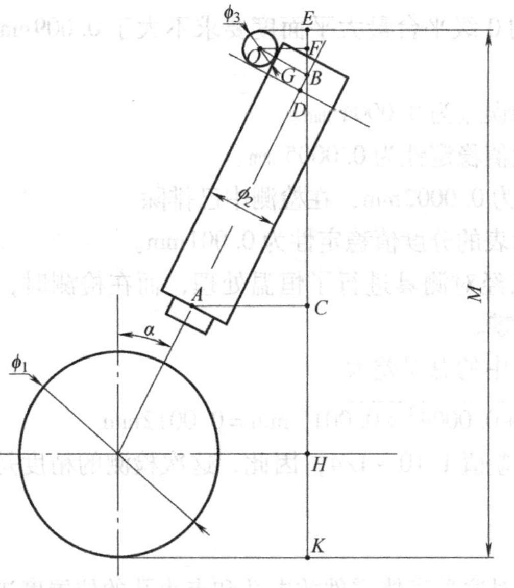

图 3 测量角度的实际值

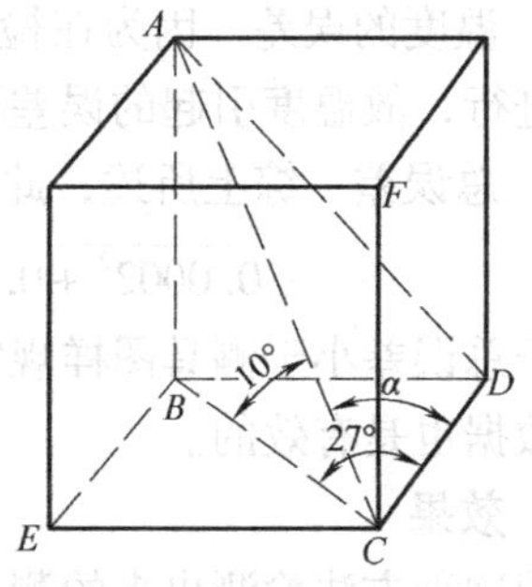

图 4 测量空间角度

3. 计算过程

根据图4，求α角，设AC为1

在$\triangle ABC$中，$\angle ABC$是直角，已知$AC=1$；$\angle ACB=10°$，$BC=AC\times\cos 10°$。

在$\triangle BCD$中，$\angle BDC$是直角，已知BC，$\angle BCD=27°$，$CD=BC\times\cos 27°$。

在$\triangle ACD$中，$\angle ADC$是直角，已知AC、CD。得出$\cos\alpha=CD/AC=\cos 10°\times\cos 27°=\cos 28°39'40''$，$\angle\alpha=28°39'40''$。在图3中，$\phi_3=8\text{mm}$，$\phi_2=20\text{mm}$，$\phi_1=55.4\text{mm}$。在$\triangle OBF$中，$OB=OG+GB=\phi_3/2+\phi_2/2=4\text{mm}+10\text{mm}=14\text{mm}$，$\angle FOB=28°39'40''$，$FB=OB\times\sin 28°39'40''=6.7147\text{mm}$。在$\triangle BAC$中，$AD=64.968\text{mm}$，$BD=4\text{mm}$，$BA=AD+BD=4\text{mm}+64.968\text{mm}=68.968\text{mm}$，$BC=BA\times\cos 28°39'40''=60.517\text{mm}$。

$EF=\phi_3/2$，$HK=\phi_1/2=55.4\text{mm}/2=27.7\text{mm}$。$CH=M-EF-FB-BC-HK=(139.956-4-6.7147-60.517-27.7)\text{mm}=41.0243\text{mm}$。

4. 分析与评价

经计算得出（41 ±0.04)mm的实际值是41.0243mm，在图样公差要求的范围内，该尺寸合格。值得注意的是，图样中与（41 ±0.04)mm相关的尺寸很多，27° ±3′、10° ±3′、ϕ20mm轴线、OA中心线的偏移量和（ϕ55.4 ±0.02)mm等尺寸。如果这些尺寸产生偏差，都将直接影响到（41 ±0.04)mm的实际要素。所以在测量（41 ±0.04)mm时，应先测量其他尺寸的实际值。计算时，要代入这些尺寸的实际值，计算出来的结果才会准确。

5. 误差分析

对于测量过程中，使用过的杠杆指示表、量块、正弦规、量规、方箱、平台及温度可能引起测量误差的因素，一定要进行分析。

（1）方箱误差　200mm×200mm的一级方箱的误差不大于0.0045mm，对测具X-Y两方向几乎无影响，故可视为零。

（2）平板误差　750mm×100mm的0级平台最大平面度要求不大于0.009mm，局部区域使用几乎无影响，故也可视为零。

（3）标准心轴的误差　标准心轴的误差为0.0004 mm。

（4）指示表的误差　指示表的分度值稳定性为0.0005 mm。

（5）量块的误差　4等量块的误差为0.0002mm，在检测中已排除。

（6）杠杆指示表的误差　杠杆指示表的分度值稳定性为0.001mm。

（7）温度的误差　因为在检测前已经对测具进行了恒温处理，而在检测时，是在标准温度下进行，故温度引起的误差可视为零。

（8）总误差　综上所述，此次检测中的总误差为

$$\sqrt{0.0002^2+0.0005^2+0.0004^2+0.001^2}\ \text{mm}=0.0012\text{mm}$$

由于总误差小于测具图样规定的公差值1/10～1/4，因此，这次检测的精度是精确、可靠的，数据也是有效的。

四、效果

采用这种方法检测出来的测具，在对这种壳体零件放电孔和点火孔的位置度进行检测合格后，再将这种壳体零件送到公司中心计量站用仪器检查、复测，结论是完全一样的，即合格。实践证明，采用上述办法，检测复杂测具的空间角度和交点尺寸，是有保证的。利用这

种方法，对复杂零件上具有空间交点尺寸的测具进行检测，确实是一种有实用价值的检测技术。我室以后对具有这种要求的量具，均采用这种办法检测，既保证了检测精度，又满足了生产进度、质量的要求。

点评

这是一篇机械产品检查工技师论文，作者是一名经验丰富、长期从事机械产品检查工作的技术工人，他的技师论文选题是来源于自己从事的日常工作，其内容完全符合机械产品检查工技师《国家职业技能标准》。机械产品检查工是一个技术性很强的职业，不仅仅要会测量，更重要的是要会计算。像这篇技师论文中提到的，复杂零件空间角度的计算，就是一个技术性的难点，这个难点不仅仅是出现在机械产品检查工这个职业，而且也出现在铣工、磨工、工具钳工、镗工、数控铣工、加工中心操作工等职业里。当然，这种技术含量比较高的问题，现在已经由现代科学技术解决。但是，在实际工作中，仍然会出现各种形式、复杂的空间角度问题，如果你能很快地解决，就说明你的水平比别人高。

准确地检测复杂零件的空间角度，没有一定的方法是不行的，作者在他的技师论文中，对这种方法给予比较详细地介绍，对我们有一定的参考和借鉴价值。不足之处：技师论文不够完整，缺少参考文献。另外，摘要的写作还不够正确。

（四）摩托车外观件间隙问题解决方案的探析

摩托车外观件间隙问题解决方案的探析

株洲建设雅马哈摩托车有限公司　罗　坤

摘要：为了解决摩托车组装后的外观间隙、段差，控制在设计范围值内的问题，适当地调整模具是必要的，本案例采用了最简单、最经济的修模方案解决了问题，并已在批量生产中得到了验证。

引　言

一台踏板式摩托车的整体外观是由十几件以上的树脂材料PP型塑料材料，经高温融合后，注塑、喷漆、再组装而成的。对于任何一种新开发的踏板式摩托车，试生产组装后，在外观的车体上，需要确定200点以上的测量点，进行外观间隙、段差值的检查。实际上，外观间隙、段差值要一次性全部达到设计值是根本不可能的，因为ABS、PP型塑料材料收缩率的不同。

一、提出问题

1. 问题分析

某车型投产以来，F8312和F8313组装后，在开启、关闭时，发生干涉，产品不合格率竟然达到了100%。原图样的间隙要求≤1.0mm，实测为0，说明F8312和F8313之间根本就没有间隙。图样的段差要求≤1.5mm，实测也是0，也没有间隙，所以会发生干涉。为了解决干涉问题，就必须排除故障，之后又得再检。而再检测的时间占到每台规定用时的1.5倍以上，严重地影响生产的顺利进行。

2. 厂家拒绝修模

1）模具生产厂家修模方案予以回绝因为模具厂家的模具已成形，该部位更改比较困难，而需要改的部位又恰好在模具合模的接合处，模具厂家怕修模后，会影响模具开启和关闭，已拒绝修模。

2）F8312 和 F8313 的模具都已定型，并已经做了模具表面的皮纹，而且在干涉处都有皮纹包裹。在模具的皮纹处进行修模，其成本费用太高。

3. 原来的解决方法

第一步：把 F8313 从 F8312 槽内抽出，如图 1 所示。

第二步：用双手把 F8313 强行弯曲变形，如图 2 所示。

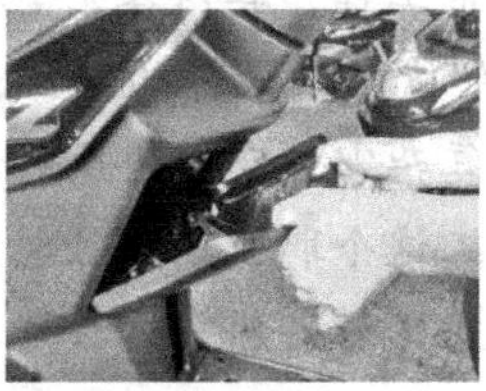

图 1　抽出

图 2　强行弯曲变形

第三步：用工具把铰链 F1796 开口处强行加宽 1.2mm，如图 3 所示。

第四步：把 F8313 放回 F8312 槽内，如图 4 所示。按上述做法进行返修、排除故障，不但效率低，而且产品的质量无法得到保障。能不能在不破坏 F8312 和 F8313 模具表面皮纹的前提下，对局部修模，解决这个问题呢？

图 3　强行加宽

图 4　放回槽内

二、分析问题

1）对于产品 F8313 的模具，已经做完表面皮纹，而且该部品的壁厚较薄，易变形，不适合修模。

2）对于产品 F8312 的模具，可以采用错层法，进行修模，以避开干涉位置（图 5 和图 6）。

3）采用外错法修模比内错法修模更加经济、更加简单、更加方便，而这里所指的外错法是有意识地把结合面向外部错开。

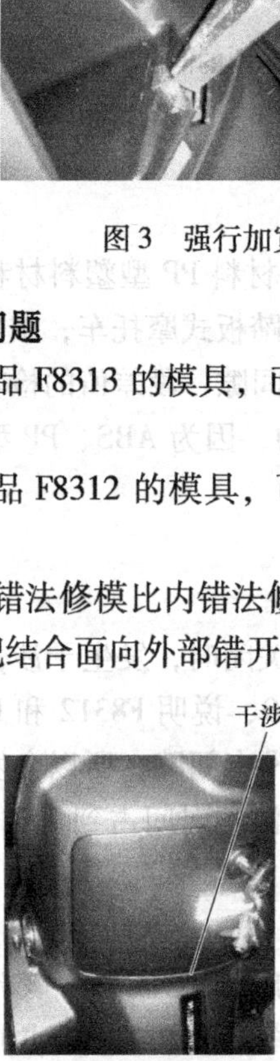

图 5　组合时的干涉位置

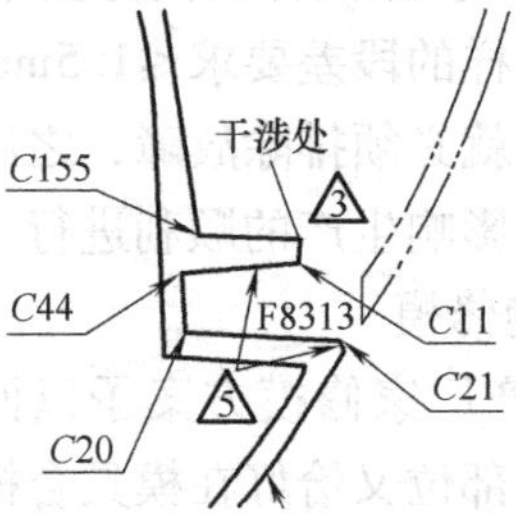

图 6　单个产品的干涉位置

三、解决问题

1. 确定修模尺寸

先用0.5mm、0.6mm、1.0mm厚的垫片，在有故障的摩托车上垫出间隙后，再反复试装15台摩托车，最后才把修模的尺寸定为1.2mm。

2. 确定修模位置

在F8313的X方向修模1.2mm，如图7所示，从而通过铰链X方向，间接地移动F8313，以达到错开干涉位置的目的。

在干涉点处，用外错法，试装10台，确认合格，如图8所示。

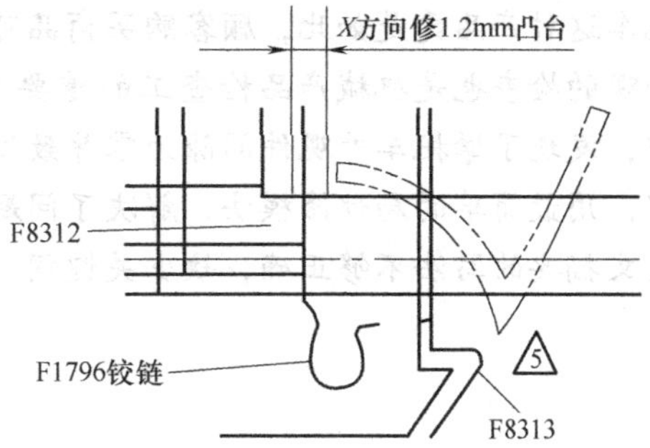

图7　修模尺寸及位置

四、效果

1）2007年全年已生产整车37959台，使用状况良好。

2）节约、缩短了排除故障、再检查的工时费用，满足了外观品质的质量与设计要求。

3）减轻了员工劳动强度，提高了工作效率，降低了生产成本，确保生产顺利进行。

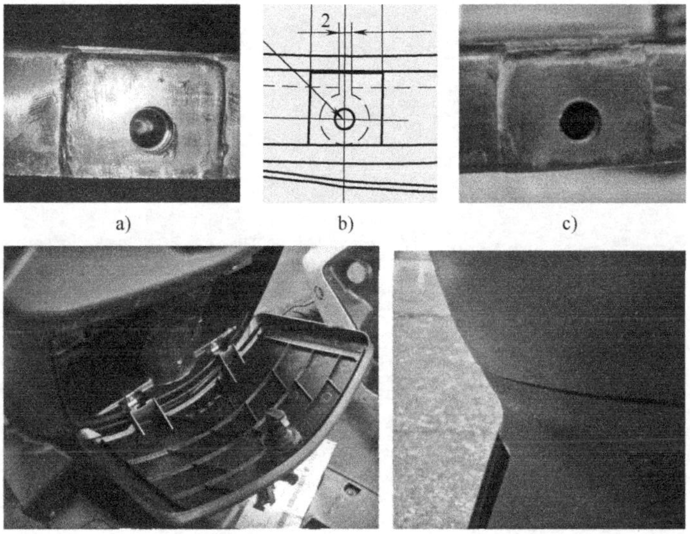

图8　修模后组装图样

a）F8312左侧修模　b）F8312外移1.2mm　c）F8312右侧修模

d）F8312修改效果　e）组装效果

五、参考文献

[1] 塑料模具技术手册编委会. 塑料模具技术手册［M］. 北京：机械工业出版社，2008.

点评

这是一篇机械产品检查工技师论文，作者是一名长期从事机械产品检查工作的技术工人，他技师论文的选题是来源于他自己的日常工作。从他技师论文的内容来看，完全符合机械产品检查工《国家职业技能标准》。机械产品检查工的工作职责，不仅仅是对单个产品或组合件的检查，也包括对整个产品性能的检查和产品外观的检查。目前，产品种类繁多，摩托车这种产品更是如此，顾客购买商品可以货比三家，自由选择，优中选优。因此，对产品外观的检查也是机械产品检查工的重要工作。本文的作者就是在企业开发新品的检查工作中，发现了摩托车外观件间隙为零导致发生干涉造成产品不合格的问题。通过提出自己的见解，用最简单的局部修模法，解决了问题，得到了企业的认可，值得借鉴。不足之处：技师论文摘要的写法不够正确，缺少关键词。另外，分析问题部分过于简单。

参考文献

[1] 中华人民共和国人力资源和社会保障部. 国家职业标准 [S]. 北京：中国人力资源和社会保障出版社，2008.

[2] 中国航空工业职业技能鉴定中心指导中心. 技师、高级技师资格鉴定考核命题与备考指南 [M]. 北京：航空工业出版社，2000.

[3] 朱根福. 管理与论文写作 [M]. 北京：机械工业出版社，2008.

[4] 劳动和社会保障部教材办公室. 技师专业论文撰写指南 [M]. 北京：中国劳动社会保障出版社，2003.

[5] 王洪光等. 教你写技师论文 [M]. 北京：化学工业出版社，2007.

[6] 吴寿林. 科技论文与学位论文写作 [M]. 上海：东华大学出版社，2009.

[7] 尤利群，等. 学生毕业论文的写作指导 [M]. 杭州：浙江大学出版社，2009.

[8] 陈桂良. 毕业论文写作100题 [M]. 杭州：浙江大学出版社，2006.

[9] 王溢嘉. 解放思维 [M]. 北京：新华出版社，2009.

[10] 余伟. 创新能力培养与应用 [M]. 北京：航空工业出版社，2008.

[11] 贾恒旦. 车工技能 [M]. 北京：航空工业出版社，2008.

读者信息反馈表

感谢您购买《技师论文写作·点评·答辩指导》一书。为了更好地为您服务，有针对性地为您提供图书信息，方便您选购合适图书，我们希望了解您的需求和对我们教材的意见和建议，愿这小小的表格为我们架起一座沟通的桥梁。

姓　　名		所在单位名称	
性　　别		所从事工作（或专业）	
通信地址		邮　编	
办公电话		移动电话	
E-mail			

1. 您选择图书时主要考虑的因素：（在相应项前面打✓）

（　）出版社　（　）内容　（　）价格　（　）封面设计　（　）其他

2. 您选择我们图书的途径（在相应项前面打✓）

（　）书目　（　）书店　（　）网站　（　）朋友推介　（　）其他

希望我们与您经常保持联系的方式：

☐电子邮件信息　☐定期邮寄书目

☐通过编辑联络　☐定期电话咨询

您关注（或需要）哪些类图书和教材：

您对我社图书出版有哪些意见和建议（可从内容、质量、设计、需求等方面谈）：

您今后是否准备出版相应的教材、图书或专著（请写出出版的专业方向、准备出版的时间、出版社的选择等）：

非常感谢您能抽出宝贵的时间完成这张调查表的填写并回寄给我们，我们愿以真诚的服务回报您对机械工业出版社技能教育分社的关心和支持。

请联系我们——

地　　址　北京市西城区百万庄大街22号　机械工业出版社技能教育分社

邮　　编　100037

社长电话　（010）88379083　88379080　68329397（带传真）

E-mail　cmpjjj@vip.163.com